Anonymous

Fliegende Blätter

Dem französischen Krieg und dem Revolutionswesen unserer Zeiten gewidmet

Anonymous

Fliegende Blätter

Dem französischen Krieg und dem Revolutionswesen unserer Zeiten gewidmet

ISBN/EAN: 9783744701037

Hergestellt in Europa, USA, Kanada, Australien, Japan

Cover: Foto ©ninafisch / pixelio.de

Weitere Bücher finden Sie auf **www.hansebooks.com**

Die Gegenstände, welche sich diese neue periodische Schrift gewählt hat, sind von der Art, daß sie jeder Classe von Lesern Unterhaltung und Interesse versprechen müssen; die Bearbeitung der Verfasser wird ihnen noch den Reiz der Neuheit und Mannichfaltigkeit zu geben suchen. Ein ausgebreiteter Briefwechsel wird sie in den Stand setzen, von den verschiedenen Heeren neue und geschwinde Nachrichten zu liefern, und das Resultat der gedruckten, sonderlich ausländischen Quellen, wird nicht in Abschriften von Zeitungsnachrichten, sondern in einer kurzen raisonnirenden Uebersicht bestehen. Dies ist das politische Fach. Was das litterarische anbetrift, so werden wichtige Aktenstücke, kleine Pamphlets, Fragmente und Anzeigen aus allen in obige zwey Fächer einschlagenden Schriften, in welcher Sprache sie auch geschrieben seyn mögen, einzelne Züge, Biographien, Anekdoten, selbst Rügen von Partheylichkeiten unserer Zeitungen und Zeitschriften, die Neugier des Lesers befriedigen. Freymüthigkeit — doch kein Sansculotismus — und Wahrheitsliebe haben sich die Verfasser zum ersten Gesetz gemacht. Monatlich werden sechs bis sieben Bogen in gewöhnlichem Octavformat mit fortlaufender Seitenzahl auf Schreibpapier erscheinen. Da es aber sich öfters ereignen könnte, daß in diesen Bogen frühe Nachrichten sich befänden, so hat man die Einrichtung getroffen, daß sie auch wöchentlich einzeln durch die Posten versendet werden, um der Wißgier der Leser geschwinder zu gnügen; indem jeder Bogen für sich ein Ganzes ausmacht, dem Zusammenhange mit den übrigen ohnbeschadet. Monatlich werden sie geheftet, in einem Umschlage, ausgegeben. Mit dem Jänner 1794 haben diese fliegende Blätter, die man als ein Archiv der revolutionairen und kriegerischen Ereignisse unserer Zeiten betrachten muß, ihren Anfang genommen. Der Pränumerationspreß ist für den Jahrgang vier Reichsthaler Sächsisch. Alle Postämter, Zeitungs-Expeditionen und Buchhandlungen sind ersucht, hierauf Pränumeration anzunehmen. Die Hauptspedition für die Postämter hat das Reichs-Postamt in Gotha, und für die Buchhandlungen die Gebrüder Hahn in Hannover übernommen. Alle Briefe und Beyträge für diese periodische Schrift werden franko, unter der Aufschrift: Für die fliegende Blätter, und mit dem Zusatz, poste restante, nach Freyburg im Breisgau addreßirt, oder von denen, welchen Hannover näher liegt, an die Gebrüder Hahn, Buchhändler daselbst, couvertirt. Schließlich merket man noch an, daß zuweilen von wichtigen Vestungen, Lägern ꝛc. saubere, kleine Plane geliefert werden.

Inhalt.

No. I.   1. Zwey Briefe aus Lyon und Wirrsbach. 2. Die Truthühner. 3. Schlachtlied der Deutschen. 4. Le citoyen Leuchsenring. 5. Verrätherey in gestickten Kleidern.

No. II.   1. Zwey Briefe aus Lyon und Dublin. 2. Die deutsche Stadt. 3. Toulon. 4. Revolutionsschriften.

No. III. 1. Drey Briefe aus Paris, Mannheim, Frankfurt a. M. und der eines preußischen Officiers. 2. Marquis Lucchesini. 3. Fortsetzung des Briefs von Lautern.

No. IV.   1. Zwey Briefe aus Genf und London. 2. Ein Wort der Wahrheit. 3. Neueste Maasstäbe von Jakobinerwahrheit. 4. Miszellen. 5. Möllendorf. 6. Revolutionsschriften.

No. V.   1. Note Lords Fitz-Gerald. 2. Forster nicht mehr in Paris. 3. Revolutionsschriften.

No. I.

1.
Korrespondenz.

a.
Zwey Briefe aus der Schweiz über Lyon; von einem Augenzeugen, der sich aus Lyon geflüchtet hat. Geschrieben im November 1793.

Erster Brief.

Seit dem 29. May, wo die Lyonner einen Versuch machten, sich der greulichsten aller Tyranneyen zu entziehn, könnte man leicht, nur bange Folgen und die Erneuerung der bekannten Fabel vom irrdenen und eisernen Topf, voraussehn. Als Dubois-Crancé gegen Ende des Julius, die Stadt angriff, mußte man freilich, so gut es gehn wollte, an Vertheidigungsanstalten denken, und Gewalt durch Gewalt zu vertreiben suchen; allein wie hätte sich die Stadt, die nur wenig Leute von Kriegskunde, nur leichtes Geschütz, und keinen Vorrath an Lebensmitteln hatte, wie hätte sie sich gegen eine Belagerungsarmee von 80 bis 90,000 Mann halten können? Die Sieger giengen bey ihrem Einmarsch keine Excesse, und einer von den Volksrepräsentanten ließ sogar durch Anschläge bekannt machen, daß die Sicherheit der Personen und des Eigenthums nicht gekränkt werden sollte. Aber

Aber kaum waren sie zwey Tage in der Stadt, als man die Einwohner, unter mancherley aus der Luft gegriffenem Vorwand, entwaffnete, sie hierauf mit Gewalt in Kerker warf, und dann das famose Decret der Zerstörung der Stadt promulgirte. Der Kommandant schlug sich, mit dem Degen in der Faust, durch die Ueberwinder, aber bis jezt weiß man noch nicht mit Gewißheit, was aus ihm geworden ist. Die meisten von seinen Begleitern wurden getödtet oder gefangen, und nur wenige hatten das Glück mit ihm zu entrinnen. Alle Mitglieder des Generalstabs, der provisorischen Municipalität, und der Volkscommission, die man habhaft werden konnte, wurden arquebusirt oder guillotinirt Wer seit dem 29. May irgend ein bürgerliches oder militairisches Amt bekleidet hatte, wurde aufgesucht und in Verhaft gebracht. Da nun die Belagerten niemanden gestattet hatten neutral zu bleiben, und wer nicht die Waffen tragen konnte, sich wenigstens irgend einem andern Civilamte unterziehn mußte, so begreifen Sie wohl, mein Freund, daß der Convent, nur wegen der Wahl der Schlachtopfer verlegen seyn konnte. Unter den Hingerichteten befinden sich Montalan und sein Schwiegervater, Degraix, Pachot u. s. w. Unter den Verhafteten befinden sich fast alle Vermögende und Reiche. Duport Cousin, Capitain seiner Section, hat das Glück gehabt, mit sieben empfangenen Wunden zu entwischen. Coudere ist gefangen, und wahrscheinlich nicht mehr am Leben. Alle Agents de Change sind im Kerker. Ein gleiches Schicksal traf die Präsidenten der Sectionen. Ich, der ich, vom 1. bis 7. Junius, mich gezwungen sah, die Präsidentenstelle meiner Section anzunehmen, würde, ohngeachtet ich während dieser sechs Tage einmal meine Dimission gab, und ein

anders

andermal mich krank stellte, dennoch mit meinem Kopf diese Ehre haben büßen müssen, wenn es mir nicht geglückt hätte, zu entkommen. Denn man versichert, daß alle diese Präsidenten der Guillotine geweihet sind.

Außer dem Viertel in der Gegend des Zeughauses und den angränzenden Hotels, die, unter dem Vorwand der Bomben, von den Clubisten angesteckt wurden, sind alle öffentliche Gebäude, und ohngefehr 500 Häuser durch die Bomben und Kugeln zu Grunde gerichtet. Und jezt ist man beschäftigt zu zertrümmern, was der Wirkung des Geschützes entgangen war. Die berühmte schöne Fasade von Bellecour, das Hotel Catalan, das Hotel de la Reine, das Haus Millanois, die Häuser Tolozan, Auriot, Boutoux, sind entweder schon niedergerissen, oder doch dazu bestimmt und ausgezeichnet. Denn vor meiner Abreise wurde den Miethleuten angesagt, binnen drey Tagen sich fertig zu machen, auszuziehn.

Meine Familie und ich, haben während der Belagerung wohl 7mal unsre Wohnung verändern müssen, um uns vor den Bomben in Sicherheit zu setzen. Die Noth war in der letzten Zeit so groß, daß man Pferde- und Katzenfleisch aß. In den Sektionen wurde dem Volke Haber in Körnern, und Mandeln, gratis, statt aller Nahrungsmittel, ausgetheilt. Wir besaßen, dem Himmel sey Dank! beständig etwas Brod heimlich, weil wir Mehl in unserm Hause verborgen hatten. Unser Vorrathsgewölbe und das Comptoir waren von Kugeln durchlöchert, und, zum Ueberfluß, hatte man letzteres in eine Wachstube verwandelt.

Da die Lyonner in die Acht erklärt sind, und ihr Vermögen der Nation anheim gefallen ist, so liegt aller Handel und Verkehr. Allein es würde auch so unmöglich seyn, Waaren zu transportiren, weil man den Fracht=Fuhrleuten ihre Pferde zu Stückpferden, und ihre Knechte zu Stückknechten weggenommen hat. Couthon einer von den Volks= repräsentanten, gab einigen Kaufleuten, die ihn um Handelsfreyheit anflehten, zur Antwort: „Wir „wollen keinen Handel mehr, denn Handel erzeugt „Wohlstand, Wohlstand erzeugt Verderbniß der „Sitten, und Verderbniß der Sitten erzeugt den „Fall der Republiken." Wenn man die Apostel des Atheismus und der Bubenstücke, von Rein= heit der Sitten, in einem Lande sprechen hört, wo die Fülle der Schandthaten, alles Ge= fühl von Tugend und Moralität erstickt hat, so kann man sich nicht entbrechen, voll lebhafter In= dignation die Achseln zu zucken. (Der zweyte Brief folgt.)

---

b.

Aus dem Briefe eines deutschen Officiers, über die Schlacht bey Lautern. Cantonnirungs= quartier Wiersbach, bey Lautereck *).

Es war am 16ten November Abends 7 Uhr, als wir uns auf Bißingen zurückzogen, in der Absicht, um den 18ten darauf in die Cantonnirungsquartire bey Homburg zu rücken. Solchemnach marschirte das Corps in drey Colonnen ab. Das Corps des Obri=

*) Wir danken dem Gönner zu G** für seinen gütigen Brief und Einschickung dieses Auszugs. Wir bitten ihn um fer= nere Mittheilung ähnlicher interessanten Aufsätze, und haben Anstalten getroffen, daß Er das verlangte Exemplar pünkt= lich, in jedem Monat empfängt. Anm. des Red.

Obristen von Szekuli, wozu noch das Grenadier-
bataillon von Wittinghof und die zwey Mousque-
tiercompagnien unter dem Major von Auerswald
kamen, deckten den Rückzug aller Colonnen, nach
denen vom Obristen von Szekuli hierzu selbst ent-
worfenen Dispositionen. Alle Feldwachen und schar-
fe Commandos der Infanterie stießen zu des Obristen Corps und marschirten erst eine halbe Stunde
nachher, als alle Colonnen ihr Lager verlassen, von
ihren Posten ab. Ihre Wachfeuer wurden erhalten und es war alles Tabakrauchen und alles Lär-
men der Knechte aufs strengste verboten. Solchergestalt traten alle Colonnen zu angegebener Zeit
ihren Marsch in der größten Stille und Ordnung
an, und dieser Rückzug gieng so glücklich von Stat-
ten, daß der Feind auch nicht das geringste ver-
merkte und wir alle, ohne einen Schuß thun zu
dürfen, den andern Morgen um 1 Uhr auf den
Höhen bey Bißingen ankamen. Die Nacht war
äußerst rauh, der Boden so naß, daß man einen
Schuh tief hineintrat. Wir hatten kein Stroh
und kein Holz und dennoch ließen selbst die Offi-
ziere kein Zelt aufschlagen, weil sie wußten, daß
es in der folgenden Nacht weiter gehen sollte. Die
Position war folgende: der rechte Flügel appuirte
sich an Bißingen und der linke lehnte sich an die
waldigten Anhöhen von Ommersheim. Die Cavallerie cantonnirte in denen auf unserem rechten
Flügel vorwärts gelegenen Dörfern, Niederwürz-
bach und Aschbach; das Szekukische Corps hatte
alle Zugänge in dieser ganzen Gegend besetzt.

Es war den 17ten früh gegen 9 Uhr, just als
beym ersten Bataillon von Crousaz die Parole ausgegeben werden sollte, als der Feind mit einer
Macht von 24 bis 25,000 Mann über Bischmis-
heim, Einsheim und Neumühle in 3 Colonnen anrückte;

rückte, das Szekulische Corps und alle Cavallerievorposten zurückdrängte und zu erkennen gab, daß
sein Vorsatz sey, mit uns anzubinden. Solchemnach erhielt das sächsische Bataillon Clemens Befehl, den linken Flügel des Corps zu decken und
den Feind in dem Walde auf der Ommersheimer
Höhe entgegen zu gehen. Das sächsische Bataillon
Churfürst wurde zu dessen Reserve bestimmt. Der
preußische Generalmajor von Vittinghof führte
das Bataillon Clemens an, und vertheilte es zweckmäßig; ehe aber alle diese Detaschements auf ihren bestimmten Points ankamen, war der Feind
bereits so weit vorgedrungen, daß er die Höhen
von Neumühl und Ersweiler und dieses Dorf selbst
besetzte, und auf der letztern Höhe verschiedene 12-
pfünder spielen ließ, das Bataillon von daher lebhaft kanonirte und die Cavallerievorposten zwang,
sich bis hinter dasselbe zurückzuziehen. Die Leib-
compagnie unter den Herrn Hauptmann von Bosse
war diesem Feuer eine Zeitlang besonders ausgesetzt. Da der Feind aber sahe, daß er ihn in dieser Stellung wenig anhaben konnte, weil sie in einer kleinen Schlucht stand, so verdoppelte er sein
Feuer auf den Wald, jedoch mit eben so wenigem
Effekt. Mit ungleich besserem Nachdruck aber spiel-
ten die mittler Zeit auf dem linken Flügel des La-
gers etablirten Brummer- und Mortier-Batterien
und zwar so lebhaft, daß sie in Zeit von einer halben Stunde die feindlichen zum Weichen brachten.
Unterdessen erhielt der General von Vittinghof
Nachricht, daß der Feind in dem Walde von Neumühl anrückte und ließ das Terrain recognosciren.
Allein, da nichts gefunden wurde, und sich einige
Zeit nachher von dem Feinde nichts mehr blicken
ließ, so ließ der General das Bataillon und alles
übrige bis auf die linke Flügelcompagnie, welche

das

das Terrain von Greventhal rein halten sollte, zurückgehen. Aber auf diesem Rückwege gieng abermals Nachricht ein, daß die feindlichen Colonnen mit verstärkter Macht von neuem anrückten, weßhalb der General von Vittinghof sogleich wieder umkehrte. Das Bataillon hatte beynahe schon die Crete des Berges im Walde erstiegen, als ein Adjutant, da er ohngefähr 100 Schritte voran ritte, auf der linken Flanke die feindlichen Chasseurs entdeckte und dem General zurief: hier sind sie! Zugleich wurde auch von den Chasseurs auf ihn Feuer gegeben. Der General kommandirte unverzüglich, Bataillon vor! Dieß hören und die feindlichen Chasseurs davon laufen, war Eins. Tiefer in den Wald ihnen nachzudringen, wäre nicht rathsam gewesen, weil das Bataillon auch nicht einen Mann Cavallerie bey sich hatte, und es des unwegsamen Waldes wegen unmöglich war, die Kanonen weiter vor zu bringen. Es blieb also weiter nichts übrig als zu erwarten, was der Feind weiter thun wollte; als aber nach Verlauf einer guten Stunde kein neuer Angriff geschah, lies der General zwey Capitains mit 200 Mann von Clemens und Churfürst zurück und rückte mit den übrigen auf erhaltenen Befehl Sr. Excellenz des Grafen von Kalkreuth wieder ins Lager.

Dies war aber kaum geschehen, als abermals Nachricht einlief, daß der Feind mit erneuerten Kräften anrücke und beyde obige Capitainsposten stark zurücktreibe. Das Bataillon Clemens erhielt also abermals Befehl vorzurücken und schien an diesem Tage dazu bestimmt zu seyn, sich Ruhm zu erwerben, und den linken Flügel zu vertheidigen, auf dessen Erhaltung das Schicksal des ganzen Corps beruhte. Das Bataillon bestand wegen der Detaschements höchstens in 239 Mann.

Als es in den Wald kam, stießen die beyden andern Posten, die sich im Dublierschritt zurückzogen, zu demselben, und meldeten, daß die feindliche Colonne gleich hinter ihnen sey. Es lag hier eine Anhöhe, auf welcher auf der einen Seite die Sachsen, auf der andern die Franzosen hinaufrückten, so daß beyde Colonnen gegen einander verdeckt waren. Der Feind gewann die Anhöhe eher, war wenigstens 1800 Mann stark, und hatte zwey Kanonen an der Tete seiner Colonne. Beyde Theile waren sich nun einander so nahe, daß die Sachsen die Lineamente des Offiziers, der die französische Colonne führte, deutlich erkennen konnten, die, wie einige von ihnen versichert haben, wegen ihrer vorzüglichen Schönheit auffielen.

Der Feind, der wegen der gewonnenen Anhöhe einen großen Vortheil voraus hatte, feuerte sogleich mit Kartätschen und kleinem Gewehr; was aber die braven Sachsen nicht abhielt, sich in Linie aufzuschwenken, ob schon die Leute links und rechts stürzten. So wie sie standen, begann auch ihr Musketenfeuer, und einige Minuten darauf das erste Kartätschenfeuer der sächsischen Kanonen, und zwar mit solcher guten Wirkung, daß die Feinde nicht anders niedersanken, als wenn Gras mit der Sichel gehauen würde. Unter den ersten Gefallenen war auch der, oben erwähnte, schöne Offizier. Das kleine Gewehrfeuer des Bataillons war von nicht geringerer guter Wirkung. Es war zwar kein reguläres Peloton- oder halbes Divisionsfeuer, aber beständig unterhalten. Dennoch blieben die Feinde stehen, denn sie waren, wie gewöhnlich, durchaus betrunken, deßwegen nahm auch das Feuer von beyden Seiten dergestalt zu, daß selbst ein General Kalkreuth nachher sagte, er erinnere sich nicht, oft in Gefechten ein ähnliches mörderisches

ſches Feuer gehört zu haben. Eine und eine halbe Viertelstunde hatte dieses gedauert, als der Feind auf einmal rechtsumkehrt machte und davon lief. Sein letzter Kanonenschuß (es war ein Kugelschuß) riß noch eine ganze Rotte weg und tödtete dem Adjutanten das Pferd unter dem Leibe; es überschlug sich mit ihm und durch ein sonderbares Ungefehr kam der Adjutant mit seinem Körper auf einen Soldaten zu liegen, dem die nemliche Kanonenkugel den Arm weggerissen hatte und der ein Gerichtsunterthan von ihm war.

Es herrschte, so erzählte mir ein sächsischer Offizier, von dem ich diese kleine Details erfahren habe, es herrschte eine heilige Stille, als der Feind geflohen war, und wir Sieger auf dem Schlachtfelde standen, und die traurigen Opfer des Kriegs, größtentheils jammernd und wehklagend, um uns her erblickten. Es waren 3 Todte und 25 Blessirte, worunter der Capitain Kleeberg. Willig hätten wir den Feind verfolgt und unsere Rache genommen, allein die Deckung unserer rechten Flanke und der dicke Wald, wo man nicht 10 Schritte weit um sich sehen konnte, machten es unmöglich und nicht rathsam. Das Bataillon rückte also ins Lager und setzte sich auf die linke Flanke. Vom Feind lagen 189 Mann theils todt theils schwer blessirt auf dem Platz. (Die Fortsetzung folgt.)

2.

Die Truthühner.

Es ist jetzt gewöhnlich, von Königen und Fürsten, nur tyrannische Handlungen zu erzählen, und letztere in den alten Geschichtbüchern aufzusuchen, weil die neuern so wenig Stoff darbieten. Zum Gegenstück wollen wir eine ganz moderne Anekdote, und zwar aus einem Buch wählen, das nicht geschrieben wurde, um Ehrfurcht für Regenten einzuflößen, und das die Authenticität der Anekdote also selbst Democraten anschaulich machen muß: aus den Mémoires secrets des Cours d'Italie, des Gorani, des bekannten Verfassers der Briefe im Moniteur, an den König von Preußen, Herzog von Braunschweig, den Pabst ꝛc.

Eine Wittwe zu Neapel war in einem Proceß verwickelt, um sich beym Besitz eines kleinen Gütchens zu schützen, von dessen Ertrag sie und acht Kinder leben mußten. Der Referent schob die Sache auf die lange Bank, und während dieser Zeit schmachtete die Wittwe mit ihrer Familie in Noth. Man rieth ihr dem jetzt regierenden König, **Ferdinand IV.** eine Bittschrift zu überreichen, und sie begab sich zu dem Ende nach Caserta. Sie stellte sich in eine Allee, wo, wie man ihr gesagt hatte, der König, den sie nie gesehn, zuweilen spazieren gehn sollte. Ein Herr in Uniform gieng vorüber, und sie fragte ihn, ob der König bald kommen würde, und was für ein Kleid Sr. Majestät trüge, damit sie ihn erkennen könnte? Den König, (denn er war es selbst) freute es, nicht erkannt zu seyn, und er gab der Frau zur Antwort: „er könne ihr nicht genau bestimmen, wenn der „König spazieren gehen werde, wenn sie aber ein „Anliegen, oder eine Bittschrift zu überreichen ha„be, so wolle er es über sich nehmen." — Sie würden mich außerordentlich verbinden, erwiederte die Wittwe; ich habe drey fette Truthühner, und die stehen ihnen gern für ihre Mühe zu Dienste. — So was schlägt man nicht aus, antwortete der

König;

König; kommt morgen mit euren 3 Truthühnern wieder her, und ich will euch eure Bittschrift von Seiner Majestät unterschrieben bringen. — Die Wittwe, wie man leicht denken kann, fand sich pünktlich auf dem Rendezvous ein, und der König ließ sich auch nicht erwarten. Er gab der Wittwe die von ihm unterschriebene Bittschrift, und nahm dafür die drey Truthühner in Empfang. „Sie sind wirklich recht fett!" sagte er. Er hatte nun nichts eiliger zu thun, als mit den drey Truthühnern, und in vollen Lachen, zu seiner Gemahlin zu eilen. „Hier liebe Lehrmeisterin! (denn so pflegt „er sie im Scherz zu nennen) rief er, ich weiß mein „Brod zu verdienen! hier sind drey Truthühner „die mir meine Arbeit eben eingetragen hat, und „Morgen wollen wir sie verzehren!" Die drey Truthühner kamen auch wirklich auf die königliche Tafel. Aber damit ist die Geschichte noch nicht aus.

Die Bittschrift, obgleich vom Könige signirt, machte keinen großen Eindruck auf den Referenten, und der Proceß wurde darum nicht mehr gefördert. Die Frau nahm ihre Zuflucht von neuem zur Allee, und zu dem Herrn in Uniform. Diesmals gab sich ihr der König zu erkennen, bezahlte ihr reichlich ihre drey Truthühner, und befahl, daß des Referents Gehalt so lange confiscirt bleiben sollte, biß der Proceß zu Ende sey. Man kann sich vorstellen, daß die Sache nun schleunig sich zu Ende neigte, allein Se. Majestät ließen noch den Referenten kommen, und wuschen ihm den Kopf wie ers verdiente.

Ferdinands Lieblingserholungen von seinen Geschäften, sind die Jagd, und sonderlich das Fischen. Gewöhnlich fischt der König in der Gegend der See, die in der Nähe vom Berg Pausilippo, drey oder 4 Meilen von Neapel, liegt. Wenn
er

er einen reichlichen Fischzug gethan hat, so kehrt er ans Land zurück, und dann fängt für ihn eigentlich das größte Vergnügen an. Die ganze Beute wird auf dem Strand ausgekramt, und die Käufer stellen sich in Menge ein, und handeln mit dem Monarchen selbst. Man erblickt ihn vertraulich von seinem Volk umringt, das ihn liebt, und wegen dieses populären Betragens schätzt. Der König giebt nichts auf Kredit, es muß Alles baar bezahlt werden. Jederman hat in diesem Augenblick freyen Zutritt, und sonderlich haben die Lazzaroni dieses Vorrecht, welche dem Könige sehr ergeben sind, und mit denen er sich auch sehr gütig abgiebt. Unterdessen haben diese Lazzaroni doch die Gefälligkeit für Fremde, ihnen Platz zu machen, wenn letztere gern den Monarchen in der Nähe sehn wollen. Der König verkauft so theuer als möglich, nimmt die Fische in die Hand, preißt seine Waare, und rühmt sie den Käufern an. Die Neapolitaner, die gewöhnlich sehr frey sind, begegnen dem Könige bey dieser Gelegenheit mit der größten Freyheit, und behandeln ihn als ob er ein gewöhnlicher Fischhändler sey, der sie übertheuern wolle. Den Monarchen belustigt das herzlich, und man hört ihn oft überlaut lachen. Er begiebt sich dann zur Königin, und erzählt ihr, was beym Fang und Verkauf der Fische vorgefallen ist.

3.

Schlachtlied der Deutschen.

Ein Deutscher hat unter seiner Unterschrift iu das Schleswigsche (vormals Braunschweigische

sche) Journal, eine deutsche Uebersetzung des berüchtigten Marseiller-Liedes einrücken lassen. Man machte hierüber die Anmerkung: „Da „lasse also ein Deutscher diesen Fehdebrief an Ord„nung und Deutschheit in sein Journal drucken, „und singe den Deutschen die Schmähungen frem„der Schwärmer in den Bart." — Ein geistvoller und ehrwürdiger deutscher Patriot, hat aber jezt zu diesem Schimpflied, wodurch ein deutscher Dichter und deutscher Journalist, Vaterlandsliebe und Vaterlandsgeist und hohen Muth in deutscher Brust vergiften, folgendes Gegenstück verfertigt, das nach der Musik des Marseiller-Liedes gesungen werden kann, das man dreyhunderttausendmal nachdrucken, und bey allen für Gott und unser Vaterland und die Wohlfarth der ganzen Menschheit fechtenden, deutschen Armeen, austheilen und allgemein verbreiten sollte.

Schlachtlied der Deutschen.

Ein Gegenstück zum Schlachtliede der Marseiller.

Auf! rüstet euch, verbundne Heere
Germaniens! das Schwerdt zur Hand!
Ein Volk, das Gott, Gesetz und Ehre
Verhöhnt, droht unserm Vaterland!
Uns nah schon toben wilde Horden,
Wie noch der Erdkreis keine sah;
Die Hand ans Schwerdt! schon sind sie da,
Uns zu berauben, uns zu morden!
Auf! wer sich Mensch fühlt, auf!
Mit deutschem Arm und Muth
Schlagt diese Brut!
Tränkt Berg und Thal mit der Barbaren Blut!

Sie wähnten, diese tollen Rotten,
Sie würden uns willkommen seyn;

Wir würden deutscher Tugend spotten,
Uns ihrer Brudermorde freun!
Verwegene! Tod und Verderben
Komm' über euch für diesen Wahn!
Seht ihr uns für Rebellen an?
Uns! nur gewohnt für's Recht zu sterben!
Auf! wer sich . . . . . .

  Nein! nein! wie Galliens Huronen,
Befleckt mit ihres Königs Blut,
Zertritt kein Deutscher Fürstenkronen,
Raubt keiner seiner Brüder Gut!
O Rasende! vor euren Mahlen,
Wo Mordlust bleiche Schädel nagt,
Erbebt die Menschlichkeit, und klagt:
Hinweg mit diesen Kannibalen!
Auf! wer sich . . . . . .

  Hinweg mit feilen Bösewichtern,
Die durch Betrug ein Volk empört,
Das, unterjocht von tauben Richtern,
Wie tief es sank, zu spät erfährt!
Das nacket, hungrig, Todtenblickes,
In tausend Henkerhänden itzt
Den Stahl sieht, der Entsetzen blitzt,
Statt jenes ihm verheißnen Glückes!
Auf! wer sich . . . . . .

  Verworfne Lügner! Gottes Tempel
Entweihet ihr durch frechen Spott,
Und lehrt durch höllisches Exempel:
Wahnglaube sey der Glaub' an Gott?
So sich verhärtend ziehn die Buben,
Zur Wuth gedungen, jauchzend aus,
Und füllen Stadt und Land mit Graus,
Und wandeln sie in Mördergruben!
Auf! wer sich . . . . . .

  Ha! Frevler mit Hyänentücke,
Und mit des Tigers Raubbegier!
Was? von des Vaterlandes Glücke
Auch uns zu trennen hoffet ihr?
Bey unsern Vätern! nein! wir haben
Noch Waffen, ehren Gott und Pflicht!
Euch aber folg' ans Hochgericht
Verzweiflung, und ein Heer von Raben!

          Auf!

Auf! wer sich Mensch fühlt, auf!
Mit deutschem Arm und Muth
Schlagt diese Brut!
Tränkt Berg und Thal mit der Barbaren Blut!

4.
Le Citoyen Leuchsenring.

Der berühmte Herr Leuchsenring, (nicht der Arzt der in Worms die Prügel erhielt, und in Fort-Louis beynah wieder gefangen worden wäre, sondern der zu Berlin durch seine ehemalige Jesuitenriecherey, und seinen Zwist mit Mendelsohn, bekannte Illuminat, Leveller, und Correspondent vom Moniteur) ist anjezt Sekretair des Nationalconvents zu Paris, und die Dame die ihn von Berlin begleitet hat, (er ist aber schon verheyrathet, und seine Frau lebt noch, ob er gleich die Fräulein von B auch heyrathen wollte) nennet sich in Paris auf ihren Visitenkarten: La citoyenne Bielefeld, attachée au fort du citoyen Leuchsenring.

5.
Verrätherey in gestickten Kleidern.

In einem der ersten Briefe, welche die neuen, nach Strasburg geschickten Repräsentanten des Convents, an den Jacobiner-Club zu Paris schrieben, befindet sich ein Umstand, den die deutschen Zeitungen aus der Acht gelassen haben, und den wir nachholen wollen. Bekanntlich hat Strasburg ein großes Verkehr mit Deutschland, und auch in Waaren des Luxus. Die scharfsichtigen Repräsentanten berichten, sie hätten über 200 Bankiers, Notarien, Kauf-

Kaufleute ꝛc. arretiren laſſen, und führen als einen Beweis der Verrätherey der leztenan, man habe in Büchern oft reiche und geſtickte Kleider erwähnt gefunden, die ſie an deutſche Prinzen und Großen ſpendirt hätten: Augenſcheinlich ſtekke alſo dahinter etwas ganz anders verborgen ꝛc. In eben dem Briefe befindet ſich eine Klage, die ein großes Lob für das weiland deutſche Strasburg iſt: ſie ſagen, die Sansculottes (Lumpengeſindel) wären da ſehr ſelten!

In eben der Sitzung wo dieſer Brief vorgeleſen wurde, ſtellte man einen jungen Jäger der Geſellſchaft vor, der in einem Scharmützel, dreißig tödliche Wunden empfangen, und doch noch über eine Hecke geſprungen ſey, und 3 bis 4 Feinde niedergehauen habe; (denn unter drey oder vier Stük, thun es ſolche tödlich bleſſirte Helden nie!) Anacharſis Cloots, der Präſident, hielt eine Anrede an ihn, ganz eines Cloots würdig: Mourir pour les tyrans, ſagt er unter andern in ſeiner Genieſprache, eſt une cartouche jaune dans les enfers. „Für die Ty„ranney ſterben, iſt ein gelber Laufpaß zur Hölle!" Die franzöſiſchen Soldaten nemlich bekamen, wenn ſie infam caſſirt wurden, unter der alten Regierung, Laufpäſſe auf gelbem Papier gedruckt.

Avertiſſement.

Von dieſen Fliegenden Blättern, dem franzöſiſchen Krieg und dem Revolutionsweſen unſrer Zeiten gewidmet, werden No. I. und II. zwar unentgeldlich, zur Einſicht mitgetheilt, aber von No. III. an, erhält niemand die Fortſetzung, ohne gewiſſe Beſtellung.

No. II.

No. II.

1.
Korrespondenz.

a.
Fortsetzung der Briefe über Lyon.

Zweyter Brief;
vom 23. December, 1793.

Ich weiß nicht, ob ich fortfahren soll, Sie von dieser unglücklichen Stadt Lyon zu unterhalten. Welche Vorstellung man sich auch von ihrem traurigen Schicksal machen mag, so wird sie doch von der Wirklichkeit übertroffen werden. Ich habe zu Lausanne und hier zu Nyon verschiedene von meinen entkommenen Landsleuten gesprochen, die mir neue Details mitgetheilt haben. Viele von unsern Bekannten sind arquebusirt, oder guillotinirt; und ihre Verwandten sind die beklagenswürdigsten Menschen. Die Tochter von Filisant ist für Schrecken gestorben; die Gattin des wackern, guillotinirten Faure de Montalon, gewesenen Friedensrichters, hat sich aus Verzweiflung ertränkt. Die Gattin des Architekten Payer, verlangte mit ihrem Manne zu sterben, und ist seit seiner Hinrichtung, wahnsinnig. Unter den Guillotinirten befinden sich ferner, der würdige Greiß Maisonneuve, der Exdeputirte Millanois, (sein vierzehnjähriger Vetter ist im Gefängnisse) Laje, assovié von Farge; Buisson, Favre aus Aubonne, der Wundarzt Coindre, (sein Bruder der Procureur, blieb während der Belagerung) Thirat, Foret, u. s. w. La Cour hatte sich versteckt; sein bestochener Bedienter verrieth ihn. Der Arzt Carl Gilibert, Exmäire wurde arretirt, kaufte sich aber durch Bestechung los.

Die ganze provisorische Municipalität ist guillotinirt, so wie der Ausschuß der Fünfer. Dasselbe Schicksal hatten, oder erwartet, die meisten Bataillon-Chefs, die meisten andern Officiere, und die Glieder der Aufsichts-Ausschüsse, die man in jeder Section errichtet hatte.

Von St. Claire an bis zum Thor Perrache ist nicht ein Haus unbeschädigt; viele sind schon zusammengestürzt; das Hôtel-Dieu ist ruinirt; die Fabrik von Picot Fazy und Comp., ist verurtheilt niedergerissen zu werden, dient aber noch zur Kaserne und zum Spital. Das ganze Quartier von der Place des Terreaux an, bis rue Mulet ist nicht mehr zu erkennen. Das große Café und das Collège, ist durch mehr als 100 Bomben zerstört. Die Straßen, Raisin, Grolès, Plat d'argent, quatre chapeaux, Paradès, das Arsenal, die Gasse die auf den St. Michaelsplatz stößt, bis St. Joseph, die linke Seite der Straße Vaubecourt ꝛc. das Alles ist verwüstet, oder abgebrannt. Die Einwohner haben 3 Tage und 3 Nächte unter freyem Himmel zubringen müssen. Auf dem Platz aux Breteaux, steht nicht Ein Haus mehr. Während

rend der Belagerung sind 15,000 Bomben, 10,000 Haubitzgranaten, und unzählige glühende Kugeln in die Stadt geschossen worden. Aber diese Ruinen, Brandstätten und Schutthaufen, gnügen den Jakobinern noch nicht; über vierhundert der schönsten und größten Gebäude, welche dem Verderben entgiengen, sind bestimmt eingerissen zu werden, und man legt emsig Hand ans Werk. Die wunderschönen Fasaden von Bellecour sind schon vernichtet. Man giebt den als Aristokraten Verschrienen, nur 24 Stunden Zeit, um ihre niederzureissende Häuser zu verlassen, und dann mögen sie auf der Gasse schlafen, denn aus der Stadt dürfen sie nicht. Sind Sansculottes unter den Bewohnern, so läßt man ihnen drey Tage Frist, ihre Sachen wegzuschaffen, und quartirt sie wo anders ein. Man sagt es werde erlaubt werden, die Häuser wieder aufzubauen, doch nur Ein Stock hoch. Da es mit dem Demoliren nicht rasch genug gieng, so nahm man noch Arbeiter vom Land.

Die Lebensmittel sind äußerst selten. Man hat Befehl gegeben, daß jedermann der Brod kauft, eine Brodkarte vorzeigen soll, und daß die Reichen zuletzt bekommen sollen. Daraus entsteht denn oft, daß letztere gar nichts kriegen, zumahl da sich wohlhabende Bürger nicht viel öffentlich zu zeigen wagen; und so sind schon einige, zumahl von den Gefangenen, verhungert, und haben der Guillotine die Mühe erspart. Die Municipalität, Bertrand und sein Anhang, sind wieder eingesetzt. Der Centralclub hält seine Sitzungen in der St. Nizier-Kirche. In jeder Section ist ein Revolutionstribunal errichtet; täglich giebt man der Guillotine mehr zu thun, und als ob die Tage dazu nicht hinreichten, guillotinirt man auch bey

Nacht, und außerhalb der Stadt, vielleicht um das Mitleiden nicht rege zu machen. Man versichert, daß von den 20,000 welche den Brief an Dubois-Crancé unterschrieben haben, diejenigen, welche nicht auf dem Schafot sterben, gezwungen werden sollen, nach Toulon zu marschiren, um dort ins erste Feuer, oder vielmehr zwischen zwey Feuer gestellt zu werden; andre sagen, man werde sie nach Guyanne transportiren.

Von Eigenthum ist gar nicht mehr die Rede. Alle Briefe die Assignaten oder Rimessen enthalten, werden nicht an die Adressen abgegeben; das Vermögen der besten Häuser ist confiscirt; von den andern fodert man 6 Millionen, und zwingt sie die Arbeiter und Demolirer zu bezahlen, und zwar vom Anfange der Belagerung an. Die Waarentaxe ist so, daß die Waaren fast umsonst gegeben werden, z. B. die Hamburgische Lämmerwolle, die 9 Livers par le change kostet, ist 55 Sols taxirt. Mehr als einen Rock und zwey Hemden, darf niemand haben, der aus der Stadt geht, und wer in der Stadt über sechs Hemden hat, muß den Ueberrest an die Armee abliefern. Betten, Meublen, Kostbarkeiten ꝛc. alles verschwindet unter den Händen der Nehmer, und wird dann auf öffentlichen Plätzen, für ein Spottgeld verkauft. Die Pässe, Bürgerkarten, Brodkarten ꝛc. muß man zu ungeheuern Preißen kaufen, und was daraus gelöset wird, theilen die Häupter der Faktion unter sich; aber der hat noch von Glück zu sagen, dem gehalten wird, was man ihm für sein Geld zusagt. Herr Scheerer, der jetzt zu Genf ist, hat von der Maitresse des Deputirten Couthon, sich seinen Paß gekauft; denn diese Herren haben alle ihre Concubinen bey sich, und reisen nicht anders

ders als Extrapost mit acht Pferden. Herr und Madam Fingerlin, die jetzt zu Rolle in der Schweiz sind, haben einige hunderttausend Livres für ihre Pässe bezahlt.

Nachschrift. Viele Häuser werden jetzt mit Pulver gesprengt. Am 4ten December wurden 63 Personen auf einmal guillotinirt. Der Boden sank, von dem vielen Blut durchweicht, unter der Schwere der Maschine ein, und sie drohte zu fallen. Am 5ten führte man daher 233 solcher Unglücklichen auf den Platz aux Breteaux, und mordete sie daselbst mit Büchsenschüssen und Bajonnetstößen. Das Maaß der Abscheulichkeit voll zu machen, zwang man, 20 Weiber, an Pfähle gebunden, die Hinrichtung ihrer Männer mit anzusehn, wobey man an den todten Körpern, durch Entblößung gewisser Glieder, die schändlichsten Dinge verübte. Collot d'Herbois, der vor der Revolution Komödiant war, und als solcher einmal zu Lyon ausgepfiffen wurde, präsidirt jetzt als Deputirter des Convents, bey diesen Hinrichtungen, die er befiehlt.

---

b.

Aus einem Briefe von Dublin; im December 1793.

Müssen wir uns gleich auf der einen Seite, freuen, die Mächte mit Nachdruck gegen die Wirkungen jener höllischen Grundsätze ankämpfen zu sehn, die

die noch vor kurzem ganz Europa umzustürzen drohten, so haben wir doch, auf der andern Seite, Ursache, uns über die Gleichgültigkeit zu betrüben und zu wundern, mit welcher sie den schändlichen Verpflanzern dieser Grundsätze, den Zügel schießen lassen. Was für ein Blendwerk kann einige Ihrer deutschen Fürsten bewegen, alle Kräfte anzustrengen, um den Folgen eines Uebels vorzubeugen, das sie, jetzt wo es noch Zeit ist, in der Wurzel abhauen könnten? Wenn Sümpfe die Atmosphäre verpesten, so ist es wohl weit natürlicher, sie auszutrocknen, solange dieses noch thunlich ist, als sich ewig in Gegenmitteln gegen die Seuchen zu erschöpfen, die sie veranlassen? Wissen Sie was mich auf diesen Gedanken bringt? Ich sehe aus allen den deutschen Journalen und Flugschriften, so viel deren hier zu meiner Wissenschaft gelangen, daß in Deutschland, und Gott weiß! in welchen Ländern noch, eine Art von Bund gegen Biedermänner zu existiren scheint, die öffentlich ihre Stimmen, wider das scheußlichste System zu erheben wagen, das je die Hölle ersonnen hat. In Frankreich wird der Mann, der die Wahrheit zu sagen wagt, guillotinirt, und in Deutschland wird er verschrien, verfolgt, verläumdet, ohne daß die Staaten, denen es am meisten angeht, sich viel darum bekümmern, ihn zu schützen. Wo soll das Alles noch hinauslaufen? Was wird das Ende von allen diesen Inconsequenzen, Kontrasten der Meinungen, und Abscheulichkeiten seyn?

Anm. des Red. Die Fortsetzung des Briefs eines deutschen Officiers, folgt, wegen Mangel des Raums, in No. III.

2.
Die deutsche Stadt.

Wer erkennt nicht gleich an diesen Beynamen, die Stadt Frankfurt am Mayn? denn welche Stadt hat sich deutschpatriotischer gezeigt, als sie, selbst in der Gewalt des Feindes? — Ein neuer Beweiß ist folgende Proklamation.

Die biedern Krieger der hohen verbündeten Mächte haben bis daher für das deutsche Vaterland mit ausgezeichnetem Heldenmuth gestritten, und unter der weisen Leitung ihrer großen Anführer Wunder der Tapferkeit gethan, aber gleichwohl nicht allgegenwärtig seyn, und daher unmöglich verhindern können, daß nicht bald an diesem, bald an einem andern Orte, zahlreiche Haufen der beynahe im Ganzen aufgestandenen feindlichen Nation wüthend eingefallen, und grauenvolle Verwüstungen angerichtet hätten.

Die Bewohner mehrerer deutschen Grenzlande haben deßhalb die Pflicht, diesen muthvollen Vertheidigern des gemeinsamen Vaterlandes die bisher so beharrlich ausgestandene Beschwerniße möglichst erleichtern, und die Vertheidigung ihres und der Jhrigen Lebens, ihres Eigenthums, ihrer Staatsverfassung, und ihrer Religion, gegen einen Feind, der dieses alles zu zernichten bezweckt, mit übernehmen zu müssen, werkthätig anerkannt, sofort die Waffen der Vertheidigung ergriffen.

So unwahrscheinlich es ist, daß die Feinde wiederum über den Rhein herüberkommen werden; so

wenig kann gleichwohl der Fall, daß nach zugefror:
nen Strömen ein ausstreiffender Haufen einen un:
vermutheten Einfall versuchen könnte, — für ganz
unmöglich angesehen, und die Anwendung der nö:
thigen Vorsicht für überflüßig gehalten werden,
um sich auch auf einen blos möglichen Fall in Zei:
ten vorzubereiten, sofort die zweckmäßige Mittel
anzuwenden, sich in Sicherheit gegen Besorgnisse
zu setzen, welche bey dem wider alles Verhoffen
eintretendem Falle in hiesiger Stadt um so grösser
seyn müssen, als bey dem großen Haufen des fran:
zösischen Volks der — von der Verleumdung ver:
breitete — falsche Wahn, als ob am 2ten Dec.
v. Jahres von hiesiger Bürgerschaft ein Bataillon
ihrer Truppen ermordet worden seyn, bis dato
noch nicht ganz ausgetilgt worden.

In dieser Lage hat es Einem Hochedlen Rath,
welcher bis daher unverfehlt hat, für die künftige
Sicherheit hiesiger Stadt und deren Einwohner
alle Ihm mögliche Sorgfalt anzuwenden, zu einem
besondern Wohlgefallen gereichen müssen, daß vor
einigen Tagen die hiesige bürgerliche Schützenge:
sellschaft des Gallen Walls — und andere aus der
Bürgerschaft — aus eigenem Antriebe ihre Bereit:
willigkeit zur Vertheidigung hiesiger Stadt gegen
einen solchen allenfalsigen Ueberfall freywillig —
und sonder Schonung ihres eigenen Lebens —
muthvoll mitwirken zu wollen, schriftlich zu erken:
nen gegeben, und erstere das Erbieten, ihre Ge:
sellschaft um 500 Mann zu vermehren, angefügt hat.

Ein Hochedler Rath hält Sich — in dem Ver:
trauen, daß ein gleicher deutscher Biedersinn alle
Seine Mitbürger belebe, nach denen dafür eintre:
tenden Umständen — vollkommen überzeugt, daß
eine

eine — in behöriger Ordnung vereinigte — gemeinschaftliche Anstrengung der eigenen Kräfte, unter des Höchsten Beystand, einem solchen allenfalsigen unvermutheten Ueberfall eines ausstreifenden feindlichen Haufens in so lange, bis von ausserher Hülfe herbeyeilen könne, um so mehr Widerstand zu leisten vermöge, als von denen hiesige Stadt umgebenden Ortschaften, deren künftiger Wohlstand von der Erhaltung hiesiger Stadt hauptsächlich mit abhängt, eine nachdrückliche Unterstützung, wenn die hiesige Bürgerschaft muthvoll vorangehen wird, mit Vertrauen zu erwarten stehet, und glaubt übrigens, es werde einem jeden zur Beruhigung gereichen, wann man sich auch auf unwahrscheinliche Fälle vorbereitete, damit, wann selbige gegen alles Vermuthen eintreten sollten, man sich alsdann den Vorwurf einer Vernachlässigung nicht zu machen habe.

In dieser Hinsicht ladet Ein Hochedler Rath alle hiesige Bürger und Einwohner, welche mit denen sich bereits angemeldet habenden gleiche biedere Gesinnungen hegen, und an der, auf den unverhofften Fall nothwendig werdenden Vertheidigung ihrer Vaterstadt freywillig Antheil nehmen wollen, hierdurch ein, daß ein jeder, welcher entweder

1.) sich der Schützen-Gesellschaft beygesellen, oder
2.) zur Bedienung der Artillerie sich gebrauchen lassen, oder
3.) zu Pferde dienen, und sich selbst equipiren, oder
4.) sonst den gewöhnlichen Dienst zu Fuß übernehmen will, sich von Dato in Zeit von 8 Tagen, und zwar:

im

im erſten Falle bey den Schützenmeiſtern,
im andern bey dem Atillerie-Major,
im dritten bey den bürgerlichen Rittmeiſtern, und
im vierten bey dem bürgerlichen Capitain, in deſſen Quartier er wohnt, einſchreibe.

Wornach ſothane Einſchreibliſten mit Ablauf der gedachten Friſt ſobald an Löbl. Kriegs-Zeugamt einzuſenden, um — wegen der Armirung, der nothwendigen Uebung, der künftigen Anführung, dieſer verſchiedenen — als ein Ausſchuß aus der übrigen — ohnehin noch ihren 14 Quartieren zu bewafnenden Bürgerſchaft zu betrachtenden Korps und ſonſten, zur allgemeinen Zufriedenheit zweckmäßige Veranſtaltungen treffen, und eine zuſammen wirkende Ordnung, ohne welche die beſtgemeynte Abſicht verfehlt wird, feſtſetzen zu können.

Wobey jedoch zugleich unverhalten wird, daß in dem — wider Verhoffen wirklich eintretenden Fall der anzuwendenden Nothwehr — diejenige von der Bürgerſchaft, welche ſich dermahlen zum freywilligen Dienſt nicht einſchreiben, ihrer Verbindlichkeiten nicht entlaſſen werden können. Frankfurt am Main, am 12ten Dec. 1793

Stadtcanzley.

Wir theilen bey dieſer Gelegenheit folgendes, ſo viel wir wiſſen noch nicht gedrucktes, Schreiben, des Königs von Preußen, an den Magiſtrat von Frankfurt mit.

Ehrenfeſte! Wohlweiſe! Beſonders Lieben!

Ich werde mit ſtetem Vergnügen der vielen Beweiſe eingedenk ſeyn, welche der Magiſtrat und ſämtliche mir werthen Einwohner der guten Stadt Frankfurt überhaupt, von ihrer Vaterlandsliebe und insbeſondere von ihrem Vertrauen en und ihren wohlmeynenden Gesinnungen gegen mich, an den Tag gelegt haben.

Eben so angenehm ist mir es auch, daß ich im Stande gewesen bin, sie von den Gewaltthätigkeiten einer fremden ganz verwilderten Nation zu befreyen, und ihre Ruhe zu sichern. Ich werde mir es ferner angelegen seyn lassen, der Stadt die Kosten möglichst zu erleichtern, welche der jetzige Krieg unvermeidlich verursachet, und wovon ich Dieselbe ganz befreien zu können wünschte, wenn es die Umstände gestatteten. Dahero halte ich mich auch von der steten Fortdauer der wohlmeynenden Gesinnungen, die ihr mit in eurem Schreiben vom 9ten dieses zu erkennen geben wollen, um so mehr versichert, weilen sie mir besonders werth sind, und weil ich mich zur Beförderung der Wohlfarth einer so gut gesinnten Stadt jederzeit werde bereitwillig finden lassen. Ich verbleibe mit besonderer Huld Euer Gnädiger

Lowitz den 22. Oct.   Friedrich Wilhelm
1793   Rex.

3.
Toulon.

Als Toulon von den Engländern in Besitz genommen wurde, wettete man zu Koppenhagen in einem Klub, ob sie sich darinn erhalten würden? Nur 4 Stimmen waren für die Bejahung; drey und funfzig waren dagegen: letztere setzten den ersten Jänner 1794 zum Ziel. Denn in diesem Klub schien es mehr Französisch-Gesinnte, als Anhänger der Bemühungen der Consilirten Mächte zu geben. Der Ausgang hat für die 53 entschieden; allein selbst nach dem französischen, einseitigen, Berichten (und wir müssen doch auch die englischen abwarten) hat die französische Nation durch die Zerstörung der Werke, (die Ludwig XIV. und XV.

über

über 200 Millionen kosteten) und durch Verbrennung der zurückgelassenen Schiffe, eine ungeheure Einbuße erlitten.

4.
Revolutionsschriften.

Die kleine zu London 1793 gedruckte Schrift von 116 S. Histoire de la conspiration du 10. Août 1792. Par L. C. Bigot de Sainte-Croix, ministre des affaires étrangères de S. M. T. C. Louis XVI. le 10. Août 1793. ist merkwürdig, weil sie von einem Manne herrührt, der sich in dieser unglücklichen Mordnacht und an dem folgenden blutigen Morgen, selbst mit in den Thuillerien befand, und also Augenzeuge war. Er fand in der Folge Mittel glücklich nach England zu entfliehn. Der Styl ist äußerst schwülstig und hochtrabend, und die Broschüre lieset sich deswegen nicht angenehm. Wir wollen hier nur dasjenige ausheben, was neue Aufschlüsse gewährt, und in andern Schriften über diesen Gegenstand nicht enthalten ist.

Auf die wiederholten Warnungen, wegen der Verschwörung, die gegen den König und seine unglückliche Familie, geschmiedet, und ihrem Ausbruche ganz nahe war, that man dem Könige und der Königin den Vorschlag, sich 20 Lieues von der Hauptstadt zu entfernen. Alles war dazu in Bereitschaft, alle

alle Mittel, die diese Entfernung erleichtern konnten, waren glücklich angewendet; allein Jhro Majestäten verwarfen diesen Vorschlag gänzlich, und alle Gegenanstalten schränkten sich, auf eine Wache von 15 bis 1800 Mann, theils National-Miliz, theils Schweitzer-Garden ein. In der Nacht vom 9. zum 10., waren die Häupter der Verschwörung, rue du théatre François, No. 4 versammelt, und von hier aus, mitten im Taumel und Rausche einer wilden Orgie, ertheilten sie ihre Befehle, lenkten die Bewegungen der Pöbelhaufen, und bezeichneten die Schlachtopfer. Von halben Stunden zu halben Stunden empfieng St. Croix durch Vertraute Nachricht von ihren Schlüssen und Berathschlagungen, die er der königlichen Familie mittheilte. Diese Details dienten jedoch nur, die Bestürzung und Angst zu vermehren, denn zu wirksamern Vertheidigungsmitteln, fehlte es jetzt an Kräft und Mitteln: (das Schicksal des Königs, im ganzen Lauf dieser Revolution, und eine herrliche Lehre für andere Regenten und ihre Minister, daß schläfrige und palliative Maasregeln ihren Zweck ganz da verfehlen, wo nur Handeln, und herzhafte Schritte, entscheiden: audaces fortuna juvat!) Die Minister, erhielten den 9. Abends verschiedene Abschriften vom Plan der Verschwornen, die nur in Kleinigkeiten abwichen. In diesem Plane war schon damals die Rede, den König im Temple, oder auch in Beaumarchais Hause einzusperren; die Königin wollte man in einen eisernen Käfig setzen, und sie so, dem Volk zur Schau, durch die Straßen fahren. Die Minister ließen, ohne Vorwissen des Königs, diesen Plan eiligst durch eine Handdruckerey drucken, und setzten bloß folgende kurze Anrede, als Eingang darüber. „Franzosen! große Verbrechen sind ihrem Ausbruche
„nahe;

„nahe; euch das Komplott enthüllen, heißt es ver-
„nichten: Leset!" Ihre Absicht war, diese Urkunde
unter die Truppen und das Volk auszutheilen, und
der Wache im Schlosse vorzulesen, damit ihr Unwillen gegen die Verschwornen, angefacht würde.
Es scheint aber nicht geschehn zu seyn; denn wir
lesen S. 35. daß St. Croix alle Exemplare des
Divertissements und die Urkunde, einem von den Anführern der Nationalgarde, zugestellt habe, der
aber am 2. September bey der Ermordung der
Gefangenen, in der Abtey seinen Tod fand, allein
auch Zeit gehabt haben soll, das dépôt der Urkunde, ehe er ins Gefängniß geschleppt wurde, einem
vertrauten Freund einzuhändigen. Wäre der Angriff in dieser Nacht geschehn, wo noch viele von
den gutgesinnten Bataillons der Nationalmiliz,
zugegen, und der General-Commandant M a n-
d a t noch nicht von der neuen Municipalität ermordet war, und überhaupt das größte Einverständniß herrschte, so wäre wahrscheinlich der Anschlag
der Verschwornen gescheitert. Unterdessen vernahm
man von fern das verwirrte Getöse vieler Stimmen, den Tumult des lärmenden Pöbels, das
Geschrey der Wachen, und dazwischen das dumpfe
Geläute der Sturmglocken; das alles verdoppelte
in aller Herzen die Marter banger, schwermüthi-
ger Erwartungen. Um 5 Uhr des Morgens ließ
die Königin ihre Kinder wecken. Der Dauphin
hatte schon längst eine Ahndung von seinem traurigen Loose gehabt: hier, hatte er noch den Tag
vorher, zu einer Gespielin seiner Kindheit gesagt,
hier, Josephine, nimm diese Lokke von
meinen Haaren, und versprich mir,
daß du sie so lange tragen willst, als ich
in Gefahr seyn werde. Gegen Morgen setzten
die Nationalgarden, die in den Thuillerien waren,

in

in einer von den Wachtstuben, eine Petition an die Nationalversammlung auf, worin sie die Entfernung der Föderirten aus Paris verlangten! St. Croix sah die Unterschriften, sie füllten schon 20 Seiten. Löblicher aber zu später Eifer! Der König verfügte sich in Begleitung seiner Minister und einiger anderen Personen in die Höfe des Pallastes: man empfieng ihn mit dem Zuruf: **es lebe der König!** und der Versicherung, daß dieser Tag die Greuel des 20. Junius (wo bekanntlich die Pöbelhorden schon einen, unblutig gebliebenen, Versuch gewagt hatten) **nicht erneuert sehn sollte.** Die Königin und Madam Elisabeth waren am Fenster Zeuge dieses Empfangs, und wagten einen Augenblick, sich mit einem minder traurigen Ausgang zu schmeicheln. Nur einige Kanoniere beobachteten ein düsternes, und tükkisches Stillschweigen. Vom Carousellplatz, stürzten sich drey Bataillons Pöbel in die Cour royale, kreutzten ihre Picken, Flinten und Säbel, und schrien: **es lebe Pethion! Weg mit dem König! es lebe die Nation! es leben die Ohnehosen!** der König wendete sich kaltblütig weg, und begab sich in den Marsanhof, wo ihn die wackern Schweizer, in soldatischer Stille, aber mit allen Merkmalen standhafter und unerschütterlicher Treue empfingen. Als der König in den Garten kam, überhäuften ihn die dortigen Pöbeltrupps mit Drohungen und Schmähungen. Ein wüthender Kerl, mit einer langen Pike und mit einem Pistol (andere sagen einem Dolch) im Gurt, gab sich alle Mühe, die Kette zu durchbrechen, welche einige Personen um den König zu seiner Vertheidigung geschlossen hatten, wobey er beständig schrie: Vivat Pethion! Vivat die Nation: — „Auch ich, antwortete der König mit „ruhi-

„ruhiger Würde, auch ich rufe, und habe „immer gerufen; es lebe die Nation! „ihr Glück war stets mein Wunsch!" Was nun folgt, findet man auch in andern Relationen. Nur den Umstand nicht, daß die nun verewigte Dulderin ganz dagegen war, die Thuillerien zu verlassen, und sich mit dem Ausdruck widersezte: „Ich „will mich ehe an diese Wand nageln lassen, als „einwilligen sie zu verlassen." Hätte man ihr doch gefolgt! Allein Röderers (zweideutige) Vorstellungen, und die Kleinmuth der andern Rathgeber galten vor, und man beredete endlich die königliche Familie sich in die Nationalversammlung zu verfügen. Es ist Lüge was der Minister der Justiz am eilften in seinem Schreiben an die Departements drucken ließ, der König habe sich durch eine heimliche Treppe geflüchtet. Er begab sich im Angesichte aller dahin, und gieng die große Treppe herab. Bekanntlich mußte sich diese bejammernswürdige Familie in die Loge des Logographen-Journalisten verweisen lassen. Das erste was St. Croix darinn zu Gesicht bekam, war das Wort Mort mit Kohle an die weiße Wand geschrieben. Als die Schweizer die den König begleitet hatten, unter den Fenstern, ihre Gewehre in die Luft abschossen, entfärbten sich die Mitglieder der National-Versammlung und raunten sich ängstlich zu: **Wir sind verloren; die Schweizer dringen vor!**

Avertissement.

Von diesen Fliegenden Blättern, dem französischen Krieg und dem Revolutionswesen unsrer Zeiten gewidmet, werden No. I. und II. zwar unentgeldlich, zur Einsicht mitgetheilt, aber von No. III. an, erhält niemand die Fortsetzung, ohne gewisse Bestellung.

No. III.

No. III.

1.
Korrespondenz.

a.
Aus einem Briefe. Paris, im December 1793.

Man kommt hier von der Aufhebung des Gottesdienstes mit starken Schritten zurück. Robespierre, der zu gut einsieht, welche Macht man dadurch den Gegenrevolutionisten in die Hand gab, (indem wirklich jezt in vielen Departements sich ganze Dörfer vereinigen, und bewafnet, ihre Kirchen und alte Religion zurückfodern) hat allen seinen Einfuß aufgeboten, diese philosophischen Masceraden wie er sie selbst nennt, zu verbannen, und die Freyheit der öffentlichen Verehrung Gottes herzustellen. Der Himmelsstürmer, der bekannte Anacharsis Cloots, ist auch von den Jakobinern förmlich ausgeschlossen worden, wo er noch vor 8 Tagen präsidirte; so schnell ist der Glückswechsel, der untergeordneten Revolutions-Coryphäen. Denn auch Varlet, den Sie als Erz-Enragé und einen von den Aufführern im August und September 1792 kennen müssen, ist guillotinirt. Er war 26 Jahr alt, und vor der Revolution Schreiber bey einem Advokaten

raten. Spielt Cloots gegen Robespierre so den Tollhäusler, wie er ihn zeither gegen Gott und die Könige spielte; so kann man ihm sein Ende ebenfalls unter der Guillotine prophezeyhn.

Robespierre — Dictator der französischen Republik — scheint ein Decemvirat gründen zu wollen, an dessen Spitze Er ist. Der Nationalconvent mit allen seinen Comités steht schon unter diesem ersten Decemvir. Dieser Mann von Kopf, ist sich seit der ersten Legislatur, von der er Mitglied war, immer gleich geblieben, und hat sich stets als Freund und Vertheidiger des Volks gezeigt. Er ist sehr einfach in seiner Lebensart, und hat den gesunden Menschenverstand gehabt, er, der vorher ganz arm war, nicht durch einen plötzlichen, übergroßen Reichthum, wie viele seiner Kollegen, zu grell zu contrastiren. Er theilt sich wenig mit, und hat nie in seinen wüthenden Grundsätzen gegen die Königswürde nachgelassen, bis sie erliegen mußte. Weil er sehr gute Spione hat, und von allem vortreflich unterrichtet ist, so erstickt er alle Complotte gegen ihn, mit leichter Mühe, in der Geburt, und läßt die Köpfe von denen springen, die nicht mit seinen Principien und Absichten harmoniren wollen. Man versichert, daß dieser Robespierre, Agenten an allen Höfen und einen Plan ganz fertig und bereit hat, der binnen hier und dem Frühjahre zur Ausführung kommen soll, zu welchem *verschiedene Kabinette die Hände bieten*, und von dem das Gouvernement révolutionaire, der erste Schritt ist.

Robespierre hat den Comités révolutionaires, welche die Departements mit der Guillotine beweisen, anbefehlen lassen, eine Menge Familien ſten wieder in Freyheit zu ſetzen, die man als verdächtig eingekerkert hatte, und die man nun wieder nach ihren Häuſern und Heymathen zurückſchickt.

Leſen Sie den diſcours den Robespierre am 27. Brumaire im Nationalconvent hielt. Nachdem er dem Convent und den Tribunen, wo jeder ſo gut als er wußte, daß Alles Unwahrheit ſey, vorgeleſen: daß Pitt und England, die Urheber der Revolution in Frankreich wären, weil Pitt den Herzog von York dadurch auf den franzöſiſchen Thron habe ſetzen wollen; daß Briſſot und ſeine Anhänger Schuld an den jetzigen Krieg mit Europa, Schuld an den Blutbädern in Frankreich, Schuld an den Mishandlungen der Schweizer, Schuld an den Plünderungen in Belgien, kurz Schuld an allen möglichen Bubenſtücken und Unglücksfällen ſind, von welchen die Jahrbücher der franzöſiſchen Republik wimmeln, nachdem er, un'er an‌ern auch behauptet, Oeſterreich habe in allen deutſchen Zeitungen (und in keiner ſteht doch eine Sylbe davon) drucken laſſen, daß Frankreich den Schweizern den Krieg erklären werde, um leztere in Harniſch zu bringen (als ob die Schweiz, wenn ſie das ihrem Intreſſe zuträglich fände, nicht ſeit den Beſchimpfungen aller Arten, womit Frankreich ſeit zwey Jahren die helvetiſche Eidgenoſſenſchaft heimgeſucht, und das Blut ihrer Söhne ungerochen vergoſſen hat, Bewegungsgründe in Menge zur Rache hätte) ſo läßt er den Convent decretiren, den Schweizern alle mögliche Verſicherungen der Freundſchaft zu geben, und ſie auf jede Weiſe zu ſchonen. (Denn Frankreich kann jezt die Schweiz nicht entbehren, es iſt das einzige debouché, das ihn von feſtem Lande für Zufuhr noch offen iſt). Zulezt ſcheint er eine Ahndung zu bekommen, daß das Gebäude der französischen Republik doch zusammenbrechen könne. Er ruft also alle Nationen auf, ihren Fall zu verhüten, weil dann die Tugend von der Erde verschwinden, und die Zeiten der Hunnen und Vandalen wiederkehren würden. Welch' ein Tugend-Prediger!

─────────

b.

Aus Mannheim den 2. Jänner 1794.

Ein panisches Schrecken verbreitet sich auf einmal! Uebertreibungen der Gefahr und des Verlusts der Deutschen! Angst und Bangigkeit auf allen Gesichtern! Das Flüchten so vieler Menschen in unsre Festung, und die Nachrichten welche sie brachten, und welche durch den elenden Zustand der Geflüchteten, ein gewisses Gepräg von Aechtheit erhielten; alles dieses, vereint mit dem Mangel an zuverlässigen Bothschaften, macht uns auf das Schlimmste gefaßt; aber es ist bey weitem nicht so arg, und ich schreibe es Ihnen, weil ich überzeugt bin, daß die Gerüchte es wie einen Schneeballen vergrößern, und die deutschen Demokraten, die darüber in ihr Fäustchen lachen, das Ihrige auch treulich dazu beytragen werden, um das Ganze recht kolossalisch, recht niederschlagend zu machen! Muth! deutsche Brüder! Muth! Wenn wir bey jedem nicht erwünschten Vorfall, gleich wie Kinder zagen wollen, so bereiten wir ja den Sansculotten selbst den Sieg, nach dem alten Sprüchwort: wer sich fürchtet den jagt man!

Da

Da Landau nicht genommen war, so wär die jetzige Stellung der Armeen der Verbündeten, nicht allein nothwendig, sondern meisterhaft, und zur Deckung Deutschlands, von dem größten Vortheil. Das alles nächstens weitläuftig.

Heut sahn wir mit bloßen Augen einen Scharmützel bey der Rheinschanze, keine Viertelstunde weit. Ein Detaschement Erdödy Husaren, Preußen, und eine Anzahl Franzosen. Die Franzosen schossen öfters mit Kanonen. Die Pfälzer haben bey dem Kreuz, wo die Chaussee nach Mundenheim anfängt, zwey Kanonen aufgepflanzt, mit diesen wurde auch einige Mal geschossen. Das Gefecht dauerte ohngefehr ein paar Stunden, dann flohn die Franzosen. Kaiserliche Grenadiere sind hin zur Besatzung eingerückt, es sind trefliche Leute! — ingleichen sehr viele Kanonen mit den nöthigen Artilleristen, und 3 Bataillons Pfälzer. Der kaiserliche General Funk, der Fort-Louis einnahm, wird Mannheim vertheidigen. Die ganze Wurmserische Armee liegt um Mannheim herum, auf der Seite von Heidelberg, und die Preußische deckt Mainz, und schützt Mannheim von der Rheinseite. Auf keinen Fall wird Mannheim übergeben. 400 Husaren kamen vorgestern und heute Dragoner. Die Komödie ist eingestellt, auf unbestimmte Zeit. Heute sollte gespielt werden, und zwar abonnement suspendu, zum Besten der geflüchteten Pfälzer, allein der beständige Allarm, und das panische Schrecken, (denn von 170 Einwohnern fürchten sich 99, ohngeachtet Mannheim im besten Vertheidigungsstand ist) machten, daß es nicht dazu kam. Eine frohe Zeitung bekamen wir heute aus Brüssel: — daß sechs Städte um Paris wegen Hungersnoth in Aufruhr sind. Daß die Royalisten Chartres und Alençon besetzt haben, und in 3 Kolonnen auf Paris marschiren; daß der Convent gelinde Saiten aufzieht, und jedem 30 Livres verspricht, der die Armee der Royalisten verläßt. — Das klingt Alles sehr gut, wenn es nur sich bestätigt.

C.

Aus einem Briefe von Frankfurt, den 4. Jänner 1794.

Sie können nicht glauben, welchen Eindruck das machte, als die tröstliche Kunde erscholl, Er, der deutsche Fürst, der schon einmal, als Custine uns bedrohte, der Retter deutscher Ehre, und mit seinen wackern Katten der Damm der französischen Horden, und die Verzweiflung der deutschen Jakobiner war, Er, der Landgraf von Hessencassel, eile mit 8000 Mann seiner tapfern Krieger unsern Gegenden zu Hülfe! Das heißt, wie ein Abkömmling von fürstlichem Stamme, und wie ihre erlauchten deutschen Ahnen handeln, die immer die ersten zu Roß, und immer da mit ihren Mannen bereit waren, wo Noth und Kampf es heischten. So was ist schon dadurch von trefflicher Wirkung, daß es Beyspiel und eine Stütze für die Kleinmuth giebt, die in unsern weichlichen, erschlafften Zeitaltern, nicht die geringern, sondern die Egoisten der vornehmen Klasse so schimpflich geißelt? Hier in Frankfurt haben wir dagegen achtpatriotische Beyspiele. Unsre vornehmsten und reichsten Bürger legen Hand ans Werk. So hat z. B. Herr Moritz Bethmann, sich als Gemeiner bey den Freywilligen zu Pferd eingeschrieben.

Nach-

(39)

Nachstehendes zweytes Beyspiel, ist ein neues Deutschland ehrender Pendant zu obigem. Durch ein schönes Proclama, hat der Herzog von Wirtemberg, nicht allein seine Jägerey und sein Militair, patriotisch zur Besatzung von Knittlingen und Maulbronn, am 31. Dez. beordert, sondern er schließt auch mit folgenden, herrlichen Worten: „Wo ich übrigens „zu meinem Volke das unbegränzte Vertrauen habe, „daß, wenn die Noth solches erheischen sollte, es „auf meinen Ruf in Masse aufstehn werde, um sein „Eigenthum, seine Religion, seine Verfassung und „seinen Fürsten zu vertheidigen, der sich eine „Pflicht daraus macht, sich an seine „Spitze zu stellen."

Ueberhaupt sind die neuesten Nachrichten vom Rhein, durch die Bemühungen der vereinten tapfern österreichischen und preußischen Truppen, ungleich besser und aufrichtender, als in der Ferne, gewisse Leute, es gern vorspiegeln möchten.

―――――

d.

Auszug eines Schreibens eines preußischen Officiers an einen Freund in W....*)

Empfangen Sie, mein Theuerster, meinen herzlichsten Dank für die mir gütigst überschickte Schrift des H. Mallet du Pan über das Charakteristi-

C 4

*) Dieses vortreffliche Schreiben, über ein sehr merkwürdiges Buch, ist in gegenwärtigem Augenblick, ein wohlthätiges Geschenk für das Publikum, das sich mögen, ein paar) unglücklicher

ristische der französischen Revolution
ꝛc. deren Daseyn ich in meiner itzigen Lage nur spät
erfahren hätte, hätten Sie sich nicht bey Lesung derselben meiner so freundschaftlich erinnert. Immer
las ich mit innigstem Vergnügen im Mercure de
France die historischpolitischen Aufsätze dieses weisen
und vortreflichen Schriftstellers, in welchen er Frankreich so lange vor den einbrechenden Gefahren einer
völligen Staatsverkehrung warnte, bis zuletzt sein
Leben dieser Warnungen wegen in Gefahr kam. Möchten doch seine Ahndungen nicht eintreffen, und die
neuen Warnungen, welche er in dieser letzten Schrift
so warm und so kraftvoll mittheilt, von denen, an
welche sie gerichtet sind, nicht eben so in den Wind
geschlagen werden, als es jene wurden, die er den
Franzosen zurief! Nicht ganz befriedigend scheint mir,
was er, zwar nur gelegentlich, über die Entstehung
der französischen Revolution vorbringt; aber unver-
gleichlich setzt er die Ursachen ihrer langen Dauer
auseinander. Das Einzige was mir dabey mißfällt,
ist seine Besorgniß: es möchten noch zuletzt die Franzosen, wie einst die Hunnen und Heruler, die Vandalen und Gothen, ganz Europa mit ihren wilden
und gottlosen Horden überschwemmen, weil er unfehlbar diese Besorgniß, so wie er Sie, mein Freund,
damit angesteckt hat, auch bey andern erregen wird.
Allein, beruhigen Sie sich; was jene Barbaren konnten, wäre itzt für die Franzosen eine hundertmal
schwerere Arbeit, unter der sie, bey Anstrengung ihrer

---

licher Vorfälle, schon wieder einer **undeutschen** *Kleinmuth
überlassen will, uneingedenk, daß das Kriegsglück wandelbar
ist, und daß die Deutschen den Franzosen ihre kleinen Vortheile so schnell wieder entreißen können, wie sie im März
1793, bey weit schlimmern Aspecten, thätig bewiesen haben.*
Anm. d. Red.

rer äußersten Kräfte, gar bald erliegen würden, und die sie daher schwerlich unternehmen werden, so gern sie auch ihre Räubereyen weit über ihre Grenzen hinaus verbreiten mögten, weil's innerhalb derselben bald nichts mehr zu rauben geben wird. Der Hauptgrund meiner Behauptung beruht auf den Waffen, deren wir uns heut zu Tage im Kriege bedienen, wie ich dies zu zeigen weiter unten Gelegenheit haben werde. Mächtige, geübte, tapfere, und von erfahrnen Generalen angeführte Heere umlagern in diesem Augenblick Frankreichs Grenzen, und haben in diesen noch nicht geendigtem Feldzuge die Operationen der Conventionellen Armeen ganz allein auf die Vertheidigung ihrer Vestungen eingeschränkt, deren sie indessen, Mainz und Toulon nicht mitgerechnet, vier verloren. Welchen Grund hätten wir demnach, zu befürchten, daß sie im künftigen Feldzuge im Stande seyn dürften vom Vertheidigungs- zum Angriffskriege überzugehn? Etwa, weil die Royalistenarmee der Vendee aufgerieben, oder, wie man das den Parisern noch immer einzubilden sich bemühet, wenigstens ihrem Untergange nahe, ist? — Nein! diese Armee, die in mehr als 40 Gefechten über 30 mal siegte, so an der Zahl als an den übrigen Kräften gewonnen. Weil bessere und geschicktere Generale die Sansculottenheere künftig anführen werden? Den geschicktern, die nicht entfliehen konnten, haben sie ja die Köpfe abgeschlagen. Weil noch zuletzt alles, was sich nur regen kann, sich in furchtbare Armeen zusammen drängen wird, und einmal plötzlich ein paarmal hunderttausend Mann, wie ein reissender Strohm, irgendwo durchbrechen werden? — Soll dies letztere geschehn, so wird sich auch dieses Heer, ohne Zweifel, mit einer seiner Stärke angemessenen Anzahl Reuterey und groben Geschützes versehn müssen, zwey Bedürfnisse, ohne welche an keinen Einfall in ein feindliches Land, vielweniger an ein Behaupten desselben zu denken ist. Hierzu käme denn noch eine ungeheure Anzahl Wagen, Geschirr und Pferde, welche eben so unumgänglich erfordert würden, den unfehlbaren täglichen Abgang an jeder Art des Geschützes und der Munition ordentlich und regelmäßig aus den rückwärts liegenden Zeughäusern und Magazinen, die noch dazu in keinen großen Entfernungen von der Armee sich befinden dürften, zu ersetzen, und jenes Heer eben so ordentlich zu verpflegen. Denn auf die ungewisse Subsistenz, welche allenfalls in dem noch zu erobernden Lande noch vorhanden seyn dürfte, könnte eine so ungeheure Menschenmasse nicht rechnen, weil die gegenseitige, sich zurückziehende Armee unfehlbar alle Vorräthe an Lebensmitteln, so wie auch alle Wagen und Pferde, lieber mit wegführen, als dem Feinde Preiß geben würden. Woher sollten nun wohl die Franzosen die zu jener Reuterey, zu Bespannung jenes Geschützes, und zu jenem Proviantfuhrwesen erforderliche Pferde hernehmen? Die Pferdezucht war in Frankreich schon vor der Revolution, in Hinsicht auf dessen Größe, nicht beträchtlich, und ist es seitdem gewiß nicht geworden. Nur in acht Provinzen dieses weitläuftigen Reichs befanden sich Stuttereyen, worunter die in der Normandie und Bretagne die vorzüglichsten waren. Die Provinzen Picardie und Franche-Comté lieferten die besten Zugpferde. Allein aus den beyden ersten Provinzen mögen dermalen die Conventionellen Armeen wohl wenig Pferde ziehen, da vermuthlich die Royalisten dies auf alle Art zu verhindern trachten. Aus fremden Ländern können sie, auſſer denen, welche ihnen etwa durch die Schweiz mögen zugeführt werden, gar keine be-

kom-

kommen; denn Pferde sind kein so transportabler Artickel, als Getraide, Pulver, Bley, Eisen und hundert andere Bedürfnisse, welche der Geiz, kaufmännische Spekulation und Liebe zum Sansculotism ihnen aus andern Ländern in die Hände spielen. Nehmen wir nun noch dazu, daß sie schon vor Jahr und Tag die königlichen und fürstlichen Ställe, so wie auch die Ställe der Particuliers in Frankreich ausgeleert, und daß sie ganz sinnlos mit diesen Thieren, zumal im vorigjährigen Feldzuge, gewirthschaftet; so können wir wohl mit Gewißheit schließen, daß schon itzt ein starker Mangel daran sich in Frankreich äußern müsse, der, bey seinem unfehlbaren Wachsthume, ihre Operationen zur eignen Vertheidigung, schon im künftigen Feldzuge beträchtlich lähme, mithin nachdrucvolle Invasionen in andere Länder ihnen vollends unmöglich machen dürfte. Deswegen glaube ich denn auch nicht an die Möglichkeit einer allgemeinen Verwüstung, die wir von den Franzosen zu befürchten hätten, und die derjenigen ähnlich seyn könnte, welche nordische und asiatische Nationen einst über Europa brachten. Diese Barbaren fanden bey ihren Einfällen keine Armeen, die so vorbereitet waren ihnen zu widerstehen, als es itzt diejenigen sind, welche die Franzosen vor sich haben; sie kannten die ungeheuer schweren Kriegsmaschinen nicht, die wir, den Donner des Feindes zu beantworten, überall mit hinschleppen müssen, weil wir ohne dieselben würden danieder geschmettert werden, wenn wir auch in noch so großen Haufen auf den Feind losgehen wollten. Sie bedurften mithin auch des unendlichen Fuhrwerks nicht, welches diese Maschinen bey uns unentbehrlich machen; sie konnten sich mit Leichtigkeit nach allen Seiten hinbewegen; die Waffen, welche sie verloren, oder die ihnen unbrauchbar wurden, könnkonnten ſie mit geringer Mühe und aller Orten, entweder ſelbſt verfertigen, oder doch wieder anſchaffen; Steine, im Fall ſie ſie nöthig hatten, brauchten ſie nicht nachzuführen, wie wir unſer Pulver und Kugeln aus Bley und Eiſen; auch hatten ſie vermuthlich keine Lieferanten noch Kommiſſare, die ihnen ihre Bedürfniſſe für Geld anſchafften, und ſie bey jedem Artickel um zwey Drittel ſeines Werths betrogen, wie das itzt in Frankreich der Fall iſt, wo deswegen auch die zuſammengeſtohlnen Reichthümer wieder dahin ſchmelzen, wie der Schnee im Frühlingsſonnenſchein, u. ſ. w. Ich müßte ein ganzes Buch ſchreiben, mein theuerſter Freund, wenn ich dieſe Parallele vollkommen ausführen wollte; allein das Wenige, was ich angeführt habe, wird, denke ich, hinreichen, Sie wieder von Ihrer Beſorgniß zu befreyen; inſonderheit, wenn ſie noch die ſich täglich mehr und mehr beſtättigende Wahrheit hinzufügen wollen, daß wir Deutſchen, und, wie's ſcheint, auch die übrigen Nationen, Gottlob! den ſublimen Grad von Aufklärung noch nicht erreicht haben, der uns lüſtern machen könnte, unſre Staatsverfaſſung in eine republikaniſche Räuberverfaſſung umzuformen, und daß mithin unſre convulſiviſch-politiſche Volksſchulmeiſter ihre Federn bisher vergeblich zerkauten, jene Aufklärung unter uns zu beſchleunigen, um ſich ja fein bald aus dem Staube ihrer Bücher zu Conventsgliedern zu erheben; Könige vom Throne zu ſtoſſen; Sansculottenheere auszuſchikken; ihre Ohren — und was denn das für Ohren ſeyn mögen! — am herrlichen Geſang der Marſeiller Carmagnole, welche ſie ſchon zum voraus in deutſche Reime gebracht, zu laben; ja! was ihnen vielleicht das angenehmſte wäre, Autodafe's über die Ariſtocraten und ihre Schlöſſer zu halten, unter dem menſchenfreundlichen

lichen Ausruf: Paix aux chaumieres! Guerre aux chateaux! Ein ächtes Räuber-Motto, weil's freilich in den Hütten der Armen nichts zu stehlen giebt.

Herr Mallet hat seiner Schrift ein Verzeichniß von der Stärke, sowol der conventionellen, als der gegen dieselben verbundenen Armeen angehängt, welchem zufolge jene 304,000, diese 401,000 Mann ausmachen sollen. Er scheint sich zu verwundern, daß letztere, ungeachtet ihrer Ueberlegenheit an der Zahl, nicht mehr gegen den Feind ausgerichtet, denn gleich im Anfang seiner Schrift sagt er: „das Ge„nie der Kabinette, hunderttausend tapfere Krieger, „achtzig Linienschiffe, die ein innerlicher Krieg un„terstützt, haben diesem Verbrecherbunde, der sich Fran„zösische Republik nennt, noch nicht zehn Meilen „Grund und Boden abgewinnen können." Hätte sich dieser so einsichtsvolle Mann, bevor er dieses niederschrieb, an einen Kriegsverständigen gewendet, so hätte dieser ihm das Räthsel auflösen können. Vermuthlich würde der ihm gesagt haben: bedenken Sie, daß wenn wir auch die Armeen dieses Verbrecherbundes nicht größer annehmen, als Sie dieselben angeben, sie demungeachtet, vermöge der Vestungen, die Frankreich umgeben, um 6 bis 7mal stärker, als ihre Feinde, zu schätzen sind, die einen Belagerungskrieg, den schwersten unter allen, zu führen haben. Lassen Sie aber nur einmal diese letztern die starke Kette jener Vestungen, an mehreren Orten, wie das vielleicht bald der Fall seyn wird, durchbrochen haben, so wird es mit dem Grund- und Bodenabgewinnen viel schneller gehn. Das bisher getriebene Spiel der Sansculottenheere, bald aus dieser, bald aus jener Vestung zehn, zwölftausend Mann herauszuziehen, rechts oder links ein nahgelegenes Korps damit zu

verstär-

verstärken, und so, mit einer überlegenen Macht, den
Feind anzufallen, wird alsdenn ein Ende nehmen;
so wie denn auch, mit dem zunehmenden Mangel an
Pferden, sich das Hin- und Herfliegen mit 18pfün-
dern, als wären es leichte Kaleschen, sich bald legen
wird; da man jetzt schon bemerken kann, daß es mit
dem schweren Geschütze bey ihnen nicht mehr so vom
Flekke will, wie im vorigjährigen Feldzuge, und noch
im Anfange des jetzigen, als Dumourier in Brabant
noch 400 Wagen blos mit Bohlen beladen bey seinen
Kolonnen mit herumführen konnte, die Wege, wo es
erfordert würde, schnell damit zu belegen, und so der
Artillerie den Marsch zu erleichtern.

Schliessen Sie ja nicht, mein Freund, aus dem
von mir bisher gesagten, daß ich die Gefahr, worin
wir bey diesem verderblichen Kriege schweben, für ge-
ring halte. Sie ist allerdings sehr groß, wenn ich
gleich die einer allgemeinen Verwüstung, als eine
Folge dieses Krieges, nicht befürchte. Ich hefte oft
mit Wehmuth meine Blicke auf den unglücklichen
Kriegsschauplatz und auf die demselben angrenzenden
Länder, und denke an die fürchterlichen Ungewitter
die ihnen noch drohen. Auch suche ich mir nicht zu
verbergen, daß es noch manchen blutigen Kampf kosten werde, einen Feind zu ermatten und endlich zu
bezwingen, der alle, sogar die schwärzesten Mittel
zum Widerstand aufbietet. Allein, weil er eben zu
allen seinen Mitteln auf einmal gegriffen, er mit keinem haushälterisch verfährt, noch verfahren kann,
sondern sie hinter einander verschwendet, darum, dächte ich, könnte man hoffen, daß er früher damit fertig
seyn werde, als manche sich vorstellen, und zwar zu
einer Zeit, wo unsre Mächte, noch bey unerschöpften
Kräften, einer schwer errungenen Ruhe freudig werden

den entgegen sehn können. In der That verfährt jetzt jener Verbrecherbund, wie Mallet ihn nennet, wie ein Rasender, der sein Haus an vier Ecken anzündet, und nun alles hineinwirft, was den Brand vermehren kann, damit er die Nachbarn ergreife und sie ebenfalls zu Grunde richte. Allein, Der, welcher dem Meere gebietet, Dem die Orcane gehorchen, Dessen Hand den Erdball hebt, wie der schwache Mensch ein Sandkorn, und Dessen Allmacht jene Frevler verhöhnen, wird dem Brande wehren, daß er nicht weiter greife, und wird zum warnenden Beyspiel für künftige Jahrhunderte die Bösewichter durch die Glut vertilgen, die sie selber entzündet.

6.

Marquis Lucchesini.

Unsern Lesern wird es angenehm seyn, wenn wir ihnen einige biographische Nachrichten von diesem berühmten Staatsmanne und seiner neuen eben erst in Paris erschienenen Schrift geben, wo wir nur die Seitenblicke weglassen, die im revolutionnairen Geist auf einem Manne geschehen, welcher dem Unwesen in Frankreich nicht hold ist, und also auch von dessen Vertheidigern nicht geliebt wird.

Marquis Lucchesini ist zu Lucca aus einem adelichen Geschlecht gebohren. Da diese Stadt eben keine großen Hülfsmittel zu einer sorgfältigen Erziehung darbietet, so ließen ihn seine Eltern zu Modena studiren. Der berühmte Spallanzani, Professor daselbst,

selbst, gewann den Jüngling lieb, bemerkte in ihm den Keim großer Talente und bemühte sich, sie zu entwickeln. Lucchesini entsprach seinen Bemühungen und machte schnelle Fortschritte. In einem sehr zarten Alter vertheidigte er schon Säte aus allen Theilen der Mathematik, Experimental- Physik und Naturgeschichte. Spallanzani sprach von dem jungen Luccaser, wie von einem Wunder, und behauptete, daß er sogar den Pic de la Mirandole übertreffe. Die andern Professoren, die neidisch auf den Ruhm des Lehrmeisters waren, suchten sich an ihm durch Angriffe auf seinen Zögling zu rächen und boten bey den öffentlichen Disputirübungen alle Kräfte auf, um den Jüngling zu besiegen; aber Lucchesini schlug selbst ihre eigene Argumente durch stärkere und richtigere zu Boden, und was noch seltener in seinem Alter war, er that dieses immer in Ausdrücken, die für ihn immer äußerst bescheiden, für seine Gegner aber verbindlich und ehrenvoll klangen. Wenn er sie zum Stillschweigen gebracht hatte, so gieng er ihre Einwürfe noch einmal durch und zeigte ihnen, was sie hätten hinzusetzen sollen, um ihren Gegengründen mehr Gewicht zu geben. Ein solches unerwartetes Betragen erzeugte allgemeine Verwunderung, und noch jetzt hat sich davon zu Modena das Andenken als von einem Fall erhalten, der die Kräfte des menschlichen Geistes in einem so zarten Alter weit übersteigt.

In einem Alter von 24 Jahren vereinigte bey der angenehmsten Bildung Lucchesini mit seinen tiefen gelehrten Kenntnissen auch noch die Kenntnisse des feinsten gesellschaftlichen Umgangs und der schönen Künste und Wissenschaften. Nachdem er sich einige Zeit zu Meyland aufgehalten, gieng er mit großen

Em-

Empfehlungen nach Wien, und da es ihm nicht gelingen wollte, dort nach seinen Wünschen angestellt zu werden, so versuchte er sein Glück in Preußen.

Friedrich der Große saß auf dem Throne. Er empfieng Lucchesini sehr gütig, und fand in ihm verschiedene ausgezeichnete Aehnlichkeiten mit dem Grafen Algarotti, den er sehr geliebt hatte. Er prüfte ihn, und entdeckte in ihm viele Kenntnisse. Man weiß, welche Liebschaft Friedrich der Große für die französische Sprache hatte. Lucchesini verstand sie gründlich und sprach sie mit Leichtigkeit, so wie das Deutsche und Englische. Er gefiel diesem Monarchen, der sich so gut auf Menschen verstand, und der sich vornahm, ihn Theil an seinen litterarischen Arbeiten nehmen zu lassen. Lucchesini kam an Algarotti's Stelle, erhielt eine Wohnung am Hof und die Tafel und den Gehalt seines Vorgängers. Alle Tage arbeitete er mit dem Monarchen zu einer festgesetzten Stunde und der Antheil, den dieser an ihm nahm, war um so lebhafter, da er mit einer leichten und glänzenden Conversation die Kunst verband, sehr gute lateinische, italienische und französische Verse zu machen.

Nach Friedrichs Tode wurde er von seinem Nachfolger mit gleicher Gnade behandelt und dieser that ihm den Vorschlag, sich einer neuen Laufbahn, der Staatswissenschaftlichen, zu widmen. Lucchesini thats, und mit Glück. Er heirathete bald darauf eine Mamsell Targat, die Tochter eines Regisseurs der Tobaksfirma in Schleßien, eine schöne, wohlgebildete und geistreiche Dame.

Seinen Anfang auf der diplomatischen Laufbahn machte er mit der Besorgung verschiedener Aufträge an einigen italienischen Höfen, sonderlich den Fürstenbund betreffend. Er gieng nach Rom mit seiner Gemah-

Schiablin, wo er eines sehr glänzenden Empfangs genoß und wo man sich bemühte, ihm durch Feste, die nie bey Fremden von diesem Range Statt gefunden hatten, zu beweisen, wie sehr man sich über seine Gegenwart und das Aufsehen, das ein preußischer Gesandte am päbstlichen Hofe mache, freue. Seine Negotiationen an den Warschauer, Petersburger und Wiener Höfen sind bekannt und von ihrer Wichtigkeit hat der Ausgang gezeugt. Eben so wichtig ist die Rolle, die er als Staatsmann an den Unterhandlungen des gegenwärtigen Kriegs und Bündnisses spielte.

7.

Schluß des Briefs eines deutschen Offiziers über die Schlacht bey Lautern. 1793.

(Man sehe No. I. nach.)

Am 23. November marschirte die ganze Armee in die Cantonnirungsquartiere bey Kayserslautern und den 25ten darauf in der Nacht um 1 Uhr wurden wir durch 3 Kanonenschüsse und 3 brennende Fanale aus unsern Cantonnirungsquartieren abgerufen und wir rückten in die feste Position bey Kayserslautern, wo wir sogleich unsere Zelter aufschlugen. Den 28ten früh erhielten wir Befehl, die Zelter abzubrechen und die Equipage 4 Stunden weit zurück zu schicken, das Corps aber mußte ins Gewehr treten. Der Feind rückte wirklich mit einer Armee von 50 bis 60,000 Mann an, warf das Szekulische Corps über den Haufen, vertrieb die bey Vogelwehe stehenden Infanterie-
vorpo-

vorposten und besetzte den vor unserer Fronte liegenden Wald.

Unsere Position war folgende. Die Armee campirte in zwey Treffen und zwar im ersten das Garde-Grenadier-Bataillon von Rodich, die Regimenter Prinz Heinrich, Herzog von Braunschweig, von Kalkstein, von Knobelsdorf, von Kunitzky, von Vittinghof. Cavallerie: Dragoner von Lottum, Leib-Carabiniers, Dragoner von Voß, Husaren von Golz und Husaren von Eben. Im zweyten Treffen, Insanterie: Regiment von Crousatz, die sächsischen Bataillons Prinz Gotha, Prinz Clemens, Prinz Anton, Churfürst und die Grenatiere Christiani. Cavallerie: die sächsischen Carrabiniers, die sächsischen Dragoner von Curland, die preußischen Cürassiere von Vorstel. Die Position formirte einen halben Mond, der rechte Flügel appuyirte sich an Moorlautern und der linke dehnte sich über Kayserslautern hinaus an einen Wald. Diese Stadt lag vor der Fronte des linken Flügels; mitten vor der Fronte lag eine Anhöhe, auf welcher eine Redoute, die Galgenschanze genannt, erbauet war, die das ganze Terrain und den vor ihr liegenden Wald bestrich; der rechte Flügel des ersten Treffens war mit einem Retrenchement versehen, und dieses sowol, als die vorerwähnte Galgenschanze, ingleichen alle bey ihr herumliegenden Avenuen waren mit einer zahlreichen schweren Artillerie und mit den sächsischen Granatstücken garnirt, die alle den Paß bestreichen konnten, welcher von Landstuhl durch den Wald nach Kayserslautern führet. Auf dem rechten Flügel des ersten Treffens lag eine Redoute No. 1 ohnweit Mohrlautern, die das ganze vor dieser Fronte liegende Terrain, so wie die Defileen von Sambach und Otterbach beherrschte. Auf dem linken Flügel des ersten Treffens lag ebenfalls
eine

eine Redoute, No. 3. die Kayserslautern und das ganze vorliegende Terrain dominirte und im zweyten Treffen lag noch eine Redoute, die sowol die Defilees von Mohrlautern, als Mohrlautern selbst und das ganze Feld umher rasent bestrich.

Das war die Position, in welcher die vereinigte Armee stand, und in welcher es der Feind wagte, sie anzugreifen. Es war den andern Morgen früh 9 Uhr, als der Feind seine Attake äusserst lebhaft auf unser Centrum oder vielmehr auf die obgedachte Galgenredoute unternahm, ob er schon recht gut wußte, daß es schlechterdings unmöglich war, diesen Paß zu forciren. Seine Absicht aber war, uns glauben zu machen, daß es wirklich sein Ernst sey, daselbst durchzubrechen, damit wir unsern rechten Flügel schwächen und aus selbigen Truppen nach der Galgenschanze schicken sollten. Allein der Herzog von Braunschweig zu groß, zu durchschauend, kannte seine Position, ihre Stärke und Schwäche zu genau, und war zu großer Feldherr, als daß er sich durch diese gemeine List hätte verführen lassen sollen; es blieb alles, wie es war, und statt den rechten Flügel zu schwächen, verstärkte er ihn vielmehr durch die Garde und das Regiment Prinz Heinrich, an deren Stelle die beyden Bataillons Prinz Clements und Gotha rückten.

Die Kanonade und das kleine jedoch einzelne Gewehrfeuer dauerte bis Nachmittags 2 Uhr in der Gegend der Galgenschanze. Um diese Zeit war es, als die eigentliche wirkliche Attake auf unsern rechten Flügel bey dem Dorfe Mohrlautern ihren Anfang nahm. Nie kann eine Kanonade in einer Bataille stärker gewesen seyn; es war als wenn die Erde Feuer spie und ich schwöre Ihnen zu, daß immer 12 Kugeln zu gleicher Zeit geflogen kamen. Und so gieng es eine ganze Stunde ununterbrochen fort. Endlich brach-
nun

nun die feindliche Infanterie auf den Defileen zwischen Sambach und Otterbach hervor, hierdurch gerieth die ganze Linie in das kleine Gewehrfeuer, welches zwar kein reguläres Pelotonfeuer, jedoch einem immerwährenden dumpfen Donner ähnlich war, unter welchen sich die Kanonenschüsse als Schläge markirten. Zwey volle Stunden dauerte dieses mörderische Feuer. Während desselben ließ der Herzog von Braunschweig die Dragoner von Kurland die feindliche Cavallerie attakiren, diese war aber den Dragonern, die durch Commandos und Detaschements äusserst schwach an Zahl waren, zu sehr überlegen, und schloß sie fast ganz ein, allein die sächsischen Carabiniers kamen diesen in allen Kriegen so sehr ausgezeichneten Regimente zu Hülfe, auch rückte das Bataillon Churfürst zum Soutien an. Kaum sah die feindliche Cavallerie letzteres anrücken, so ergriff sie die Flucht. Jetzt fiel es einem Theil der feindlichen Infanterie ein, die Redoute Nro. 1 zu stürmen, die ihnen gewaltigen Schaden that, allein der brave preussische Officier, welcher in der Schanze commandirte, zog sich mit seiner Mannschaft aus der Schanze heraus, gab eine einzige Generalsalve und gieng selbst mit gefälltem Bajonet auf den Feind los und nöthigte ihn solchergestalt zur Flucht. Nachdem die Kanonade über 3 volle Stunden und das kleine Gewehrfeuer länger als zwey Stunden gedauert, der Sturm auf die Schanze abgeschlagen war und sich der Tag zu Ende neigte, fieng der Feind zu retiriren an. Dieses that sein linker Flügel zuerst. Sobald der rechte Flügel der preussischen Linie dieß sahe machte er eine Achtel-Schwenkung lings und verfolgte ihn. Der Feind stürzte sich in die obgedachten Defileen und Precipicien und überließ uns das Schlachtfeld mit allen den schauderhaften Todtenopfern, die an vielen Orten dreyfach über einander lagen. Die Armee blieb die Nacht hindurch unter dem Gewehr und wir hatten bereits die zweyte Nacht Bivonac; Kayserslautern mußte Branntewein und Brod liefern. Der Feind hatte sich nicht weiter, als bis auf die Höhen dießeits der Lauter zurückgezogen, und zeigte also deutlich, daß er den folgenden Morgen seinen Angriff wiederholen würde.

Er avancirte in dieser Nacht seine Batterien auf sehr vortheilhafte Anhöhen; und kaum war der Tag angebrochen, so griff er von neuem an. Die entsetzlichste Kanonade machte den Anfang, die womöglich noch stärker als die gestrige war. Da es schien, als wolle er eine Diversion machen, und mit einem Theil der Cavallerie bey Mohrlautern durch ein Defilee gehen, so erhielt der Obriste von Wiedemann Befehl, mit dem rechten Flügel des Bataillons Prinz Clemens das Defilee von Mohrlautern, und mit dem ganzen Bataillon Gotha das Dorf Mohrlautern selbst, zu besetzen. Dieses Dorf lag just in der Schußlinie der großen feindlichen Batterie, und halten Sie es für keine Windbeuteley, wenn ich Ihnen versichere, daß in Zeit von anderthalb Stunden über 8 bis 900 Kanonenkugeln neben, mitten und hinter dem Bataillon fielen und doch hatte es, welches fast unglaublich scheinen wird, nur zwey Verwundete, wovon einem der linke Arm und dem zweyten das rechte Bein weggeschossen war. Das Gefecht bey Bissingen und die Kanonade bey Mohrlautern werden ewige unwidersprechliche Beweise der Standhaftigkeit und Bravour dieser Sachsen seyn. Jedoch wieder zur Sache.

Die Kanonade hatte ohngefehr anderthalb Stunden gedauert, als die feindliche Infanterie abermals aus den Defileen von Sambach und Otterbach hervorka-

vorkamen, und mit dem kleinen Gewehre zu chargiren an=
fiengen. Allein der gestrige Tag war ihnen noch in zu fri=
schen Andenken, sie sahen ihre Mitbrüder noch Haufenweis
vor sich liegen, und besonders hatte sich ihrer Offkiere,
von welchen den Tag vorher eine ziemliche Anzahl geblie=
ben war, eine panische Furcht bemächtigt, so daß die ganze
Infanterie gar keinen Trieb empfand, das Schicksal ihrer
Kameraden zu theilen. Deßhalb gab sie zwar einige Sal=
ven, giengen aber schlechterdings nicht weiter vorwärts.
Während dieses Feuers erhielt ich einen Auftrag an den
Grafen von Kalkreuth, den ich beym dritten Bataillon
vom rechten Flügel, welches in vollem Feuer stand und
zwar noch gesund antraf; aber kaum bin ich von ihm weg,
so wurde er von einer gesprungenen Granade an der Schul=
ter blessirt. Was dies für ein Schrecken für uns alle war,
können Sie sich denken, da wir diesen vortreflichen Mann
unbegrenzt lieben und ehren. Dies war aber auch das
letzte, denn der Oberste von Szekuly spielte dem Feinde den
bösesten Streich, der sich denken ließ. Er kam nemlich der
großen feindlichen Batterie in Rücken, die über Hals und
Kopf retiriren und dem Obristen eine schwere Kanone über=
lassen mußte. Sobald dies geschehen, machte die franzö=
sische Armee ihre Retraite. Sie retirirte von beyden Flü=
geln nach der Mitte und so wie ihre Bataillons abbrachen,
deckte sie jedesmal ihre Cavallerie. Dies geschah Mittags,
ohngefehr 12 Uhr. Um diese Retraite noch mehr zu dek=
ken, attakirte der Feind von neuen die Galgen Redoute
und alle an und in diesen Wald stehenden Bataillons.
Dies war die Ursache, daß Clemens und das Bataillon
Prinz Gothe augenblicklich in ihre verlassene Positionen an
der Garde ihre Stelle rücken mußten. Allein es war wei=
ter von keinen Folgen, als daß der Feind nur noch mehr
Leute verlor. Und hier war es, wo ich den Herzog von
Braunschweig als den bravsten Herrn zum zweyten Mal
erblickte. Er setzte sich nehmlich an die Spitze der Husa=
ren, und verfolgte den Feind, während daß unzählige Ku=
geln um sein Haupt flogen. Das erste mal sah ich ihn,
während des entsetzlichsten Kanonenfeuers an der Linie vom
linken Flügel heraufgesprengt kommen, und den Leuten
zurufen: Kinder! legt euch doch nieder, und
springt erst auf, wenn ihr den Feind kom=
men sehet! Und hier hatte der Herzog vollkommen
Recht, es giengen durch die feindlichen Granaden und Kar=
tätschen

tätschen eine Menge Leute verloren, die sich nicht wieder wehren konnten und keine Beschäftigung hatten, mithin war es besser, die Leute lagen und wurden erhalten, als daß sie unnütze aufrecht standen und todgeschossen wurden.

Die Bataille war nun complett gewonnen, der Feind total geschlagen, und er hatte an Todten, Bleßirten und Gefangenen über fünfthalbtausend Mann verloren. Der feindliche General Launois (den man ganz falsch für den General Kellermann ausgiebt) schoß sich eine Kugel durch den Kopf, und sagte: da ich so unglücklich bin und voraussehe, daß der Convent mir den Kopf abschlagen wird; so ist es besser ich tödte mich selbst, ehe ich auf dem Schaffot sterbe.

Den andern Morgen schossen wir Victorie! stimmten: Herr Gott dich loben wir! mit Musik an und die Armee rief: Es lebe der König von Preußen und der Herzog von Braunschweig!

Wir blieben hierauf noch 2 Nächte im Lager stehen, und da wir keine Zelter hatten, indem unsere Equipage noch 5 Stunden weiter, mithin 9 Stunden weit zurückgegangen war, so brachten wir auch diese 2 Nächte am Wachtfeuer zu und hatten also en Suire 5 Nächte Bironac, der rauhen und nassen Witterung ohngeachtet, wie sie am Ende des Monats November ist und seyn kann. Wir haben des Feindes Kriegscasse, lauter Assignate, und über 300 Wagens erbeutet. Kurz unser Sieg ist brillant. Heute gehet ein fliegendes Gerücht, daß Wurmser vorgestern die Franzosen ebenfalls geschlagen.

Drey Tage lang mußten die Bauern die Todten begraben, die zu 12 und 15 in ein Loch geworfen wurden. Gott, was ist ein Schlachtfeld für ein Schauspiel!

Der Prinz Friedrich, zweyter Sohn des Herzogs von Braunschweig, welcher als Major beym Regiment von Kalkstein stehet, sagte nach der Schlacht vor der Front zu seinem Bataillon: Pursche! Heute habe ichs gesehen, wahrlich mein Vater ist ein braver Mann, und so einer will ich auch werden! — Ich auch kann die außerordentliche Bravour dieses Herrn nicht vergessen!

No. IV.

No. IV.

1.
Korrespondenz.

a.

Brief aus Genf, den 10. Jänner.

Collot d'Herbois, der zu Lyon die Macht eines Proconsuls, als wahrer Tyrann ausübte, hat vor seiner Abreise Commissarien und eine Guillotine, in das Pays de Gex geschickt, welches dicht an uns gränzt. Sie haben eine Menge Leute arretirt, die sich etwas entschlossen zeigten, und weniger Sansculott waren. Das Detaschement der Revolutionsarmee, welches die Commissarien, und das Freyheitsmesser begleitet, hat 200 Drescher bey sich, die das Getraide in den Scheunen dreschen, und es den Eigenthümern wegnehmen, die dafür nicht mehr als das Maximum, das heißt, ein Fünftel von dem Preise bekommen, den es jezt in unsrer Gegend gilt. Savoyen ist ebenfalls ganz von Korn entblößt, und ohne ein Wunder kann dieses Land und die ganze Gränze, vor dem Winter der gräßlichsten Hungersnoth nicht entgehn. Wir fürchten sehr, die Patrioten, die von uns nur die guten Freunde du jour sind, werden am Ende auch unsre Scheunen leeren; unsre Vorrathshäuser sind schon ziemlich mitgenommen, und füllen können wir sie nicht, wegen der Sperre von Deutschland. Denn Schwaben und die Vorderösterreichschen Lande haben gegen die Schweiz gesperrt, und leztre fürchtet, daß die Verbote noch weiter gehn mögten. Durch die Schweiz geht jezt der ganze französische Handel zu Lande. Z. B: so paßiren große Frachtwagen, mit Tüchern, zu Monturen, für die französischen Armeen, die von Leipzig kommen, und mit großem Profit in Frankreich verkauft werden. Denn Frankreich, das sonst so viele Länder mit seinen Tüchern versah, kann seit dem Stillstand alles Gewerbes, nicht einmal welche für sich liefern, und so ist es fast durchgehends beschaffen. Der Handwerker, der ein Gewehr schultert, hat 24 Sous täglich, Brod und Kost, vielleicht auch Kleidung, und lebt lustig in den Wachstuben; was soll er sich also hinter seinen Stuhl setzen und arbeiten? Er hats ja so zehnmal besser! Glauben Sie, Freund, der Schaden, den die französische Nation durch dieses Gewöhnen an Müssiggang bey seiner fleißigen Klasse leidet, ist unersetzbar, läßt sich nicht für die Folge calculiren. Wissen Sie daß die Franzosen und ihre hiesigen Anhänger noch immer nicht das alte Project aufgegeben haben, Genf zu einer französischen Stadt zu machen? Noch kürzlich hatte General Carteaux dies menschenfreundliche Project, allein Bern (Sie wissen zu Bern ist ächte Staatsklugheit, und ächte republikanische Standhaftigkeit zu Hause) warnte uns, und so scheiterte der Plan. Da Robespierre gern die Schweizer nicht vor den Kopf stoßen will, so hat er alle mögliche Genugthuung versprochen, und Carteaux soll sogar zu Paris arretirt seyn. Allein wir Genfer trauen dem Fuchse doch nicht. Von Toulon sind die Nachrichten traurig. Nicht alle Einwohner haben sich

flüch-

flüchten können, und 1600 dieſer Unglücklichen, ſind neulich auf einmal durch Kanonenſchüſſe in die andre Welt geſchickt worden.

---

b.

Aus einem Briefe, London den 2. Jänner.

Toulons Räumung weiß man hier nur noch aus franzöſiſchen Nachrichten; der Himmel gebe nur, daß dieſe Räumung ſo iſt, wie man ſie in dieſen Nachrichten angiebt, nemlich daß die brauchbaren Schiffe mitgenommen, auf dieſen Schiffen die Royaliſten und die Vorräthe an Bord gebracht, und das Arſenal und die übrigen Werke vernichtet ſind. Dann iſt es noch immer das klügſte, was unter den gegenwärtigen Umſtänden geſchehn konnte. Sobald die Grafſchaft Nizza vor dem Winter nicht wieder erobert, und die Piemonteſer und Oeſterreicher zu den Alliirten vor Toulon geſtoßen waren, ſobald war es ohnmöglich ſich darin zu halten, und es war beſſer, ſeine Macht anderswo hinzuwenden. Ich habe es Ihnen ſchon einmal geſagt, nur Zeit und Umſtände werden die Mächte des feſten Landes belehren, daß der jetzige Krieg kein Krieg ſey, wo jeder nur von den Zeitläuften profitiren müſſe, um ſich zu vergröſſern, ſondern ein Krieg, wo jede Macht darauf zu denken habe, ſich bey ſeinen jetzigen Beſitzungen durch gemeinſchaftliche Bezwingung des gemeinſchaftlichen Feindes zu erhalten. Seit achtzehn Monaten ſahn aufgeklärte Männer in England die Nothwendigkeit davon ein, aber auf dem feſten Lande ſcheint man dieß im ganzen vergangenen Jahre aus dem Geſichte verloren zu haben, und daher kam's, daß es überall geſtockt hat. Wir wollen hoffen, das nächſte Frühjahr werde richtigere Grundſätze in dieſem Stücke verbreiten.

———————

2.

Ein Wort der Wahrheit, aus einer Zeitſchrift *) entlehnt.

Ludwigs XIV. Despotismus war ein unmächtiges Ding, wenn er neben dem Rieſen unſrer Tage zu ſtehn kommt, welcher Gut und Blut des Landes mit Wolluſt verſchwendet, nicht um zu glänzen, ſondern um allein zu herrſchen. Dank ſey es den Piken der tugendhaften Sansculotten, und ihrer noch weit tugendhaftern Anführer, endlich iſt es in Frankreich auf den Punkt gekommen, daß die Lobpreiſer der franzöſiſchen Revolution wohl verſtummen müſſen. Die Tyranney der herrſchenden Parthey iſt nun keine zweifelhafte Sache mehr. Die Principien der Tyranney ſind, ſo wie ehemals die Rechte des Menſchen, vollkommen etablirt, durch eine ſtillſchweigende aber ſehr kräftige Sanktion, angenommen, und zu den einzigen Fundamentalgeſetz der neuen Republik erhoben worden. Die Sündenregiſter aller franzöſiſchen Könige, Ludwig IX. nicht ausgenommen, ſind, wo nicht ausgethan, doch verblichen,

nach-

*) Der Beylage zu den neuen Leipziger gel. Anzeigen, eben ſo unpartheiiſchen, als wahrheitsliebenden Blättern.

nachdem die Sünden der republikanischen Demagogen einen so gräßlichen und beyspiellosen Glanz erreicht haben. Das oderint tum metuant, ist recht eigentlich der Wahlspruch des Gouvernements geworden. Die Hinrichtung des Orleans-Egalité kann auf keine Weise afficiren. Er ist zu unbedeutend geworden, und größere Bösewichter haben ihn längst ausgestochen ꝛc. —

―――――――

3.
Neueste Maasstäbe von Jakobinerwahrheit.

Als Barrere den 1. Jänner im Nat. Conv. den Entsatz von Landau ankündigte, und in einem Tone .... ach! in einem Tone, den nur democratische Ohren anhören, nur democratische Federn nachschreiben, nur democratische Herzen geniessen können, meldet er am Schluß, Hohenlohe, General der Oesterreichschen Armee, der in **französischen Diensten und in Landau ehemals Officier gewesen**, habe Alles versucht, den Kommandanten und die Besatzung zur Uebergabe zu verführen, und seine Briefe werde man vorlegen; — und der kayserliche General, Prinz Hohenlohe, der nie zu Landau und nie französischer Officier war, stand die ganze Zeit über, 60 Meilen davon zu Mons. So gut sind die Herrn von der Comité, in der wahren Lage der Dinge bewandert.

Des Schelms und Juden Pierre Bayle Selbstmord, der sich selbst aus Bewußtseyn im Gefängnisse zu zu Toulon erhängte, verkündigt der jüngere Robespierre mit dem Schwur, daß dieser Selbstmord an England gerächt werden solle: „denn die Franzo„sen, die schwuren, wir wollen nach Landau, wir „wollen nach Toulon! sind zu Landau, sind zu Tou„lon! Jetzt schwören sie, wir wollen nach Valen„ciennes, wir wollen nach London! und ihr Schwur „wird in Erfüllung gehn!" — Und Held Coburg? Und die, nicht sansculottische, Landmiliz von England? — — Legt sie in die Waagschaale, Jakobiner, legt keine solche etcaetera's dazu, wie bey Landau und bey Toulon der deutsche Patriot betrauert, und seht dann, wie hoch und lustig eure Waagschaale in die Höhe schnellen wird! — Euer Pas de charge vier Stunden lang bey Lauterburg; (wie Däumerlings Meilen-Stiefeln im Ammen-Mährchen: man sieht, wo ihr den Ton zu euern Berichten hernehmt, um die Kinder einzululllen, die euch glauben!) eure Bajonnette in der Schlacht bey Kesbery, wo keine war; machen keinen deutschen Soldaten fürchtend, dem deutsches Herz im Busen schlägt.

Ein Repräsentant, (La Coste) von der Rhein Armee, schreibt: die Preußen und Oesterreicher en se séparant, se sont faits leurs adieux à coups de sabre et de canons! er schreibts, und wird über die Lüge aller Lügen nicht roth! Was es doch für eine schöne Sache um einen Jakobiner seyn muß!

4.
Miszellen.

Boursault, Minister der Marine, meldete dem Convent, daß zu Havre de Grace, ein dänisches Schiff mit 20,000 Flinten eingelaufen sey: (welch' eine Armuth an Feuergewehr muß, Trotz der Praleren mit den Waffen-Schmieden in allen Winkeln, in Frankreich herrschen, daß ein Minister, die Ankunft von 20,000 Flinten, als eine frohe und interessante Begebenheit, officiel ankündigt!) das Schiff habe doppelte Pässe, nach Spanien und nach Frankreich, gehabt, um im Fall einer Visitation der Engländer, mit erstern durchschlüpfen zu können: il faut avouer, schließt er seinen Brief, que ce Roi de Dannemarc a de l'esprit! — Wahrscheinlich mogte man nachher dem zu offenherzigen Minister vorgestellt haben, daß durch solch' eine Publicität, Dännemarks Neutralität böses Spiel bey dem verbündeten Mächten bekommen könne, und so erfolgte, ein paar Tage darauf, ein Wiederruf, mit dem Zusatz, es sey nicht Boursault der Minister, sondern Boursault der Nationalgardist. Glaube es nun wer's glauben will.

Bey dieser Gelegenheit wollen wir anführen, daß vor einigen Monaten, zu Koppenhagen, zu Ehren S. E. des Ministers von Bernstorff, den der Moniteur, den Philosophe cunctator nennt, zwey Medaillen geprägt worden sind: auf der einen Seite steht sein Bildniß, auf der andern eine Magnetnadel, mit der Umschrift; er zeigt immer den rechten Weg! ——

In der Bergstraße liegt das wüste alte Schloß **Sickingen**. In der ganzen Gegend geht die uralte Sage, daß wenn man aus diesem Schlosse, zur Gespensterzeit, ein großes Getümmel und Lärm, wie der Zug eines bewaffneten Truppe, in Friedenszeiten vernehme, dieses einen nahen Krieg, so wie zu Kriegszeiten, einen baldigen Frieden bedeute. Diese uralte Sage ist nicht bloß unter den Bewohnern gangbar, sondern es ist auch eine Verordnung vorhanden, daß, bey solcher Ereigniß, davon gerichtliche, von Zeugen attestirte, Anzeige, sowol im Pfälzischen als Mainzischen Amte, geschehn muß, die auch ordentlich zu Protocoll seit undenklichen Jahren genommen wird. Vor einigen Wochen ist solch' eine gerichtliche Anzeige von mehr denn 30 Zeugen geschehn; wir wollen also abwarten, ob der Spuck Wort hält, und uns Frieden bringt. — Credat Iudaeus Apella!

―――――

Die Mémoires secrets sur les cours d'Italie par Iosephe Gorani, sind sehr gut geschrieben, aber zugleich von dem ärgsten Revolutionsgift angesteckt. Sonderlich läßt der Verf. seinen Geifer an dem Hause Oesterreich aus, das durch sein eifriges und patriotisches Wirken für Deutschland gegen das französische System, den Neufranken=Augen so verhaßt ist. Zwey deutsche Buchhandlungen, haben vor kurzem, deutsche Uebersetzungen davon in den Zeitungen angekündigt. Da sich diese Buchhandlungen nicht nennen, so ist das sicherer Beweiß, daß wir den Gorani uncastrirt, und folglich in seinem ganzen democratischen Schmucke erhalten werden. Avis au lecteur!

(65)

Als die Zeitung von dem Rückzuge der Deutschen am Rheine, zugleich mit der Botschaft von dem Wiederbesitze von Toulon, im Pariser Convent erscholl, und zwar, in jener großen Manier ausgemalt, worinn die Franzosen der neuern Zeit noch die alten übertreffen, da äußerte sich die Freude darüber, nicht etwa auf eine edle, einer großen Nation würdigen Art, wie sie sich nach dem Siege über die Karthaginenser zu Rom äußerte, nein, der Convent, oder vielmehr die Häupter, deren Wink er gehorcht, freuten sich, wie sich eine Räuberbande freuen würde, welche, plötzlich durch einen glücklichen Zufall, sich vor der gefürchteten Strafe und Rüge ihrer Verbrechen, auf eine längere Zeit in ihren Schlupfwinkeln in Sicherheit sieht, und dieß in ihrer wilden Trunkenheit durch neue Grausamkeiten feyert. Auf Robespierre Vorschlag wurde decretirt, daß die Revolutionstribunale die Prozesse von Dieterich, Custines Sohn, Barthelemy, den gefangenen Kaufleuten, den Bankiers, und andern Unglücklichen, beschleunigen, das heißt, nicht einmal die bisherige kurze Form beobachten, sondern ohne weitere Umstände sie schlachten sollten. Hierauf erschienen vier (bestellte) Bürger, und brachten dem Convente folgende Geschenke, wo bey jedem die Bestimmung ausdrücklich angegeben war.

Eine silberne Scheere, um Pitt die Ohren abzuschneiden.

Ein zweyschneidiges Schwerd, um König Georg III. von England, und

Ein dergleichen, um Kayser Franz II. zu enthaupten.

Einen Dolch, um Prinz Coburg zu morden.

Dieß geschah in der Sitzung vom 24 Decemb. 1793.

Fliegend Blätter, Jänner 1794. E Solche

Solche boshafte Kindereyen, die aber wahrer Karakterzug sind, und jedes deutschen Biedermann's Indignation erregen müssen, verdienen eben darum aufgezeichnet und sorgfältig aufbewahrt zu werden; weil einst die Nachwelt Mühe haben wird, sie zu glauben!! Unterdessen merkt man doch bey jeder Gelegenheit, welcher Stein des Hindernisses Oesterreich und England, und welcher Dorn im Auge Held Coburg und Pitt den Franzosen und ihren Planen seyn müssen, denn fast alle Sitzungen des Convents und der Jakobinerclubs, und alle Flugblätter und Zeitungen Frankreichs wimmeln von den schändlichsten Invektiven und Schmähungen, — nur gegen diese!

Zu den Waffen! Zu den Waffen! fängt sich das Salpeterdecret an, das der Convent vor kurzem publiciren ließ. Man spitz die Ohren! staunt, lieset fort, und rathet, und rathet, was nach alle dem Bombast am Ende herauskommen werde: und, siehe da, es läuft auf eine Betteley von einem paar Pfund Salpeter hinaus. Bürger! heißt es, im Namen des in Revolution begriffenen Menschengeschlechts, dessen Glück dem Salpeter anvertraut ist, beschwören wir euch, zeigt euren Patriotismus, indem ihr sorgsam das lezte Stäubchen von dieser kostbaren Materie sammelt!.... Jeder sage sich: das Heil des Menschengeschlechts liegt vielleicht in dem lezten Pfund Salpeter, das meine Wohnung verbirgt! — — „Das Resultat des Gesetzes, rief Barrere das euch der Comité vorschlägt, ist eine Erndte von 30—40 Millionen Salpeter;
was

was eine hinreichende Quantität ausmacht, um alle Feinde der Freyheit zu vertilgen (wenn sie still halten) die Asien und Europa ausspeien könnte, wenn sie gegen ihr im Bunde wären!"

In eben dem Rapport, sagte Barrere, einige Phrasen vorher. "Die Energie und Geschicklichkeit der Franzosen sind, man muß es unaufhörlich wiederholen, über alle Völker ihre erhaben. — O Bescheidenheit! du warst nie eine französische Tugend!

―――――――

In No. 1. der politischen Gespräche der Todten, von 1794, steht S. 14 und 15 nach einem warmen Aufruf zur deutschen Vaterlandsliebe, folgende merkwürdige Stelle: "Aber ein sonderbarer deutscher Grübler, ein deutscher Rabner kam hervor, zeigte eine kleine Schachtel, und betheuerte, daß darinne ein deutscher Schatz verborgen wäre. Man öffnete diese Schachtel, und siehe es waren zwey kleine Würmer. Was soll dies sagen? fragte man. — Der Grübler gab zur Antwort: — diese zwey Würmer sind merkwürdig; sie haben zwey Herzen zu einem Frühstück gefressen, und diese Herzen haben ihnen so gut geschmeckt, — daß sie keine Herzen mehr von diesem Geschmacke finden. Was waren es für Herzen? — Es waren die Herzen Friedrichs des Einzigen, und des Laudons. — O wenn man bedenkt, — daß das Herz und das Leben des größten Helden von einem kleinen Wurme zum Frühstück verzehrt wird, da muß man mit Salomon ausrufen: — Eitelkeit über Eitelkeit, alles ist Eitelkeit, ausgenommen die Liebe Gottes!

Die Geister fragten, warum die anderen Menschenherzen den Würmern nicht so gut schmecken, wie jene des Friedrichs und des Laudons? — ha, ha! sprach der Grübler, wo find't man jetzt in der Welt solche Herzen? — eine sonderbare Frage!

Es ist kein Mann in der Welt, der es vorausgesehen hat, was aus der Französischen Revolution entstehen kann; man hat lauter allgemeine Plätze, allgemeine Grundsätze zu ihrer Bezwingung angewendet: kein großer Mann, kein Minister, kein Friedrich, kein Laudon, und kein kühner, vorausfehender Mann ist aufgetreten, um durch seinen Geist andere Geister zu entflammen. Jeder wünscht ruhig zu seyn, und sich hinter dem Ofen zu wärmen. Die großen Lampen in Europa sind vertrocknet, und wenn eine Lampe noch in ihrer Größe, in ihrer Bedeudentheit, in ihrem brennenden Lichte existirt, so ist es jene der Jakobiner.

Sie haben alles kombinirt, alles vorausgesehen, alles kalkulirt, und nach ihrer politischen Rechnung wirken sie. — Selbst Pitt wird am Ende bey dem neuen Parlamente am 24. dieses eine Lektion von ihnen erhalten.

Die deutschen Geister schüttelten bey der Besehung der Würmer ihre Köpfe, und fragten: „ist denn kein großer Mann in Europa?" — O ja; es giebt deren noch! antworten die **Fliegenden Blätter!**

In der Sitzung der Jakobiner zu Paris vom 8. Nivose (28. Dec.) schlug Dubois-Crancé vor, man solle jedes Mitglied, das sich zur Prüfung seines

nes ächten Jakobinersinns, darstelle, fragen: Was hast du gethan, um den Strang zu verdienen, wenn die Gegen-Revolution glückt? — Kann man sich karakteristischer ausdrucken?

5.
Möllendorf.

Feldmarschall Möllendorf übernimmt das Kommando der preußischen Rhein-Armee! Eine wichtige Zeitung, und die uns berechtigt hier einige Nachrichten von diesem Feldherrn zu geben. Er ist allgemein als Soldatenfreund bekannt, und geliebt; als Gouverneur von Berlin, gab er die menschenfreundliche Ermahnung, wegen gelinder Behandlung der Gemeinen, die in alle Sprachen übersetzt zu werden verdient; auch in Pohlen wurde seine Menschenliebe so geschätzt, daß eine Dame beym Abschied zu ihm sagte: "Ehe Sie kamen, fürchteten wir uns „vor Ihnen; jetzt fürchten wir uns, Sie verlie„ren zu müssen." — Als Krieger durchwanderte er die ersten Stufen, und in der blutigen Schlacht bey Leuthen 1757, war er es, der an der Spitze der Garde, als ältester Kapitain, dieses langvertheidigte Dorf eroberte, und dadurch den Sieg enschied. Ein gleiches that er auf Siptitz Höhen bey Torgau. In den folgenden Schlachten und Feldzügen, erwarben ihm seine Kenntnisse, Talente und Tapferkeit, die Achtung des großen Friedrichs! Und welche Lorbeern warten nun seiner am Rhein!

6.

6.

Revolutionsschriften.

Wir faſſen heute, unter dieſer Rubrik, die kurze Anzeige verſchiedener kleinen Broſchüren zuſammen, welche zum Zweck haben, ein allgemeines Aufgebot, oder nach dem revolutionären Ausdruck, ein **Aufſtehn in Maſſe**, ſonderlich des deutſchen Volks, gegen die Neufränkiſche, zur Vertheidigung der Religion, der Cultur, und des Eigenthums, des Vaterlandes, d. h. zur Selbſtvertheidigung eines jeden Individuums, zu bewirken.

Aufruf an alle Völker Europens ꝛc. von einem Officier der K. K. Armee. (Herrn von Gugomos, einem Verwandten des aus dem Wisbader Freymaurer-Convents bekannten Kosmopoliten und Reformators) 1794. 16. S. in 8. Es ſind, wie der V. ſagt, die erſten Empfindungen die er hatte, als er las, daß man zu Paris dem Feſttag der Verläugnung Gottes wirklich gefeyert hatte. Dieſe ſo empörende Feyer, für jedem der nur Religion ehrt, erfüllte ihn mit gerechtem Unwillen. Vielleicht wird die Sprache dieſer kleinen Schrift, manchen zu andächtlend dünken, allein es ſind auch ſchöne und wahre Stellen darunter: z. B. S. 8. „Was ſagt ihr hierzu Völker Europens! Iſt es hier noch „Zeit zuzuſehn? Still zu ſtehn, und der Politik zu „lieb, abzuwarten, bis auch euer Haus brenne, bis der „Abſchaum und Auswurf eures Pöbels, eure Vorgeſetzten „auch erwürge? Bis eure Kirchen zu Schandſäulen und „Mördergruben auch werden! Bis eure Kinder der ſterben„den Eltern auch lachen! Bis euch der Dolch und das „Schwerd zum Fluch und Verläugnung Gottes auch „zwinge ꝛc." Er fordert am Ende die große Katharina (o gewiß, **die große!**) auf, ihre Geſchwader und Legionen gegen die Franken zu ſenden. Allein der V. überlegt, oder weiß nicht, welche wichtige, und für die bewaffnete Coalition vortheilhafte Rolle, dieſe Monarchin ſchon dadurch übernommen hat, daß ihre tapfern Schaaren, gewiſſe neutrale Mächte in Respect und von öffentlicher Erklärung abhalten, daß ſie die Türken hindere, in irgend ein kayſerliches Land, zur Diverſion einzufallen, und daß die Kayſerin durch ihre nachdrückliche Verwendung

dung schon diese und jene Macht abschreckte, im kritischesten Augenblick von der Bühne abzutreten?

Ernste Winke an die Deutschen zur Vertheidigung der Rheinufer, 1794. 16 S. 8. Edel und warm geschrieben. Das Vaterland ist in Gefahr! ruft er Deutschlands Bürgern zu!. Eure blutdürstige Nachbarn die Franzosen, welche itzt sogar Gott verläugnen, mögten gern eure Verfassung, die euch Jahrhunderte lang beglückte, umstürzen, euch und euren Kindern einen wurzellosen Tannenbaum, der zügellosen Freyheit Wahrzeichen, dafür aufrichten; euer Eigenthum wollen sie verschleudern, eure Scheuern ausleeren, um sich für ihre Thorheit, welcher das Elend auf dem Fuß folgte, zu entschädigen! — Wie wahr! Eben so wahr widerlegt, den (in allen Ländern) so gewöhnlichen Gemeinspruch der Propaganda, und andere Volks-Reformatoren: „Frankreichs Krieg sey nur gegen die Fürsten und den Adel gerichtet." Der V. hatte handgreifliche und augenscheinliche Beweise genug in der Nähe des Rheins, um die Bürger und Bauern darauf hinzuweisen, und ihnen durch ihre körperliche Sinne fühlen zu machen, daß das Loos der Plünderung und Bedrükkung, die reichen Kaufleute und Kapitalisten, die Bürger und Bauern, und wer etwas hat, so gut trift, wie den Adel und die Geistlichkeit. — Dieses Blatt und mehr noch das edle Beyspiel Frankfurts und Wirtenbergs, wirkt auch schon mächtig am Rhein; alles, jung und alt, greift zu den Waffen, und die Franzosen, die nur durch die Uebermacht gezwungener zusammen getriebener Streiter zuweilen den Sitz entreißen, werden sich jetzt in ihrer eigenen Falle fangen, und beym ersten Versuch fühlen, was deutscher, freywilliger Arm von 1000000den vermag!
dulce et decorum est pro patria mori!

Was fordert Pflicht und Vortheil der Deutschen? In einem Sendschreiben an den Adel und die Ordensritter der deutschen Länder von einem ihrer Mitglieder. 1794. 72. S. in 8. Der V. fordert den Adel zu dem auf, was seine erste Pflicht, in jenen Zeiten war, wo man stehende Heere noch nicht kannte; nemlich aufzusitzen, und waffenerfahren und waffengerüstet, sein Eigenthum und das Ei-

genthum derer zu vertheidigen, die unter dem Schutz seinen
Burgen und Vesten sich ansiedelten, und ihm für diese
Vertheidigung gewisse Gerechtsame und Vorzüge zugestanden. Des V. Absicht ist wacker und brav und allerdings würde in Frankreich das Revolutions = Unheil nicht so
weit und schrecklich um sich gegriffen haben, wenn der französische Adel, statt unthätig zu emigriren oder sich einzeln
ermorden zu lassen, in bewafneten Haufen sich gleich Anfangs versammlet hätte, was, in Verbindung mit seinen
Anhängern, und andern Gutgesinnten, damals gar bald,
zu beträchtlichen Heeren angewachsen seyn, und seine Ver-
wendungen ein heilsames Gewicht gegeben haben würde.
Dieses Beyspiel ist so groß, und so nah, daß man es
wirklich als eine Fügung des höchsten Wesens, als ein un-
widerstehliches Schicksal ansehen müßte, wenn ein Adel
andrer Länder, in ähnlichen Fällen, wieder so inconsequent
handeln sollte. Wir wünschen dem V. von Herzen zu seinem Vorschlag Glück, der so sehr beherzigt zu werden verdient, und in den Jahrhunderten der Berlichinge und
Sickinge und Freundsberge, gewiß auch gleich Gehör gefunden haben würde. Allein in unsern weichlichen
und unter der schönen Maske von Philantropie und
und Kosmopolitismus erschlaften Zeitalter, hat Luxus,
Wohlleben, Romanen = und Schauspiellektüre, die höhern,
und sogenannten gebildeten Klassen, am stärksten verkrankt
und entnervt, und wir fürchten leider! ein solches Aufgebot möchte einen grossen Theil — denn Gott lob,
es giebt auch noch Männer und Kämpfer! einem großen
Theil also so wenig behagen, als den alten deutschen Rit-
tern in schweren Harnischen und Kürassen, die Turnirer
in pappern Rüstungen unsrer Zeiten! Wahres Sinn-
bild des Jahrhunderts! Am Ende fertigt der V. noch bün-
dig, die Schrift eines deutschen Feuillant ab.

No. V.

No. V.

I.
Korrespondenz.

a.

Note *), welche Lord Robert Fitz-Gerald, gevollmächtigter Minister Sr. Brittannischen Majestät, den Schweizer-Cantonen zugestellt hat.

> Magnifici und mächtige Herrn, Herrn Bürgermeister, Schultheißen, Landamtmanne und Räthe der dreyzehn löblichen Orte der Eydgenossenschaft!

Unterzeichneter, der gevollmächtigte Minister Sr. Brittannischen Majestät, glaubt Ihnen seinen tiefen Unwillen, über die neue Beschimpfung, ausdrücken zu müssen, welche von den verworfenen, wilden Menschen, die zu Paris unter dem Namen, Convent, versammelt sind, Ihnen Excellenzen, zugefügt worden ist.

Weil

*) Diese merkwürdige Note haben, so viel wir wissen, deutsche Zeitungen, einige nicht ganz, andre nicht richtig übersetzt mitgetheilt. Anm. d. Red.

Weil sie Ihre wackern Krieger, im Dienst Sr. allerchristl. Majestät, nicht verführen konnten, weil sie verzweifelten sie zu ihren Raubgenossen zu machen, so haben die Rottirer sie entwaffnet, geplündert, erwürgt; nie wird Europa die edle Todesweihe so vieler grosmüthigen Schweizer vergessen, die sich für **Ludwigs XVI.** Vertheidigung aufopferten; nie wird sie die Grausamkeiten vergessen, welche die Kannibalen an ihnen ausübten. Bedeckt mit dem Blute Ihrer Brüder, mit dem Blute eines tugendhaften Königs, Ihres Freundes und Bundsgenossen, mit dem Blute seiner erlauchten Gemahlin und unzähliger Unschuldigen; Anstifter eines grausamen Kriegs, den sie in der Hoffnung begannen, ihre Tyranney über ganz Europa zu verbreiten; in eben dem Augenblicke wo sie die letzte Stufe der Wuth und Raserey erreicht zu haben scheinen, und mehr als jemals ihre Opfer häufen, und sich selbst unter einander zerfleischen — haben sie es gewagt, sich **Ihre Bundsgenossen** zu nennen; haben sie nicht erröthet sich auf Ihre Verträge mit dem Monarchen zu berufen, den sie auf dem Blutgerüste sterben ließen; haben sie den Wunsch geäußert, ihre Verbindungen mit Ihnen wieder fester zu knüpfen!

Sie, der Gegenstand des allgemeinen Fluchs, haben die Frechheit gehabt, **Magnifici und mächtige Herrn!** für Sie allein in Europa, diese schimpfliche Ausnahme zu machen.

Was kann die Freyheit Helvetiens, mit der scheußlichen Anarchie gemein haben, an der sie jenen heiligen Namen entehrten?

Was kann ein gutes, gottesfürchtiges Volk, Freund der Sitten und des Rechts, mit Gottesleugnern gemein haben, mit Feinden Gottes und der Menschen, die nach Blut und Raub dürsten, und beren

ren Schandthaten in einem Zeitraume von fünf Jahren, tausendfältig die Schandthaten der vergangenen Zeitalter überwiegen?

Sie wissen, Magnifici und mächtige Herrn! daß bey ihren Bemühungen, ihre schändliche Lehrsätze auch jenseits Frankreichs Gränzen zu verpflanzen, sie Ihr glückliches Vaterland nicht verschont haben. Noch müssen Ihnen die Kabalen ihrer Emissarien gegenwärtig seyn, wodurch sie die Ehrfurcht vor Ihren Gesetzen zu vernichten suchten. Niemand wird wohl glauben können, daß diese Anfacher von Zwietracht und Anarchie, indem sie alle Principien der Civilisirung von Europa angreifen, die Absicht hegen sollten diese in Ihren Staaten aufrecht zu erhalten, und daß sie auf den Plan Verzicht thun könnten, innere Unruhen darinn anzuzetteln, sobald sich ihnen Mittel dazu anbieten?

Die Verwüstungen welche sie in den Niederlanden, in Savoyen, im Bisthum Basel, und überall angerichtet haben, wo sie unter dem Namen, der Freunde der Völker, hindrangen, bezeugen zur Gnüge, was man von ihren Gewogenheits-Aeußerungen erwarten darf. Ein dauerhafter Friede kann nie zwischen den weisen Räthen der helvetischen Staaten, und den Räubern statt finden, die sich zum Verderben verbanden. Was kann also der Endzweck ihrer treulosen Liebkosungen seyn? Sie wollen Ihnen die Gefahren verschleyern, die Ihnen drohn; sie schmeicheln sich mit der, zweifelohne schimärischen, Hoffnung, Ihre Mitbürger zu vergiften, indem sie den Abscheu mindern, den sie ihnen einflößen, um so Sie einst im Schooß einer tödtlichen Sicherheit zu überraschen.

Der

Der gevollmächtigte Minister Sr. Brittannischen Majestät will nicht untersuchen, ob Gerechtigkeit, und das wahre Intresse eines Staats diesem erlauben können, bey einem Kriege neutral zu bleiben, den fast alle Mächte Europens mit Leuten führen, welche Europa wieder in den Zustand der Barbarey stürzen wollen; bey einem Kriege, wo man nicht bloß für die Existenz aller bestehenden Regierungsformen, sondern auch für die Existenz jedes Eigenthums streitet. Er begnügt sich nur die Bemerkung zu machen, daß unter den gegenwärtigen Umständen die Neutralität selbst zu keiner mittelbaren oder unmittelbaren Korrespondenz mit den Rottirern oder ihren Unterhändlern, berechtigen könne.

Wenn zwey gesetzmäßige Mächte einander bekriegen, so können die Verhältnisse eines Staats mit der einen oder der andern Macht, ihre gegenseitige Rechte nicht beeinträchtigen; aber der gegenwärtige Krieg wird mit Usurpatoren geführt, und jede Korrespondenz die ein neutraler Staat mit ihnen unterhielte, würde eine Anerkennung ihrer Autorität, und folglich eine Handlung seyn, die den verbündeten Mächten zum Nachtheile gereichte.

Seine Brittannische Majestät ist zu sehr, **Magnifici und mächtige Herrn!** von Ihrer Weisheit überzeugt, um nicht zu glauben, daß Sie die Zumuthungen des gemeinschaftlichen Feindes aller Völker verachten, und Ihren Eifer und Ihre Wachsamkeit verdoppeln werden, um von Ihrem Vaterlande alle die Drangsale zu entfernen, welche die unglücklichen Frankreicher zugleich zu Boden drücken. Zu allen Zeiten und unter allen Umständen, wird Se. Brittannische Majestät nicht aufhören, Ihnen

Be-

Beweise von höchstdero Freundschaft zu geben, und sich für die Erhaltung der Unabhängigkeit und alten Glückseeligkeit Ihrer und Ihrer Bundsverwandten Staaten zu interessiren. Bern den 30. Nov. 1793.

Robert Stephan Fitz-Gerald.
Bevollm. Minister Sr. Brittan. Maj.

---

b.
Forster nicht mehr in Paris.

Forster, der Deputirte des weyland Mainzer Convents, ist nicht mehr in Paris. Er wurde wegen Auswechselung der Gefangenen nach Brabant geschickt, und fand nicht für gut wieder nach Paris zurückzukehren. Einem Manne, von seinem scharfen und geraden Sinne, mußte vor einer solchen Raub- und Mordhöhle ekeln, über deren Eingang Menschenrechte und Freyheit nur zur Atzung der Leichtgläubigen, geschrieben stehn. Er schiffte sich nach .... ein.

2.
Revolutionsschriften.

Diese Rubrik mit der wir schon in No. II. den Anfang machten, wird Anzeigen und Auszügen, von dergleichen aus- und inländischen Schriften gewidmet

met seyn, die jetzt so häufig in Druck erscheinen. Wir hoffen unsre Leser dadurch in Stand zu setzen, nicht allein eine ziemlich vollständige Uebersicht davon zu erlangen, sondern auch mit dem vorzüglichsten und wichtigsten ihres Inhalts, (oft durch Mittheilung ganzer Buchstücke) früh bekannt zu werden, so daß es alsdenn nur von ihnen abhängen wird, ob sie sich das Buch selbst anschaffen wollen oder nicht.

Der Sammler der F. B. hat die Bearbeitung dieses Fachs selbst übernommen, und macht den Anfang, mit **Arthur Youngs Reisen durch Frankreich und einen Theil von Italien**, von welchen der erste Band, zu Berlin 1793 in der Vossischen Buchhandlung, durch Herrn Hofrath Zimmermann zu Braunschweig, sehr gut aus dem englischen übersetzt worden ist.

Arthur Young, der durch so manche nützliche Schriften, als ein treflicher Kopf und richtiger Beobachter bekannt ist, that schon 1787 eine Reise nach Frankreich; er wiederholte sie 1789, dem merkwürdigen Jahre wo die Revolution ausbrach; und mit dieser letztern beginnen wir unsern Auszug aus seinem Tagebuche, allein mit Uebergehung aller nicht in die Revolution einschlagenden Dinge. Die Bemerkungen eines so unpartheiischen und kenntnisvollen Augenzeugen wie Young, müssen Gewicht haben, und manche Aufschlüsse gewähren. Er fand Paris den 8ten Junius, als dem Tage seiner Ankunft, in größter Gährung. Bey dem Adel und der vornehmen Geistlichkeit war die Ahndung der Gefahr, und die Besorgniß wegen der reißenden Verbreitung der Ideen von Freyheit allgemein, allein

man

man handelte nicht, denn es fehlte an einem Oberhaupte; niemand war unbekümmert als der König, was keinem Wunder nahm, der seinen Karakter kannte. Die unzählige Menge von Pamphleten, welche im Palais royal verkauft wurden, beförderte die Gährung. Ihre Anzahl wuchs mit jeder Stunde: z. B. am 8ten Junius erschienen deren allein 16, am 9ten dreyzehn, und in der einen Woche hatte sich ihre Zahl auf 92 belaufen. Von diesen Producten, waren 19 Zwanzigtheile für die Freyheit, und gewöhnlich sehr heftig gegen die Geistlichkeit und den Adel. Unter den Schriften der Gegenparthey, fand Young zu seinem Erstaunen nur zwey oder drey welche gekannt zu werden verdienen. Im Palais royal, drängte man sich in den Kaffeehäusern, um öffentliche Freyheit- und Aufruhr- Prediger, deren laute Aeußerungen gegen die jetzige Regierungsform stets voller Beyfall lohnte: „Ich bin ganz er- „staunt darüber, sagt Young, daß solche Nester und „Treibhäuser der Empörung von dem Ministerium „geduldet werden, da sie doch stündlich neue Grund- „sätze unter das Volk verbreiten, denen man sich mit „allem Nachdrucke, und vielleicht vergebens wird wi- „dersetzen müssen, und deren weitere Verbreitung zu „gestatten, jetzt wahre Tollheit zu seyn scheint." Wenn Young sich darüber wunderte, was wird er jetzt zu dem Betragen so vieler Gouvernements sagen, die nach einem so frischen und so warnen den Beyspiele wie Frankreich aufstellt, demohngeachtet gelassen zusehn, wie unter ihren Augen durch Schriftsteller und Redner, das Volk in seiner Untertanentreue wankend gemacht, und zur Nachahmung jenes Systems aufgefordert wird? (In Schweden, setzt man die, welche Jacobiner- Clubs demuntiren, ins Gefängniß, und in .... befiehlt man ihnen zu

schwei

schweigen.) Das Volk hatte sein Augenwerk auf den Herzog von Orleans gerichtet, und wünschte ihn zum Anführer, nur sah man mit Bedauern auf seinen Karakter, und beklagte sich, daß man in schwierigen und entscheidenden Fällen, wegen seines gänzlichen Mangels an Festigkeit, sich gar nicht auf ihn verlassen könne. Nur darin stimmten alle überein, daß er bey seinen ungeheuern Einkünften, die damals schon 7 Millionen Livres ausmachten, und nach dem Tode seines Schwiegersvaters noch 4 Millionen mehr betragen werden, an der Spitze der Volksparthey sehr viel thun könne. (Dieses ungeheure Vermögen hat der Herzog von Orleans, der wahre Urheber der Revolution, zur Erreichung seiner ehrgeizigen Absichten, gänzlich verschwendet, so daß er, als ihn seine ehemaligen Klienten, wie einen ausgedrückten Schwamm, wegwarfen, und durch die Guillotine aus den Augenschaften, mit Schulden überhäuft war, und selbst die kostbaren Sammlungen seiner Vorfahren, an geschnittenen Steinen, Gemälden und andern Seltenheiten, nach Petersburg und London, verkauft hatte.) Der König, sagt Y., der von persönlichem Karakter der rechtschaffenste Mann von der Welt ist, hat nur einen einzigen Wunsch, den, recht zu handeln: (eine ehrenvolle Blume auf das Grab dieses unglücklichen, durch seine Herzensgüte unglücklichen, Fürsten!) allein da es ihm gänzlich an Scharfsicht und Entschlossenheit fehlt, so weiß er nicht, welchen Rath er befolgen soll. Mit Necker ist Y. sehr unzufrieden, und beschuldigt ihn, er habe es mit beyden Partheyen halten wollen, und seine Rede, bey Eröffnung der Stände-Versammlung, hätte etwas ganz anders seyn sollen, als sie war. Folgende Anekdote verdient hier wohl einen Platz. „Da er die Schwäche seiner Stimme kennte, und einsah, daß er bey

einer

einer so zahlreichen Versammlung den großen Saal gewiß nicht ausfüllen würde, so wendete er sich an Herrn de Broussonet, Mitglied der Akademie der Wissenschaften, und Sekretair der königlichen Gesellschaft des Ackerbaues, und bat ihn seine Rede abzulesen. Er hatte nehmlich einer jährlichen allgemeinen Versammlung der Akademie beygewohnt, worin Herr de Broussonet eine Rede mit einer so starken und durchdringenden Stimme vorgelesen, daß er auch in der größten Entfernung zu verstehen gewesen war. Der Letztere gieng also einigemal zu ihm, um sich von ihm nähere Anweisung geben zu lassen, damit er auch in dem, was Necker nach Vollendung der Rede noch zwischen die Zeilen geschrieben hatte, keinen Fehler machte. Herr de Broussonet war noch den Tag vorher, ehe die Versammlung der Stände eröffnet wurde, Abends um 9 Uhr, bey ihm; aber als er am folgenden Tage die Rede öffentlich vorlesen sollte, fand er darin noch mehr neue Verbesserungen und Aenderungen, die Herr Necker aufs neue gemacht hatte. Sie betrafen meistens nur den Styl, und zeigten, wie sehr er für die Form und Ausschmückung seiner Materie besorgt gewesen war, da doch die Ideen, dünkt mich, seine Aufmerksamkeit mehr verdient hätten, als die Schreibart. Ich weiß übrigens diese kleine Anekdote vom Herrn de Broussonet selbst." — Am 15. Junius wohnte P. einer Sitzung der Stände zu Versailles bey. Mirabeau schien ihm, wegen seiner Wärme, Lebhaftigkeit und Beredsamkeit, den Namen eines wahren Redners zu verdienen; auch Barnave; diese beyden sprachen ohne Concept; Sieyes und Rabaud hingegen, lasen ab. Die Unordnung, die in der Versammlung herrschte, und dann die Erlaubniß, die man den Zuschauern gestattet, durch

durch Händeklatschen und andre Bewegungen ihren Beyfall oder ihr Misfallen auszudrücken, wodurch sie gleichsam die Debatte beherrschen, und auf die Berathschlagungen den größten Einfluß haben, tadelte Y. mit Recht. Man beschuldigte den *Mirabeau*, weil er in seiner Rede, gegen Syeyes Antrag gewesen war, er habe von der Königin 100000 Livres empfangen. „Von solcher Art, setzt Y. hinzu, „sind die ewigen Sagen, argwöhnischer Vermuthun-„gen und Unwahrscheinlichkeiten, derentwegen Pa-„ris *von jeher so berüchtigt gewesen* „ist." In allen Gesellschaften war übrigens *Mirabeau* und die Bewunderung seiner Talente, das Gespräch des Tages. Sein *Tagebuch der Stände* hatte so viel Subscribenten gefunden, daß er jährlich 80000 Livres damit hätte gewinnen können, allein Necker, wirkte gleich nach den ersten Stükken, einen Befehl der Regierung aus, der die Fortsetzung verbot, weil seine Eitelkeit sich auf das empfindlichste gekränkt fühlte, sich darinn so bitter durchgehechelt zu sehn. Großer Lärm in Paris und im Palais-royal, als die Nachricht von dem berufenen Schwur im Ballhause ankam. „Von dem gegenwärtigen Augenblicke hängt vielleicht das künftige Schicksal Frankreichs mehr ab, als von jedem andern. Die Gemeinen haben durch den Schritt, sich für die Nationalversammlung, und für unabhängig von den übrigen Ständen, ja selbst von dem Könige zu erklären, und durch ihre Protestation gegen eine Trennung, sich in der That alle Autorität angemaßt, und sich auf einmal in das lange Parlament Karls I. verwandelt. Es bedarf keines großen Scharfsinns, um einzusehen, daß, wenn eine solche Anmaßung und Erklärung nicht unwirksam gemacht wird, der König, der Adel und die Geistlich-

keit

keit alles ihres Antheils an der gesetzgebenden Gewalt in Frankreich beraubt sind. Ein so kühner, offenbar von der Verzweiflung veranlaßter Schritt, der gänzlich jedem andren Intresse im Staate entgegen, und eben so nachtheilig für die Königliche Autorität ist, kann von den Parlamenten und der Armee nie zugegeben werden. Widersetzt man sich ihm nicht, so werden alle andre Zweige der Gewalt rings um die Gemeinen her zu Grunde gehen. Wie ängstlich ist also nicht zu erwarten, ob die Krone sich bey dieser Gelegenheit standhaft zeigen und ihre Aufmerksamkeit auf ein verbessertes System der Freyheit richten wird, so wie es für den jetzigen Augenblick schlechterdings nothwendig ist! Wenn man Alles in Betrachtung zieht, das heißt die Charaktere derer, die im Besitz der Gewalt sind, so kann man auf kein überdachtes System und keine feste Ausführung rechnen." — Der Ausgang hat diese Muthmaßungen und Prophezeyungen Y. vollkommen gerechtfertigt. Am 23ten war Y. bey der königlichen Sitzung zu Versailles gegenwärtig, und dann in Gesellschaft mit vielen Deputirten, über deren ruhige Gleichgültigkeit, in jetzigem kritischen Augenblicke, er erstaunte. „Die Gegenwart des Herzogs von Orleans konnte allerdings einigen Einfluß haben, indeß nicht viel; sein Benehmen freilich mehr. Ich bemerkte nicht ohne Widerwillen, daß er verschiedene Male mit seinem seichten Witze spielte und boshaft vor sich lächelte, was denn wohl in seinem Charakter liegen muß, weil er sich sonst heute schwerlich gezeigt hätte. Seinem Betragen nach, schien er übrigens gar nicht mißvergnügt zu seyn. Der Abbé Syeyes hat eine merkwürdige Physiognomie und ein schnell rollendes Auge; er durchdringt die Gedanken Anderer, hält

hält aber seine eignen vorsichtig zurück *). Seit Aeußeres und sein Betragen sind eben so sehr charakteristisch, wie das Gesicht des Herrn Rabaud de Etienne nichtssagend. Dem letzteren läßt indeß seine Physiognomie gar keine Gerechtigkeit widerfahren, da er unstreitig Talente hat." — Sehr wahr und sehr richtig urtheilte Y. schon damals, daß die beständigen Zusammenkünfte im Palais-royal, worin sich ein fast unglaublicher Grad von Zügellosigkeit und Freiheitswuth äußerte, verbunden mit den unzähligen, aufwiegelnden Schriften, die stündlich erschienen, die Erwartungen des Volks so gespannt, und ihm den Gedanken einer so gänzlichen Veränderung in den Kopf gesetzt haben, **daß nichts, was der König oder Hof thun könnten, es befriedigen würden.** Herr Nekker wurde am 25ten Junius von *Syeyes, Mounier, Barnave, Rabaud* ꝛc. auf den Knien gebeten, seine Entlassung zu nehmen, weil durch diesen Schritt die Gegenparthey in die größte Verlegenheit gesetzt werden würde, allein er ließ sich durch die Bitten der Königin davon abreden, und zu

eben

---

*) Es wird den Lesern nicht unangenehm seyn, mit dieser Charakteristik eine andre vergleichen zu können, die ein Brief aus Paris vom 1sten September 1791 (in Girtanners politischen Annalen, Bd. 1. St. 1. S. 85.) von Abbees *Syeyes* giebt. „Dieser *Syeyes*, den Sie kennen, und dessen Jesuitenmiene Ihnen auffiel, ist der feinste Kopf in Frankreich. Er beherrscht ganz Frankreich, und wird nicht eher ruhen, als bis es in eine Republik verwandelt ist. *Syeyes* hatte den Plan zur Republik schon fertig, ehe noch die Reichsstände zusammenberufen waren; und er hat seit dieser Zeit den Plan keinen Augenblick aus dem Gesichte verloren. Seine große Kunst besteht darin, daß er alles regiert, ohne daß er zu regieren scheint. Er macht keinen Lärm, und man findet seinen Namen nicht in den Zeitungen; aber Alles, was geschieht, geschieht durch ihn; Alles lenkt er insgeheim."

eben der Zeit, wo er ihr nachgab, buhlte er um den Beyfall des Pöbels zu Vetsailles, und gieng zu Fuß über den Hof, um sich Vater des Volks zu jauchzen zu hören, indessen der König bey einer todten und traurigen Stille nach Marly fuhr, und zwar gerade nachher, als er (in der königl. Sitzung) seinem Volke und der Sache der Freyheit vielleicht mehr eingeräumt hatte, als je ein Fürst vor ihm. Doch von diesem Schlage ist jeder Pöbel, und so unmöglich ist es, ihn in Augenblicken, wie diese, zu befriedigen, wenn die erhitzte Einbildungskraft jedes phantastische Projekt des Gehirns, in das bezaubernde Kolorit des Freyheitsschwindels kleidet. Der Hof handelte nun täglich mehr ohne Plan und fester Entschlossenheit, und so wuchs der Muth der Freyheitsfreunde mit jeder Stunde, und während man im Palais-royal debattirte, ob der König ein Doge von Venedig werden, oder König von Frankreich bleiben sollte — gieng er auf die Jagd. Das Geld des Herzogs von Orleans war täglich und sichtlich mehr im Spiel; z. B. zu den beständigen Feuerwerken, Illuminationen ꝛc. die das Geräusch und den Taumel vermehren, konnte man für 12 Sols in vielen Läden haben, was man sonst mit 5 Livres bezahlte, und niemand wußte, von wem das Geld dazu herrührte.

H. verließ nun Paris, noch vor dem stürmischen 17 Julius, und trat seine Reise in die Provinzen an, wo aber seine Bemerkungen nichts minder aufklärend und pikant sind. Je näher die Städte und Dörfer an der Hauptstadt gränzten, desto mehr fand er sie mit hitzigen Politikern, vom Vornehmen an bis zum Friseur bevölkert. Ueberall herrschte (künstliche) Theurung und Brodmangel. Bey dem unübersehbaren Einfluß großer Städte auf die Freyheit der Men-

Menschen, äußert Y. „Es ist die Frage, ob die gegenwärtige Revolution, die so schnell in Frankreich vor sich geht, ohne Paris hätte entstehen können?" Der V. muthmaßete daher, als er zu Nancy die erste Nachricht von den Pariser Vorfällen vom 14. und folgenden Julius, erhielt, die Nat. Verf. würde so klug seyn, nicht zu Versailles, unter den Augen eines bewaffneten Pöbels zu bleiben, wo sie dann eine Regierungsform festsetzen müsse, wie sie dem Pöbel gefiele, sondern sich nach irgend einer, in der Mitte des Reichs liegenden, Stadt, zu begeben, als Tours, Blois, oder Orleans, wo sie frey rathschlagen könne. (Wie weise hätte die N. V. gehandelt, wenn sie das gethan! aber freilich wäre den heimlichen Anstiftern, der ganze Plan dadurch verrückt worden; und deswegen geschahe es auch nicht!) Zu Strasburg war Y. Augenzeuge der Plünderung des Rathhauses. Seine Erzählung ist zu treu, und mahlt die schläfrigen, connivirenden Anstalten zu gut, als daß wir sie nicht mittheilen sollten. Ich gieng über den Platz vor dem Rathhause, und der Pöbel warf die Fenster ein, ungeachtet ein Offizier mit einem Detaschement Kavallerie auf dem Platze stand. Da ich merkte, daß der Pöbel sich nicht nur vermehrte, sondern auch mit jedem Augenblicke dreister ward, so hielt ich es der Mühe werth zu bleiben, um zu sehen, wie sich die Sache endigen würde. In dieser Absicht kletterte ich auf das Dach einer Reihe von niedrigen Buden, dem Hause, an welchem der Pöbel seine Bosheit ausließ, gegenüber. Hier konnte ich Alles bequem übersehen. Da das Volk merkte, daß die Truppen es nur mit Worten und Drohungen angriffen, so ward es immer heftiger; es machte Versuche die Thüren mit eisernen Brechstangen zu zersprengen, und legte Leitern

tern an die Fenster. Etwa in einer Viertelstunde, während der versammelte Magistrat Zeit hatte, durch eine Hinterthür zu entkommen, war alles aufgebrochen, und der Pöbel stürzte, unter einem allgemeinen Siegesgeschrey der Zuschauer, wie ein Strom in das Haus. In demselben Augenblicke flogen Scheiben, Rahmen und Fensterladen, Stühle, Tische, Sofas, Bücher, Papiere, Gemälde u. s. w. unaufhörlich aus allen Fenstern im Hause, das siebzig bis achtzig Fuß breit ist. Bald nachher folgten Dachsteine, Bretter, Gitter, Verzierungen, kurz, was man losbrechen konnte. Die Truppen, sowohl die Reiterey, als die Infanterie, blieben ruhige Zuschauer. Anfangs waren ihrer zu wenig, als daß sie sich hätten ins Mittel schlagen können. Da endlich mehr kamen, war das Unheil schon zu groß geworden, und es ließ sich nichts andres thun, als daß man alle Zugänge rings umher besetzte, und niemanden weiter auf den Platz kommen, jeden aber nach Gefallen heraus ließ. Zugleich wurden vor die Kirchthüren und vor alle öffentliche Gebäude Wachen gestellt. Ich sah zwey Stunden lang an mehreren Orten dem Lärme zu. Zwar blieb ich immer vor dem herabfallenden Bretterwerke gesichert; aber doch war ich nahe genug, um zu sehen, daß ein artiger, etwa vierzehnjähriger Knabe erschlagen ward, als er seinen Raub einer Frau zureichte, die, nach dem Entsetzen in ihrem Gesichte zu urtheilen, seine Mutter war. Ich bemerkte unter den Plünderern mehrere gemeine Soldaten, mit ihren weißen Kokarden, die den Pöbel, selbst vor den Augen der Offi-

F 4   ciere

ctere bey dem Detaschement, anreitzten. Uebrigens
waren unter dem Haufen so gut gekleidete Leute, daß
ich mich nicht wenig über sie wunderte. Alle öffentliche Archive sind vernichtet, und die Straßen eine
Strecke rings umher mit Papieren bestreuet. Dieses
Unheil hat man bloß aus Muthwillen verursacht;
denn es werden dadurch viele Familien zu Grunde
gerichtet, die mit dem Magistrate in gar keiner Verbindung stehen." — Zu Colmar hörte Y. an der
Wirthstafel die Neuigkeit: „Die Königin hätte einen
Plan gemacht, der auch schon der Ausführung nahe
wäre; nehmlich die Nationalversammlung durch eine
Mine in die Luft zu sprengen, und dann sogleich die
Armee nach Paris marschiren zu lassen, um dort alles niederzumetzeln." Ein französischer Officier, der
mit zugegen war, äußerte nur seine Zweifel an der
Richtigkeit dieser Nachricht; er ward aber sogleich
durch die Menge zum Schweigen gebracht. Es war
von einem Deputirten hierher geschrieben; sie hatten den Brief gesehen, und man konnte gar nicht
daran zweifeln. Ich behauptete fest: es wäre, wie
man auf den ersten Blick sehen könne, ungereimter
Nonsens und eine bloße Erdichtung, um Personen
verhaßt zu machen, die zwar, so viel ich wüßte,
Haß verdienen möchten, doch gewiß nicht aus solchen
Ursachen. Aber wäre auch der Engel Gabriel vom
Himmel gestiegen, und hätte sie zu überzeugen gesucht, so würden sie doch in ihrem Glauben nicht
wankend geworden seyn. So geht es bey Revolutionen! Ein Schurke schreibt, und hunderttausend
Narren glauben." — In einer kleinen Stadt, ohnweit Lisle an dem Doux, wurde Y. zum er-
stenmal zur Rede gesetzt, warum er keine Bürgerko-
karde trage? der tiers-état habe ihr Tragen befohlen, und wenn er kein Edelmann sey, müsse er ge-

hor-

horchen. — „Aber, gesetzt, ich wäre ein Edelmann; was dann meine Freunde? — Was dann? erwiederten sie zornig; dann werden Sie gehängt!" — Y. fand am besten, eine Kokarde aufzustecken; er verlor sie aber vor Lisle, und kam dort in neue Gefahr, der er sich nur durch seine Versicherung, daß er ein Engländer sey, und durch seinen Ausruf: Vive le tiers sans impositions! entzog. Die ganze Franche-Comté war um diese Zeit ein Schauplatz von Gewaltthätigkeiten, man verbrannte und plünderte die Schlösser, jagte die Besitzer wie wilde Thiere heraus, entehrte ihre Weiber und Töchter, verbrannte ihre Papiere und Documente, vernichtete ihr Eigenthum, und übte diese Abscheulichkeiten nicht etwa bloß an Personen aus, die wegen ihres vorigen Betragens, oder ihrer Grundsätze wegen verhaßt waren, sondern in blinder Wuth, an allen und jeden, nur um zu plündern. Räuber und Bösewichter aller Art, rotteten sich zusammen, und reizten die Landleute zu Excessen an; selbst reiche Bauern ließen sich daher, Detaschements an Nationalgarden und Soldaten, aus Besançon, zur Salvegarde geben. Y. schreibt dieses Alles mit dem auffallenden Mangel an sichern Nachrichten in den Provinzen, und der unbegreiflichen Unthätigkeit des Adels und der Gutsbesitzer zu. Die Stelle ist äußerst merkwürdig: „In diesem, an Vorfällen so reichen, Zeitpunkte, wo ohne Privilegium, ja ohne die mindeste Einschränkung der Preßfreyheit, Alles gedruckt werden darf, schreibt man in Paris nicht ein einziges Blatt für die Provinzen, was doch so nöthig wäre, und wobey man dann durch Anschlagszettel, Mandate ɾc. die Einwohner aller Städte von der Existenz desselben benachrichtigen müßte. Daher glaubt man im Lande oft gerade das Gegentheil von dem, was in Paris vorgeht, z.

B: daß die Deputirten in der Bastille sind, da doch die Bastille geschleift wird. So plündert, brennt und sengt denn der Pöbel in völliger Unwissenheit; und bey aller dieser Finsterniß, bey dieser allgemeinen Unwissenheit, treten dennoch in der Versammlung der Stände täglich Männer auf, welche in ihrem Dünkel die Franzosen als die erste Nation in Europa, als das größte Volk auf Erden preisen! Als ob die politischen Conventikel oder die litterärischen Cirkel einer Hauptstadt ein Volk ausmachten! Daß man diese schreckliche Unwissenheit des großen Haufens, selbst in Ansehung dessen, was ihn ganz nahe angeht, der alten Regierung zuschreiben muß, kann niemand in Abrede seyn. Uebrigens läßt sich noch eine Bemerkung machen. Wenn der Adel in den Provinzen eben so gejagt wird, wie in der Franche-Comté, — und daran läßt sich wohl nicht sehr zweifeln: — so ist es sonderbar, daß dieser ganze Stand sich in die Acht erklären läßt und geduldig, wie eine Heerde Schaafe, leidet, ohne daß er den mindesten Versuch macht, sich dem Angriffe zu widersetzen. Dies ist unbegreiflich, da der Adel eine Armee von 150,000 Mann zu Gebote hat; denn wenn auch ein Theil dieser Truppen, was freilich gewiß der Fall wäre, seinen Anführern nicht gehorchte: so könnten doch die vierzig oder vielleicht hundert tausend Edelleute, die es in Frankreich giebt, wenn sie unter einander einverstanden und einig wären, bey mehr als der Hälfte der Regimenter in die Hälfte der Glieder Leute stellen, die gleiches Gefühl und gleiche Leiden hätten. Aber da denkt man nicht an Zusammenkünfte und Associationen, vereinigt sich nicht mit dem Militair, und stellt sich nicht in die Glieder der Regimenter, um seine Sache zu vertheidigen und zu rächen! Zum Glück für Frankreich fällt der Adel ohne Kampf, und stirbt ohne einen Schlag.

Die

Die allgemeine Cirkulation der Nachrichten, die in
England die geringste Vibration des Gefühls oder der
Unruhe, wie mit einem elektrischen Schlage, von
Einem Ende des Reiches zum andern fortpflanzt, und
Menschen von ähnlichem Interesse oder in einer ähnlichen Lage mit einander verbindet, existirt in Frankreich nicht. Man kann also vielleicht mit Wahrheit
sagen: der Fall des Königs, des Hofes, der Pairs,
des Adels, der Armee, der Kirche und der Parle-
mente sey dem Mangel an einer schnellen Verbreitung der Nachrichten zuzuschreiben, also gerade den
Folgen der Sklaverey, worin sie das Volk erhielten;
und er sey daher vielmehr eine Wiedervergeltung,
als eine Bestrafung." — Zu Besançon wollte
sich Y. einen Paß, gegen Vorzeigung seiner Papiere, geben lassen, gieng zu dem Municipalbeamten,
und hatte Gelegenheit, durch seinen Empfang, die
Bemerkung zu machen; daß diese neugebackene Obern
äußerst ungeschliffen waren, und sich in ihre neuen
Ehrenstellen nicht gar zu demüthig zu finden wußten.
Zu Dijon traf Y. im Wirthshause, einen Herrn
mit seiner Frau und kleinem Kinde an, die, weil
sie unglücklicherweise von Adel waren, in der Nacht,
halb nackt, aus ihrem brennenden Schlosse hatten
flüchten müssen, und ihr ganzes Eigenthum verloren
hatten. Und doch wurde diese Familie von den
Nachbarn geschätzt und verehrt, da sie durch viele
Tugenden die Liebe der Armen gewonnen und nicht
durch Bedrückungen sich Haß zugezogen hatte. Mit
Recht ruft hier Y. aus: Solche Greuel müssen um
so mehr Abscheu erregen, da sie unnöthig sind. Man
hätte dem Königreich ein wahres Freyheitssystem geben können, ohne daß eine Wiedergeburt durch
Feuer und Schwerd, Rauben und Morden, nöthig
gewesen wäre. (Man muß dergleichen Thatsachen,
aus denen Anfangsepochen der Revolution, um so

mehr wieder ins Gedächtniß rufen, da sie bey den jetzigen Abscheulichkeiten fast ganz vergessen werden, und einige Schrtftsteller sich nicht scheuen, die ersten Jahre der Revolution, als Jahre des Friedens und der Ruhe, auszuposaunen.) Das Urtheil, das, ein sehr verständiger Franzose gegen den W. über Frankreichs Aussichten, schon damals fällte, scheint wahre Weissagung: „Ein allgemeiner Bürgerkrieg oder eine Zerstückelung des Reichs, ist unvermeidlich. Vielleicht erfolgt es nicht in diesem, oder dem nächsten, oder dem dritten Jahre, allein was für eine Regierung man auch auf den Grund, der jezt in Frankreich gelegt wird, bauen mag — sie kann keine starken Erschütterungen aushalten. Jeder Krieg, er mag glücklich oder unglücklich ablaufen, wird sie zerstören." — Zu Moulins, der Hauptstadt einer großen Provinz, fand Y. nicht Ein Zeitungsblatt, woraus das Volk hätte erfahren können, ob la Fayette, Mirabeau, oder Ludwig XVI. auf dem Thron säße. „Könnten solche Menschen, wirft er die Frage auf, je eine Revolution gemacht haben, oder frey werden? Nie, nicht in 1000 Jahrhunderten. Der aufgeklärte Pöbel in Paris, der mitten unter Flugblättern lebt, hat Alles bewirkt." — (Aus dieser Unkunde, die wahrscheinlich noch fortdauert, erklärt es sich auch, warum in den Departements so viele Vorfälle und Gewaltthaten des Convents nicht gerügt werden, und nicht mehr Erbitterung veranlassen. Man kannte sie vermuthlich dort nur, aus den partheiischen und geschminkten Berich-

von reisenden Naturforschern, für die schönsten und reichsten in Frankreich ausgegeben werden. Y). bat eine Frau, ihn für eine Vergeltung, dahin zu führen. „Als ich zurück kam, ward sie von einem Bürgersoldaten arretirt, (denn selbst in diesem elenden Dorfe giebt es eine Nationalmiliz), weil sie ohne Erlaubniß einen Fremden begleitet hatte. Man brachte sie zu einem Haufen Steine, den man das S ch l o ß nannte. Mit mir hätte man nichts zu schaffen, sagte man; aber die Frau wollte man ins Künftige vorsichtiger seyn lehren. Da das arme Weib meinetwegen in Verdrießlichkeit kam, so entschloß ich mich, mitzugehen, um sie etwa durch Bezeugung ihrer Unschuld wieder frey zu machen. Fast das ganze Dorf zog hinter uns her, und die Kinder der Frau schrieen jämmerlich, weil sie fürchteten daß ihre Mutter ins Gefängniß kommen sollte. Auf dem Schlosse warteten wir eine Weile, und wurden dann in ein andres Zimmer geführt, wo der Ausschuß des Ortes versammelt war. Man hörte die Klage an, und alle bemerkten gar weislich: es wäre, in den jetzigen, so gefährlichen Zeiten, wo jedermann wüßte, daß eine so große und mächtige Person, wie die Königin, auf die furchtbarste Weise gegen Frankreich konspirirte, allerdings strafbar eine Wegweiserin eines Fremden zu machen, — noch dazu eines Fremden, der so viele verdächtige Fragen gethan hätte, wie ich. Und nun beschloß man sogleich, sie sollte ins Gefängniß. Ich versicherte: sie wäre ganz unschuldig, und könnte unmöglich einen strafbaren Bewegungsgrund gehabt haben. Sie sah, fuhr ich fort, daß ich Lust hatte die Quellen zu besehen; und da es mir, als ich bey der untersten gewesen war, an einem Wegweiser fehlte, der mich zu den höheren auf dem Berge hinaufbringen konnte, so bot sie sich dazu an. Sie hat gewiß keine andere Absicht gehabt, als für ihre arme Familie ein Paar Sous zu verdienen. Nun examinirte man denn mich. „Wenn ich, sagte man, blos Quellen sehen wollen, was mich denn bewogen hätte, eine Menge Fragen über den Preis, den Werth und die Produkte des Landes zu thun? und wie denn solche Erkundigungen mit Quellen und Volkanen zusammen hingen." Ich erwiederte ihnen: So etwas wäre für mich nicht unbedeutend, da ich in England einiges Land bauete. Wenn sie nach Clermont schicken wollten, so könnten sie die Bestätigung dessen, was ich sagte, von verschiedenen angesehenen Personen erfahren. Ich hoffte also, sie würden die Frau losgehen könnte ich es nicht einmal nennen. Anfangs schlug man mir meine Bitte ab; doch endlich bewilligte man sie; da ich erklärte: wenn sie die Frau ins Gefängniß setzten, so sollten sie mich auch hinein schicken, und es dann verantworten, wenn sie könnten. Man entließ nun die Frau mit einem Verweise, und auch ich trat ab, ohne mich weiter über die Unwissenheit zu verwundern, daß sie sich einbildeten, die Königin könnte so gefährlich gegen ihre Felsen und Berge konspiriren." — Noch ernstlicher war der Vorfall, den zu T h u y z dem H. seine Neugier zuzog, die von F a u j a s d e St. F o n d beschriebene Volkane zu sehn. Er konnte weder Maulthiere noch Führer bekommen, und die Einwohner schüttelten die Köpfe, daß er so eifrig wäre Berge zu sehn, die ihm nichts angiengen. „Um eilf Uhr des Nachts, da ich schon eine volle Stunde im Bette lag, kamen zwanzig Mann-Bürgermiliz mit Flinten, Degen, Säbeln oder Piken in meine Kammer, umringten mein Bett, und ihr Anführer forderte meinen Paß. Hierauf folgte ein Gespräch, das zu lang war, um es hier herzusetzen. Zuerst mußte ich ihnen meinen Paß herausgeben, und, da er ihnen noch nicht genug war, auch meine Papiere. Sie sagten: ich wäre ganz gewiß ein Mitverschworner des Königs, des Grafen d'Artois, und des Grafen d'Etrangues, (der hier Güter besitzt); diese hätten mich abgeschickt, als Feldmesser ihre Grundstücke aufzunehmen, und die Steuern zu verdoppeln. Zum Glück für mich, waren meine Papiere Englisch. Sie hatten sich nehmlich vorher in den Kopf gesetzt, ich wäre kein wirklicher, sondern nur ein vorgeblicher Engländer; denn man spricht hier einen solchen Jargon, daß ihre Ohren es meiner Sprache gar nicht anmerkten, ob ich ein Fremder wäre, oder nicht. Daß sie weder Karten, noch Plane oder sonst etwas fanden, das sich zu einem Catastrum machen ließ, that, wie ich aus ihren Geberden abnehmen konnte, (denn sie sprachen beständig in ihrem Patois) die gehörige Wirkung. Da sie mir indeß noch nicht gänzlich befriedigt schienen und viel von den Grafen d'Etrangues sprachen, so eröffnete ich ein Paket versiegelter Briefe, und sagte: meine Herren, dies sind Empfehlungsschreiben auf verschiedene Städte in Frankreich und in Italien. Oeffnen Sie, welches Sie wollen; und Sie werden (denn alle sind Französisch) daraus sehen, daß ich ein ehrlicher Engländer, und nicht der Bube bin, für den Sie mich

zu meinem Vortheile ausfiel. Sie weigerten sich, die Briefe zu erbrechen, und machten Anstalt mich zu verlassen. Vorher sagten sie aber noch: meine vielen Fragen nach den Ländereyen, und mein Feldmessen, da ich doch vorher gesagt, daß ich bloß der Volkane wegen gekommen sey, hätten großen Verdacht erregt. Dies wäre, zu einer Zeit, wo, wie man zuverlässig wüßte, die Königinn, der Graf d'Artois und der Graf d'Etrangues sich gegen Vivarais verschworen hätten, sehr natürlich. Damit wünschten sie mir, zu meiner nicht geringen Freude, eine gute Nacht, und überließen mich den Wanzen, die, wie Fliegen in einem Honigstopfe, in dem Bette umher schwärmten. So kam ich noch mit genauer Noth davon. (Von gleichem Gehalte und Grunde, wie diese Verschwörung, sind gewiß der größte Theil derer, von welchem noch täglich die französischen Blätter wimmeln, und die wenigstens wir Ausländer, nicht so leicht glauben sollten, als viele von uns thun.) — In Provence war der B. vor dem Schießen auf den Landstraßen, seines Lebens nicht sicher. Es war als ob alle rostige Flinten im Lande jeder Art Vögel den Tod geschworen hätten. Fünf oder sechsmal gieng der Schuß in seiner Chaise, oder an seinen Ohren vorbey. Die National-Versammlung hat erklärt: jedermann habe das Recht, Wildpret auf seinem Lande zu schießen; aber dadurch, daß sie das, was als Gesetz sehr weise gewesen wäre, als Grundsatz bekannt machte, ohne zugleich gehörige Maasregeln zu nehmen, wodurch dem Landeigenthümer das Recht auf das erlegte Wildpret zugesichert würde, was doch diese Deklaration zugleich beabsichtete: dadurch hat sie, wie ich allenthalben gehört habe, verursacht, daß nun alle Felder in Frankreich zu ihrem größten Nachtheile voll Jäger sind. Dieselben Wirkungen entstanden auch durch die Deklarationen über Zehnten, Auflagen, Lehnrechte u. s. w. Es wird darin von Bedingungen und Vergütungen gesprochen; aber der unlenkbare, große Haufe ergreift den Vortheil der Aufhebung, und lacht über die Verpflichtungen oder den Ersatz. Der Verfasser gieng nun über Nizza nach Italien, wohin wir ihn nicht begleiten, sondern ihn erst bey seiner Rückkehr nach Frankreich wieder aufsuchen wollen. Sie geschah im December 1789, über Lyon. Er fand zu Lyon große Armuth, und gänzliche Stockung des Handels, die durch die Auswanderung vieler Reichen, Mangel an Vertrauen zu den Kaufleuten und Fabrikanten, und häufige Bankroute, veranlaßt wurde. Die Zahl der Armen

belief

belief sich über 20,000, seit der Revolution, und die freywilligen Beyträge zu ihrer Unterhaltung, die Einkünfte der Spitäler und andrer milden Stiftungen mitgerechnet, auf nicht weniger als 40,000 Louisdor jährlich. (Dafür beweisen in dieser unglücklichen Stadt, die gefütterten Sansculottes jetzt ihre sansculottische Dankbarkeit, ihren Wohlthätern und Ernährern, indem sie ihre Häuser zertrümmern, und täglich zu 40 und 50 sie abschlachten.) Zu Paris besuchte der V. den damals erst im Kleinen begriffenen und nun so allmächtig gewordenen, Revolutionsclub, bey den Jacobinern. Schon jetzt wurden alle wichtige Angelegenheiten erst hier entschieden, ehe man sie in der N. V. erörterte. Der Club kam alle Abende in demselben Zimmer zusammen, in welchem die berühmte Ligur unter der Regierung Heinrichs III. geschlossen ward. (Diese Anekdote hat vor V. kein anderer Schriftsteller erwähnt.) Der V. ward einigemal in Paris in Gesellschaft von Deputirten zu Gaste, und wunderte sich nicht wenig bey solchen Dineés, die meisten, sonderlich die jüngern, gewöhnlich en polisson gekleidet; viele ungepudert, und einige gar in Stiefeln erscheinen zu sehn, was noch zu Anfang dieses Jahres, als die größte Unschicklichkeit und als ein Mangel an Lebensart aufgelegt worden wäre. (Vormals affektirte der Pariser den Stutzer, und jetzt den Wilden; beides reimt sich sehr gut mit dem Nationalkarakter. Aber warum äffen auch schon Deutsche, freilich nur junge, um sich ein Jacobiner-Air zu geben, den Sansculotten, laut dem Mode-Journal, die langen Hosen, die Zwickelbärte, die runden struppigen Haare, und den schmutzigen, lässigen Anzug nach?) Die Häupter der Revolution (damals Orleans, Target, Chapellier, Mirabeau, Barnave, Volnoy) waren wegen einer Gegenrevolution unruhig; indem die Gefangenschaft des Königs, wirklich viele Gemüther für ihn stimmten, und bey vielen Linien-Regimentern, noch Anhänlichkeit herrschte. Dazu kam, daß täglich aus allen Theilen des Reichs, Nachrichten von dem dort herrschenden Elende und Mangel der Manufacturisten, Handwerker und Seeleute, einliefen. Mit Ende des Jänners 1790 gieng V. nach England zurück; und damit schließt sich der erste Band. Den Auszug aus dem zweyten Band liefern wir, sobald er in unsern Händen ist.

No. VI.

Fliegende Blätter.

Dem

französischen Krieg

und

dem Revolutionswesen unsrer Zeiten

gewidmet.

Februar, 1794.

Hannover, bey den Gebrüdern Hahn 1794.

Bellona, Gemählde denkwürdiger Kriegsscenen aus ältern und neuern Jahrhunderten. Heft I. Vorr. IV. 10 Bogen. 10 ggl.

Diese neue Quartalschrift ist zunächst den kriegerischen Denkwürdigkeiten der frühern Zeiten gewidmet, und tritt also keiner andern neuen Zeitschrift in den Weg. Doch wird sie auch bey schicklichen Gelegenheiten über die große Begebenheit des Tags unpartheyische Bemerkungen mittheilen. Recensent empfiehlt das vorliegende Stück, als eine interessante Zusammenstellung merkwürdiger Kriegsbegebenheiten, den Freunden der Geschichte und des Alterthums, folgenden Inhalts: 1) Etwas über das Kriegswesen des 15ten Jahrhunderts; 2) Laudon am Oberrhein; 3) Rücksicht der Schweizer von Meaux; 4) Karl XII. bey Narva; 5) die Schlacht bey Pultawa; 6) Verschwörung des Regiments Rambüres; 7) die Schlacht bey Pavia; 8) Gustav Adolph bey Lützen; 9) Tschernitschäf bey Burkersdorf; 10) Hermann und die Römer; 11) Horatius, eine Scene aus dem heroischen Zeitalter der Römer.

Die Gegenstände, welche sich diese neue periodische Schrift gewählt hat, sind von der Art, daß sie jeder Classe von Lesern Unterhaltung und Interesse versprechen müssen; die Bearbeitung der Verfasser wird ihnen noch den Reiz der Neuheit und Mannichfaltigkeit zu geben suchen. Ein ausgebreiteter Briefwechsel wird sie in den Stand setzen, von den verschiedenen Heeren neue und geschwinde Nachrichten zu liefern, und das Resultat der gedruckten, sonderlich ausländischen Quellen, wird nicht in Abschriften von Zeitungsnachrichten, sondern in einer kurzen raisonnirenden Uebersicht bestehen. Dies ist das politische Fach. Was das litterarische anbetrift, so werden wichtige Aktenstücke, kleine Pamphlets, Fragmente und Anzeigen aus allen in obige zwey Fächer einschlagenden Schriften, in welcher Sprache sie auch geschrieben seyn mögen, einzelne Züge, Biographien, Anekdoten, selbst Rügen von Partheylichkeiten unserer Zeitungen und Zeitschriften, die Neugier des Lesers befriedigen. Freymüthigkeit — doch kein Sansculotismus — und Wahrheitsliebe haben sich die Verfasser zum ersten Gesetz gemacht. Monatlich werden sechs bis sieben Bogen in gewöhnlichem Octavformat mit fortlaufender Seitenzahl auf Schreibpapier erscheinen. Da es aber sich öfters ereignen könnte, daß in diesen Bogen frühe Nachrichten sich befänden, so hat man die Einrichtung getroffen, daß sie auch wöchentlich einzeln durch die Posten versendet werden, um der Wißgier der Leser geschwinder zu gnügen; indem jeder Bogen für sich ein Ganzes ausmacht, dem Zusammenhange mit den übrigen ohnbeschadet Monatlich werden sie geheftet, in einem Umschlage, ausgegeben. Mit dem Jänner 1794 haben diese fliegende Blätter, die man als ein Archiv der revolutionairen und kriegerischen Ereignisse unserer Zeiten betrachten muß, ihren Anfang genommen Der Pränumerationspreiß ist für den Jahrgang vier Reichsthaler Sächsisch Alle Postämter, Zeitungs-Expeditionen und Buchhandlungen sind ersucht, hierauf Pränumeration anzunehmen. Die Hauptexpedition für die Postämter hat das Reichs=Postamt in Gotha, und für die Buchhandlungen die Gebrüder Hahn in Hannover übernommen. Alle Briefe und Beyträge für diese periodische Schrift werden franko, unter der Aufschrift: für die fliegende Blätter, und mit dem Zusatz, poste restante, nach Freyburg im Breisgau addressirt, oder von denen, welchen Hannover näher liegt, an die Gebrüder Hahn, Buchhändler daselbst, couvertirt. Schließlich merket man noch an, daß zuweilen von wichtigen Vestungen, Lägern ꝛc. saubere, kleine Plane geliefert werden.

Inhalt.

No. VI. 1. Wie wird es am Ende des Jahres 1794 aussehen? 2. Nachtrag zur Fizzeraldschen Note.

No. VII. 1. Schreiben aus Lausanne. 2. Schreiben aus Frankfurt am Mayn. 3. Uebersicht vom Jänner d. J. 4. Miszellen.

No. VIII. 1. Beschluß des Schreibens aus Lausanne. 2. Nekrolog eines Deutschen im Revolutionsstyl. 3. Fortsetzung der Uebersicht. 4. Miszellen.

No. IX. 1. Miszellen. 2. Revolutionsschriften. 3. Jakobiner-Neuigkeit. 4. Beschluß der Uebersicht. 5. Das deutsche Vaterland ist in Gefahr! 6. Schreiben an einen K. K. Minister, im December 1793.

No. X. 1. Akten des vorgeblichen Convents zu Edimburg. 2. Merkwürdige Bruchstücke aus Mallet-du-Pan treflicher Schrift.

―――――――――

Mit diesem Heft wird die Stellung der Armeen vor Landau im December 1793 ausgegeben.

No. VI.

1.
Wie wird es am Ende des Jahres 1794 aussehn?

(Fragment einer Rede, in einer deutschen Lesege=
sellschaft, zu Anfange dieses Jahres gehalten,
von einem deutschen Manne.)

Es bleibt mir noch übrig, nachdem ich Ihnen, m.
H. eine gedrängte Uebersicht der Vorfälle des vergan=
genen Jahres geliefert habe, so viel es einem Lay=
en erlaubt ist, einen Blick in die politische Zukunft
zu thun, und die Frage aufzuwerfen: wie wird es
am Ende des Jahres 1794 aussehn?

Der Krieg, m. H., der jetzt geführt wird, fin=
det den Pendant zu sich in keinem Jahrbuche der
Welt, und kann also mit keinem der alten Kriege
verglichen werden. Als die Schweiz, als die Nie=
derlande, als in unserm Jahrhunderte Amerika, sich
eine andre Verfassung gaben, indem sie sich der Ober=
herrschaft ihrer alten, auswärtigen Herrn entzogen,
so kämpften erstere um die Befestigung ihrer neuen
Freyheit, letztere um jene Wiedereroberung. Bey=
de Theile kämpften offen und bieder, wie Männer,

und wenn gleich einige, bey solchen heftigen Erschütterungen nicht abzuwendende, Excesse und Grausamkeiten vorfielen, so waren sie doch nur in geringer Anzahl, und die Menschheit wurde gewissermaßen dafür durch eine Menge, glorreicher und edler Handlungen und Folgen, versühnt. Gottesfurcht und Sittlichkeit, hatten nie nöthig sich in Trauer zu hüllen. Die Schweizer, die Niederländer, die Amerikaner, boten ihren Angreifern die Stirne, im Kabinette und in der Feldschlacht, aber nie fiel es ihnen ein, wie der giftige Natterwurm, der dem unbesorgten Wandrer nachschleicht, Emissarien in andre Länder auszusenden, um den Frieden und die Ruhe von Europa zu vergiften, und Aufruhr und Zwietracht im Finstern zu brüten. Die glänzenden Siege nüchterner und ächter Tapferkeit in den Thälern der Alpen, in Flanderns und Belgiens Ebenen, auf Bunkershill Höhen, gaben keinem Schweizer, keinem Niederländer, keinem Amerikaner, das Recht; unter dem Schütze von ein paar schwülstigen Phrasen, oder neugeschmiedeten Worten und Partheynamen, den Schwächern zu würgen, den Wohlhabenden zu plündern, Gottes und der Moral Altäre niederzureißen, und was durch Jahrhunderte vernünftiger Civilisirung heilig und ehrwürdig war, mit Füßen zu treten, nur weil es alt und heilig und ehrwürdig ist. Mitten unter den Feldschlachten und heftigen Anstrengungen ihrer Revolution war in der Schweiz, war in den Niederlanden, war in Amerika Recht in Schwang, und Eigenthum heilig, denn Freyheit und Gleichheit vor dem Gesetz galten nicht bloß auf dem Papiere, sondern auch in der Ausübung. Der Dieb entgieng nicht dem Strange; der Mörder nicht dem Richtbeile. Wenn die Democraten unsrer Zeit, die Greuel Frankreichs

reichs damit entschuldigen wollten, „sie wären unsere „trennliche Gefährten von großen Staatsumwälzun: „gen!" so wollen wir ihnen mit der aufgeschlagenen Geschichte Helvetiens, Bataviens, und Amerikas in der Hand, unter die Augen treten, und sagen — ihr lügt!

Wollte man den Krieg, den jezt das gesittete Europa gegen einen Haufen Usurpatoren und Räuber führt, mit einer Begebenheit der vorigen Zeiten vergleichen, so müßte man ihn mit dem Widerstand vergleichen, den bey den Völkerwanderungen der nordischen Barbaren, die Bewohner der überfallenen Länder, diesen zahlreichen Horden leisteten, welche sich, gleich wilden, verheerenden Gewässern über ihre väterlichen Wohnstätten ergossen, und Künste und Wissenschaften, Kultur und Religion, Wohlstand und Handel unter ihren Fluthen begruben. Dieß allein ist das ähnlichste Gegenbild von einem Kriege, den die Jakobiner und ihre Befreundete so gern zu einem gewöhnlichen Krieg der Könige machen mögten, und der doch nichts weiter ist, als der Krieg der Selbsterhaltung und Selbstvertheidigung, der Krieg des Rechts gegen Gewalt, des Eigenthums gegen Raub, der Kultur gegen die Wiederkehr der Rohheit des Fehdealters. Es gilt jezt nicht Eroberung, sondern Erhaltung der Staaten, und durch diese, Mitterhaltung der Sicherheit und der Besitzungen jedes Individuums. Die Kabinetter müssen daher zuerst auf diese Selbsterhaltung ihr Augenmerk richten, und ihre verjährten Jalousien einstweilen bey Seite setzen, um ihren Bund, der nur durch Eintracht und beharrliche Verfolgung des Endzweckes stark ist, nicht durch unzeitige Mißverständnisse zu schwächen. Stehts thuen doch frey, dereinst zu ihren alten Fehden und An-

sprü-

sprüchen zurückzukehren, sobald ihre eigene Existenz nichts mehr von dem allgemeinen Feind zu fürchten hat. Wenn in Afrikas Wildnissen ein reissendes Thier sich einem Trupp andrer Thiere naht, so vergessen diese sogleich alle innere Zwistigkeiten, um, vereint, desto sicherer den Feind Aller zu besiegen. Sollten Menschen weniger klug handeln als Thiere?

Die Faktionsmänner in Frankreich, und ihr auswärtiger Anhang, wissen zu gut, daß sie den Sturz der Thronen und Staaten, und den Wachsthum und Flor ihrer verheerenden Plane, sich durch Zerstückelung der Coalisation der Mächte bereiten würden, deswegen lassen sie auch nichts durch ihre Emissars unversucht, was die Störung des Einverständnisses der Verbundenen bewirken könnte. Daher in einigen — nur einigen! — protestantischen Ländern (wo überhaupt der Revolutionsfunke hier und da mehr Stoff finden mögte, als in manchen katholischen) das undankbare, Mistrauen einflößende, Geschrey über O. st. r..ch, und zwar zu einer Zeit, wo dieses erlauchte Haus, unter den größten Aufopferungen und Anstrengungen, mehr für das deutsche Reich, und für ganz Europa thut, als es je in einem der alten, für Deutschland geführten, Kriegen gethan hat: daher die Vorspiegelungen und Zuflüsterungen, die unter dem Mantel des Vaterlandseifers, von Madrid bis Norden, bald bey dieser bald bey jener Macht geschehn, um das Bündniß zu sprengen: „Ihr kriegt, raunt man ihnen zu, „ihr kriegt, ihr die ihr zum Theil fern von dem Lan„de der Ansteckung seyd; ihr schwächt eure Heere und „eure Schätze durch fremde Kriege? Eure Unterthanen „werden am Ende schwürig darüber werden, und

„indem

„indem ihr eine auswärtige Empörung dämpfen
„wollt, könnt ihr euch selbst eine erzeugen. Ruht
„doch aus bey der reizenden Aussicht, welche Han-
„del und Flor des Friedens euch bieten; ruht aus
„von überspannten Hoffnungen, viele Millionen der
„Herrschsucht eines Einzelnen wieder zu unterwerfen.
„Es ist dieß nicht ein endbarer, sondern ein ewiger
„Krieg, mit Leuten, die durch die Länge der Zeit,
„die Kriegskunst lernen werden, mit ihren Kindern
„und Enkeln, die uns dann beständig necken, und zu-
„letzt gar unterjochen können. Schafft nicht ihre
„Erfindungskraft täglich neue Quellen? Enthält ihr
„Schatz nicht jezt über 500 Millionen baar? Wer-
„den ihre Grenzen nicht von Bürgern vertheidigt,
„die Enthusiasmus begeistert, und die für Freyheit
„Familie und Eigenmacht streiten? Nein entreißt euch
„dem Bündnisse, oder, wenn ihr ja ihm treu blei-
„ben wollt, so zieht allen möglichen Vortheil daraus,
„denn man wird euch lieber alles zugestehn, als euch
„entbehren wollen."

Aber die klügern Fürsten und ihre Räthe, un-
geblendet von dem Flitterglanze dieser Scheingründe,
blicken durch, und verwerfen unwillig die Zumuthungen der Neufränkischen Emissarien. Sie antworten ihnen — was ich ihnen antworten würde,
wenn ich Auftrag dazu erhielte.

„Wenn der Damm bricht, und die Ueberschwem-
„mung allgemein wird, so reißt sie in der Ferne
„ein, wie in der Nähe, und dann ists am Ende
„gleichviel, ob uns das traurige Loos etwas früher
„oder später trifft. Den Krieg, den wir führen, ist
„uns nicht fremd, denn es ist der Krieg für die all-
„gemeine politische Existenz Europens, also auch für

„unsre

„unsre eigne Existenz, und für unsrer Bundsgenoß„sen Wohl, denen wir die Hülfe schuldig sind, die „wir ihnen in Tractaten zusagten. Glaubt ihr, weil „ihr Neufranken mit Verträgen und Zusagen euer „Spiel treibt, daß deutsche Fürsten und biedere Na-„tionen eben so bundbrüchig handeln sollten?"

„Wenn unsre gekleidete, gepflegte, bezeltete „Heere durch die Mühseeligkeiten des Feldzugs lei-„den, so treffen eben diese Mühseligkeiten eure nack-„ten, unbeschuheten, unversorgten, zusammengetriebe-„nen Horden, zehnfach, und zehnfach ist ihre Ein-„buße und die Schwächung ihrer Armeen. O, könn-„ten sich die Gräber in Flandern, am Rhein, in „den Pyrenäen, auf Savoyens Alpen, aufthun, „wie würden eure lügenhafte Berichte verstummen, „wo ihr die Tausende eurer Verluste, in Hunderte „zusammenschrumpfen laßt."

„Die Meutereyen einiger, wenigen, Schwin-„delköpfe in unsern Staaten, fürchten wir nicht, „und noch weniger sind wir so kurzsichtig uns weiß „machen zu lassen, daß dieß das beste Mittel sey, sie „zu hemmen, wenn wir euren Triumph erleichter-„ten, und euch Thor und Angeln öffneten, euch, „die ihr es keinen Hehl habt, daß eure Absicht sey, „alle bestehende Regierungsformen und Staatsein-„richtungen früh oder spat umzustürzen."

„Was helfen uns die reizenden Aussichten des „Handels und Wohlstandes, wenn sie die noch ge-„wissere verdunkelt, daß eben die Väter, und Kin-„der und Enkel dieser Räuberhorden, mit denen ihr „uns fürchten machen wollt, sobald es nicht jetzt uns „gelingt, sie durch unsre vereinte Kräfte zu zähmen,

„nicht

„nicht jezt gelingt, denen vielen 100,000 Gutgesinn-
„ten und Unverdorbenen Lust zu machen, die noch
„unter ihnen nach einer andern Ordnung der Dinge
„seufzen, daß sage ich, eben sie uns einst noch siche-
„rer an Stärke übertreffen, und zu wahren kriege-
„rischen, Freybeutern gebildet, und von der Noth
„aus ihrem verwüsteten und verpesteten Lande ge-
„drängt, unsre Reiche, eines nach dem andern, in
„unwiderstehlichen Massen überziehn und verschlin-
„gen werden."

„Hört überhaupt einmal auf, stets durch den
„Popanz eurer 25 Millionen schrecken zu wollen.
„Ungerechnet, die Haufen der Royalisten, die selbst
„nach euren einseitigen, und partheiischen Berich-
„ten euch furchtbar sind, und die von diesen 25 Mil-
„lionen subtrahirt werden müssen, so würden Deutsch-
„lands 30 Millionen, sobald es Einen Gemein-
„geist hätte, schon längst die eurigen in der Wag-
„schale der Volksmasse aufgewogen haben: vorausge-
„setzt, daß es in der Praxis ein so leichtes Ding sey,
„Millionen gegen Millionen, wie Ameisen marschi-
„ren zu lassen. Eure berufene levée en masse, wo-
„zu hat sie gedient, als eure Armuth an wehrbarer
„Mannschaft recht sichtbar zu machen. Denn wa-
„rum würdet ihr sonst — ein Faktum! — einen
„Theil eurer Truppen von der Nordarmee, durch
„weite forcirte Märsche abgemattet haben, um eure
„Rhein- Mosel- und Vendee-Armeen zu verstärken?
„Noch steht nur die Hälfte *) unsrer immer gerüste-
„ten Krieger gegen euch in Gewehr: ein Wink, und
„die

G 4

*) Die besten statistischen Quellen geben allein von Oesterreich,
300000, und von Preußen, 238000 Mann, die Zahl des stehenden Militairs an; das übrige Deutschland angerechnet.
Anm. d. Red.

„die andre Hälfte ist bereit, seinen wackern Kame-
„raden zu folgen, ohne daß wir nöthig haben, wie
„ihr, die Buben aus den Schulen, die Handwer-
„ker aus ihren Werkstätten, und die Landleute und
„Winzer von ihren Pflügen und Weinbergen, in
„ungeübten Haufen zusammen zu treiben."

„Ihr thut groß auf eure Erfindungskraft und
„eure 500 Millionen, die ihr aus den Kirchen, und
„Schatullen geplünderter Privatpersonen, geraubt
„habt; allein, wenn wir auch annehmen wollen,
„daß diese Summe nicht übertrieben sey, und nicht
„(wie z. B. der Reliquienkasten der heil. Gennofa,
„der 1 und eine halbe Million Livres geschätzt, und
„am Ende 20000 werth befunden wurde) bey nähe-
„rer Prüfung gewaltig einschmelzen mögte, so ge-
„stehn ja eure Finanz-Ausschüsse selbst, daß eure
„Staatsausgaben, monatlich die ungeheuere Sum-
„me von 300 Millionen übersteigen! Und wo wollt
„ihr, wenn dieser letzte Schatz erschöpft ist, wo wollt
„ihr neue Kirchen und neue Beutel zu plündern fin-
„den, sobald eure Nachbarn und andre Staaten nicht
„so geduldig und autmüthig sind, sich von euch plün-
„dern zu lassen? Barrere kann euch von der Tribune
„vordeklamiren, daß eure Uhrmacher aus den Stan-
„gen der Kirchengitter, täglich Flinten zu tausenden
„fabriciren, und daß allein in Paris wöchentlich in
„den neuen Gießhäusern, 1000 Kanonen gegossen
„werden; er kann diese Mährchen kindischen Schwäch-
„lingen oder dem Pöbel aufbürden, der jetzt eure
„leeren Palläste bewohnt; aber der Mann von Mé-
„tier, der die ungeheure Summe des Metalls, die
„erforderliche Zeit, und die manchfaltige Handarbeit,
„in Gießung, Richtung, Bohrung, Lavetirung,
„Schäften u. s. w. berechnet, zuckt die Achseln über
„die

„die Windbeutelcy. Und wo wollt ihr ein andres,
„unentbehrliches, Haupterforderniß bey der jetzigen
„Art Krieg zu führen, wo wollt ihr die Remonte für
„eure Reuterey, und die Bespannung für euer Ge-
„schütz hernehmen, daß die vornehmste Rolle in eu-
„ren Schlachten, nach eurem eigenen Geständniß,
„spielt? Sind nicht während des chaotischen Zustands
„eures Reichs seit der Revolution, die königlichen
„und Privat-Stutereyen vernachläßigt oder zu Grun-
„de gerichtet? Ist euch nicht, — die Schweiz aus-
„genommen — die Remonte aus allen den übrigen
„Ländern abgeschnitten, die euch sonst damit versahn,
„so daß ihr schon eure Zuflucht zu den chevaux de
„luxe, zu Fiackerpferden und Ackergäulen habt neh-
„men müssen, von welchen wenige die ungewohnten
„Strapatzen eines Feldzugs überleben werden?" —

„Nein, das Jahr 1794 öfnet uns die tröstliche
„Wahrscheinlichkeit, die Bemühungen der Coalition
„gekrönt, und Europa von der Rückkehr der Barba-
„rey gerettet zu sehn. Schon schwindet der Enthu-
„siasmus einer großen Menge eurer Bürger; schon
„müssen eure democratischen Despoten ihre Zuflucht zu
„Einkerkerungen und Guillotinen nehmen, um eure
„Freywillige, aus ihren Wohnungen hinaus
„auf die Schlachtbank zu schrecken, um dort, von
„trunknem Muth und Verzweiflung getrieben, ent-
„weder in die Bajonnette und Feuerschlünde zu ren-
„nen, oder gewärtig zu seyn, bey feiger Flucht, von
„den Trabanten der neuen Tyranney gemetzelt zu
„werden. Ein Enthusiasmus der durch solche Mit-
„tel in Feuer gesetzt werden muß, ist nahe daran zu
„erkalten, oder sich selbst, schrecklich und schnell, ge-
„gen die zu kehren, die seine Geduld, durch Gewalt-
„thaten aller Art, nur zu lange gemißhandelt haben.

G 5 „Heller

„Heller und stärker hingegen, lodert in jeder
„deutschen Seele, und sonderlich in den niedern,
„durch Leserey, Luxus und Egoismus noch unver-
„dorbenen, Volksklassen, die Flamme des wahren
„Patriotismus empor, und zeigt sich in tausend
„rühmlichen Handlungen. Viele Verblendete unter
„uns haben endlich, Dank euren Schandthaten,
„Mordbrennereyen, Räubereyen und gerichtlichen
„Meuchelmorden! einsehn gelernt, worin die geprie-
„sene Glückseligkeit eurer Wiedergeburt bestehe: daß
„ihr, statt der Gesetze, der blutigen Willkühr eini-
„ger verschlagenen Bösewichter; statt des Königs ei-
„ner Guillotine; statt der Obrigkeiten, einer Art von
„Stummen gehorcht, welche die Firmans eures Con-
„vents vollstrecken. Und so wird die Masse der gu-
„ten Deutschen, immer in Stand seyn, den Intri-
„ken, der Vagabunden, Weltbürger, Rollensüchti-
„gen, Religions-Spötter, Ordensglieder, Neue-
„rungskrämer, Nichtshaber, und wie die Bart- und
„Hosenlosen Schwärmer weiter heißen mögen, die
„Spitze zu bieten, welche allein einen ähnlichen Zu-
„stand der Dinge in ihrem Vaterlande wünschen
„können, bey denen nur der gewinnt, der nichts zu
„verlieren hat."

„Aber Kleinmuth, deutsche Mitbürger und
„Landsleute! Kleinmuth laßt uns verbannen, und
„die Pest panischer Furcht, die alles vergrößert, und
„so gern Riesen aus Zwergen schafft. Zaghaftigkeit
„und furchtsame Nachgiebigkeit, Zaudern wo nur
„rasche Entschlossenheit hilft, haben das alte Frank-
„reich in den Abgrund gestürzt, und werden jeden
„Thron und jeden Staat in den Abgrund stürzen,
„der zu gleichen schläfrigen und feigen Mitteln in
„ähnlicher Gefahr seine Zuflucht nimmt. Der löscht
„sein

„sein brennendes Haus nicht, der, statt Hand an-
„zulegen, mit gekreuzten Armen, sich ohnmächtigen
„Wehklagen überläßt! Lernt Fürsten und Fürsten-
„räthe, aus der Art, wie die Jakobiner böse Zwecke
„und ihr System in Frankreich durchsetzen, und den
„Tugendhaften und Redlichen zum Schweigen brin-
„gen, lernt daraus, in euren Ländern gute Zwecke
„und die Aufrechthaltung des Staats, der Religion
„und des Rechts, gegen die wenigen durchsetzen, die
„ihr ernährt und füttert, und schützt, damit sie zum
„Dank euer Volk verführen! Ihr braucht darum
„nicht Blutströme zu vergießen wie die Jakobiner;
„nein, die kleinste Schärfe schon, wird sie verstum-
„men machen! Lernt ihr Kaufleute, ihr Wohlhaben-
„den, ihr rechtlichen Bürger von allen Ständen,
„lernt aus Frankreichs Beyspiel, und dem harten
„Schicksale, das dort jetzt eures Gleichen trifft,
„die Warnung, euch thätig und zeitig zum Schutze
„der alten Verfassung zu vereinigen, und gemein-
„schaftlich der Seuche zu begegnen, ehe es zu spät
„wird. Sinkt der Staat, so sinkt ihr mit! Wol-
„len die Emissarien euren Stolz gegen die Volks-
„klasse anfachen *), die vor euch ist, so vergeßt
„nicht, daß hinter euch eine noch weit zahlreichere
„Volksklasse steht, die zu euch eben so hinauf blickt,
„und die, wenn sie euch geholfen hat, jene zu be-
„müthigen und zu vernichten, nun auch an euch an-
„fangen, und es weit bequemer finden wird, euch

zu

*) Die Natur hat Berge und Thäler, die kultivirte Gesellschaft
hat gleiche Abstände, die ihr eben so nöthig und vortheilhaft
sind. Ja, ruft man, aber die Misbräuche des Adels? —
Alles Gute was die Menschen in Masse oder einzeln empfangen, wird gemißbraucht von einigen. Steuert den Miß-
bräuchen dieser einigen; haut die gellen Ausschößlinge ab, aber
nicht den Baum, der nutzt und trägt.

„zu plündern, und euch ihnen gleich zu machen, als
„wieder von euch abzuhängen und für euch zu arbei=
„ten. Als der Adel und die hohe Geistlichkeit in
„Frankreich fiel, da theilten sich die bürgerlichen Rei=
„chen und Wohlhabenden und das bas = Clergé in
„ihre Güter, und dünkten sich nun die erste Klasse;
„aber die Sansculotten schrien, glaubt ihr, daß
„wir für euch uns empört haben? Und
„seitdem sind die Wohlhabenden und Rechtlichen,
„und die geschwornen Geistlichen so gut vogelfrey,
„und ein Gegenstand des Mords und der Plünde=
„rung, für die stärkere und zahlreichere Klasse des
„abgezäumten Pöbels geworden, als es im ersten
„Jahr der Adel war. Der Pöbel schlägt nun den
„Gelehrten und Schriftstellern, die durch ihre Zu=
„flüsterungen und Flugblätter die Revolution anfach=
„ten, um Rollen zu spielen, die Köpfe so gut ab
„wie jenen, weil er es besser findet sich auch von ih=
„nen nicht befehlen zu lassen. Nehmt das kleinste
„Rad aus einer Uhr, und das ganze Werk wird stok=
„ken. Antwortet nicht: „ja, zu solchen Ausschwei=
„fungen werden wir es nie kommen lassen." Steht
„es in eurer Macht, wenn ihr einen Damm einreißt,
„dem wilden Strome zu gebieten; hier sollst du
„einhalten! Oder glaubt ihr daß es die Absicht
„der hingerichteten Stifter der französischen Revolu=
„tion war, auf dem Schavot zu sterben?"

„Darum, deutsche Mitbürger, sey Muth!
„Eintracht! die Losung, und es wird wohl um
„Deutschland, am Ende des 1794sten Jahres, stehn!
„Bringt es uns Friede, so wollen wir, Gott!
„für diese Wohlfahrt segnen, aber dann sey es ein
„Friede, den wir nicht einer Ueberlistung der Jako=
„biner verdanken, um sich aus ihrer jetzigen, kriti=
„schen

„schen, der Erschöpfung, selbst durch Ueberspannung
„nahen Lage, zu retten, sondern ein Friede, der
„ihnen alle Kräfte benimmt, einst das sichere Euro-
„pa, unwiderstehlich zu überraschen, und zu ver-
„schlingen. Es giebt eine Menge Friedensschreyer,
„die zu gut den überschwenglichen Vortheil berech-
„nen, den sie, die Parthey der Demokraten und
„Staatenreformatoren, durch einen Frieden der er-
„stern Art gewinnen würden. Mit dem Triumphe,
„der als Staat anerkannten, Jakobinerfaktion, wä-
„re auch der Triumph ihrer Affiliirten, und an Den-
„kungsart Verwandten in allen Ländern gegründet;
„denn welche Obrigkeit würde es dann wagen, aus
„Furcht ihre Beschützer zu entrüsten, Stillschweigen
„ihren Meinungen gebieten zu wollen? Höher wür-
„den sie dann die Stirne tragen, sie, die schon jezt
„so frey und frevelnd hervortreten, und in Schrif-
„ten und Conventikeln würden sie dem Volke vor-
„predigen: Seht ihr, daß eingetroffen ist,
„was wir euch weissagten; daß die Sa-
„che der Freyheit mächtiger ist, als die
„Ohnmacht der Fürsten, und daß diese
„ihr nachgeben müssen? Und alles Volk wür-
„de es in seinem Herzen bejahen, denn die Thatsa-
„che würde dafür zu zeugen scheinen. Noch mehr,
„durch die, von einer solchen paix dérisoire de 24
„heures, wie ihn Mallet nennt, wiedergeöffnete
„Communikation im Handel und Verkehr, würden
„nun die Neufranken, mit ihren Revolutionstrach-
„ten, Revolutionsfesten, Revolutionszeitrechnungen,
„als so vielen Denkmälern ihres Siegs, ganz Eu-
„ropa durchziehn, und öffentlich und heimlich, in
„Schriften und Reden ihre Grundsätze verbrei-
„ten, (denn welcher Fürst würde es ihnen wehren,
„dürfen, aus Furcht den kaum geendigten Krieg von
„neuen

„neuem anzuzünden) Die Bewohner andrer Länder und
„Reiche, der Plebs, die Armen, die wahren Sans-
„Culottes, würden sich in dem großen Beyspiel noch
„heller spiegeln, und unmerklich den Gedanken in sich
„immer mehr und mehr nähren: dieses Volk hat
„seine Könige ermordet, seinen Adel
„vernichtet, seine Reichen geplündert,
„Gottesfurcht und die heiligsten Gebräu-
„che mit Füßen getreten, Blut der Un-
„schuld in Strömen vergossen, Thränen
„der Verzweiflung und des Elends vie-
„len hunderttausenden ausgepreßt, al-
„le Fesseln abgestreift, seine Verfassung
„das oberste zu unterst gekehrt; und kei-
„ne Macht auf Erden und im Himmel,
„hat dieß Alles an ihm zu rügen vermogt!
„Warum sollte es uns nicht auch glücken?
„Bey einer solchen Stimmung, bedarf es dann nach
„einem paar Jahren, nur der kleinsten Veranlassung,
„nur eines kleinen Funken, so bricht der Volkan aus,
„so ergießt sich der Lava-Strom des Staaten: Um-
„sturzes, und des Umsturzes der Cultur und Socie-
„tät, unaufhaltsam; ergreift das reiche Holland mit
„seinen Vestungen, Flotten, Arsenalen, Banken, zu-
„erst; erschüttert das stolze Brittannien in seinen
„Grundfesten; wälzt sich durch Lüttich, und die
„Rheingegenden, über Deutschlands meiste Provin-
„zen; zerstört Helvetiens Glück und wahre Freyheit:
„und wer weiß ob der wüthende Strom am Gestade
„des mittelländischen Meeres, in Italiens weichlichen
„Gefilden rasten wird, dem alten Ziel solcher barba-
„rischen Ueberschwemmungen. Dann wird man einen
„neuen Beweiß der Wahrheit sehn, daß Alles in
„der Welt seinen Kreislauf hält; dann
„werden die Künste und Wissenschaften, die einst vor
„ſt

„den Horden der Turkomannen und Tartaren, aus
„Orient nach Occident wanderten, vor den barbari-
„schen Horden der Sans-Culotten und philosophi-
„schen Reformatoren, wieder nach Orient und Nor-
„den, nach den Steppen der Krimm, oder nach Ame-
„rika flüchten, und das eiserne Zeitalter wird von
„neuem seinen Anfang nehmen."

Lassen Sie uns, meine Herren, getrost vom Himmel erwarten, daß die Weisheit unsrer Fürsten, uns
vor solchen Folgen bewahren werde, und daß weder
wir noch unsre Nachkommen, an Europens Grabe
trauern müssen.

2.
Nachtrag zur Fitzgeraldschen Note.

Wir haben in No. V. unsern Lesern, die Uebersetzung der interessanten, und nachdrücklichen Note gegeben, welche Lord Fitzgerald, zu Bern, den
Schwetzer-Kantonen überreicht hat. Die kräftige,
und was mehr ist, treffende Sprache welche sie führt,
scheint den Faktions-Häuptern in Paris empfindlich
wehe gethan zu haben, denn im Moniteur vom 29.
Dec. 1793, hat Merlin von Thionville eine
Art Antwort, unter der Rubrik Variétés, und in:
ächt-Sans-Culottischen Ton, das heißt, so plump
und Fischhallenmäßig als möglich, einrücken lassen:
ein Beyspiel mag davon genug seyn. Er schlägt vor,
in alle neutrale Länder Republikaner zu schicken, welche den ..... Agenten des ..... Londner Hofs die
Zähne

Zähne weisen könnten, und beym erſten unehrerbietigen Ausdruck gegen die erſte Republik der Welt, in Stand wären, ſie auf der Stelle tod zu prügeln. Zwey oder drey Lehren der Art, fährt er fort, würden dieſe geſtrengen Lords radical kuriren!" So ſchreibt Bürger Merlin von Thlonville, weyland Ex-Schulmeiſter zu Paris, dann Pferde-Dieb zu Spaa, dann Deputirter des N. C., dann Ankläger ſeines eignen alten Vaters, dann Commiſſair zu Mainz, und ein ſo großer Schlagtod, daß er, in dieſer Mainzer Belagerung, laut ſeiner eigenen Verſicherung, mit dreißig Mann, 1500 Preußen, ſage funfzehnhundert, ſchlug. Der N. C. kann in der That nichts beſſers thun, als Bürger Merlin zu bitten, eiligſt ſelbſt nach Bern zu reiſen. — Wofür er ſich aber wohl hüten wird.

No. VII.

No. VII.

1.

Korrespondenz. Schreiben aus Lausanne den 28. Jänner. (aus dem Franz.)

. . . . Wenn die coalisirten Mächte, durch die Erfahrung der beyden vergangenen Jahre belehrt, nicht länger nur halbe Mittel (demi-moyens) anwenden, und ihre Efforts nach der Größe der Gefahr abmessen, welche ganz Europa und alle Thronen bedroht, so ist Hoffnung vorhanden, daß ein so gerechter Krieg, unterstützt von dem gesunden, unangesteckten Theil der Völker, die man gegen die Frankreicher bewaffnet, doch noch zuletzt seinen Zweck, die Vernichtung und Demüthigung des Convents erreichen werde, als aus dem allein alle die Verbrechen und Greuel hervorgehen, indessen Er selbst unter dem eisernen Joch von acht oder zehn seiner Mitglieder seufzt.

Aber letzteres ist es eben, was jetzt die Fortschritte der Verbündeten und ihre Einwirkung aufs Innere mehr als jemals erschwert, weil die Zeiten einer königlichen Democratie und einer Volks-Anar-

Anarchie nun vorbey sind, und weil an ihre Stelle jetzt eine organisirte Tyranney getreten ist. Alle vor diesem zerstreute und vereinzelte Gewalten sind jetzt auf Einen einzigen gemeinschaftlichen Mittelpunkt zurückgebracht. Die Constitutionellen Autoritäten, die Departements, die Municipalitäten sind ihrer Rechte beraubt worden. National-Agenten, welche unter Volks-Repräsentanten stehn, die wieder, ihrer Seits, allein vom Ausschuß des öffentlichen Wohls abhangen, haben die Stelle aller jener Corps eingenommen, aus welchen die politische, militärische, Civil- und Criminal-Administration zusammengesetzt war. Deswegen wagt es auch seitdem niemand mehr, den Maasregeln der Glieder des Ausschusses zu widerstreben, und kann es auch nicht. Nichts vermag aus den Klauen der letztern zu retten. Der allerpassiveste Gehorsam, und die gänzlichste Unterwürfigkeit, ist das einzige Mittel, um unter ihrem Stabe seine Existenz zu sichern. Von dem Zeitpunkt dieser wichtigen und merkwürdigen Veränderung an ist die Armee eine gelenksame Maschine in ihren Händen geworden, was sie eben weit furchtbarer macht, als sie unter dem Constitutionellen Regimente war: die innern Unruhen sind seitdem überall, wo sie ausbrachen, auf das schleunigste gedämpft worden, nur in der Vendée noch nicht, die aber leider! äußerst geschwächt ist, da die Patriorioten eine ungeheuere Macht dort zusammengezogen haben.

Der Entsatz von Landau und die Räumung von Toulon haben den Häuptern der Königsmörder ein Zutrauen und eine Zuversicht erworben, die, wenn sie gleich bey einer großen Anzahl Franzosen nur erzwungen sind, ihnen dennoch nun weit reichlichere Quellen an Hülfsmitteln aller Art öffnen müssen und werden: zumal wenn man in seinen Maasregeln gegen sie nur im mindesten erschlaffen sollte, und sich nicht zum Grundsatze wählt, mehr auf die öffentliche Meynung zu wirken, als man bisher gethan hat. Letzteres würde geschehen, wenn man die kriegerischen Vortheile mit einer Raschheit und einer Schleunigkeit verfolgte und nutzte, welche imponirte, und welche dem verbreiteten Schrecken nicht Zeit ließe, sich wieder zu fassen; ferner, wenn man den Franzosen zeigte, daß man nach einem einförmigen Plan handele, und indem man dem Convent und seinem Troß zu Leibe geht, Verzicht auf alle voreilige Erörterung der künftigen Verfassung, und sonderlich auf Alles thäte, was Plane zu einer künftigen Theilung und Zerstückelung des Reichs verrathen könnte, als die allein hinreichend seyn würde, ganz Frankreich gegen die Alliirten zu bewaffnen. Daher die ungegründeten Aeußerungen von einem solchen, pohlnischen, Theilungsprojekte, welche der Nat. Couv. nicht bloß in

fran-

französischen Blättern, sondern auch in ausländischen, geflissentlich zur Erreichung dieses Zwecks, einrücken läßt. Es steht ja den Mächten immer noch am Ende frey, ihre so gerechte Entschädigung zu fordern und zu nehmen.......

Aus unsrer Nachbarschaft von Genf kann ich Ihnen folgende Anekdote schreiben, die Ihren Unwillen erregen wird. Ein gewisser P...., ein stolzer Revolutionär und Erz-Clubiste, trift auf der Gasse eine alte Magistratsperson an, der ein sehr würdiger Mann ist: er setzt ihn wegen seiner Meynung von den neuen Gesetzen zur Rede, und zieht sich dadurch die sehr richtige Antwort zu: "Wenn unsre alten Gesetze und unsre "alte Republik noch bey Kräften wären, so würden "sie jetzt nicht den Mann von Wichtigkeit machen, "sondern nicht einmal Bürger seyn." Sogleich gab P. diesen Mann als einen Gegen-Revolutionisten an, ließ ihn ins Gefängniß werfen, und nachdem man mit ihm ein wahres Skandal von Verhör vorgenommen, wurde er wegen obiger Antwort verurtheilt: 1) die Nation um Verzeihung zu bitten; 2) vier Jahre in einen Kerker gesperrt; dann 3) auf ewig des Landes verwiesen, und 4) aller seiner Bürger-Rechte beraubt zu werden." Der Mann, der sich so behandeln lassen mußte, ist der ehemalige Sindicus Lullin. Die Revolutionäre werden in Kurzem noch zu andern

Gewaltthätigkeiten, sowohl gegen die Bürger, welche sich noch nicht zu ihrer Parthey geschlagen haben, als gegen diejenigen schreiten, die sich mit ihren Familien ins Ausland flüchteten, weil sie in ihrer alten Heimath keine Macht und kein Gesetz mehr fanden, das sie gegen die Bedrückungen der neuen Obern zu schützen vermogte. Die französische Faktion, der Resident, und die Pariser Directoren, sind entschlossen, die Genfer Revolution raschern Schritts ihrem Ziel zu nähern, und nicht eher zu rasten, bis man zu Genf, wie in Frankreich, confiscirt, guillotinirt, ein Maximum fixirt u. s. w. Schließen Sie hieraus auf den Zustand dieser Stadt, die noch vor kurzem so blühend war, und wo jetzt Alles, Druck, Elend und Verzweiflung verräth. Die Zukunft wird mit jedem Tage schwärzer.

Laut verschiedenen Nachrichten von guter Hand, die wir aus Paris erhalten haben, wird dort bald eine neue Parthey aufgeopfert werden, die Parthey der Philipotiner. Fabre d'Eglantine, einer ihrer Häupter, (Verfasser des neuen sonderbaren, halb griechischen halb tartarischen Kalenders) sitzt schon fest; Bourdon de l'Oise, Camille Desmoulins, und mehrere solche saubere Herrn, werden ihm bald folgen, weil sie sich einfallen ließen, über einige Bubenstücke ohne Nutzen ein Geschrey zu erheben, und die Schändlichkeiten und Albernheiten zu entdecken, welche einige Generale der Republik in der Vendée begangen haben; ingleichen dem Publikum zu verrathen, daß dieser Krieg den Sans-Culotten schon über 100000 Menschen kostet. Trotz den Siegen der Republikaner zu Mans und Noirmoutier, ist noch immer ein ansehnliches Corps von Royalisten aus der Vendée in Bretagne, unter Anführung des wackern Roche-Jacquelin, versammelt, eines Chefs von großen Verdiensten und Einsichten. Man hofft, er werde Mittel finden, sich noch diesen Winter zu halten, bis im Frühjahre ihm andere Diversionen, und die späte Hülfe der Engländer, Luft machen.

(Die Fortsetzung folgt.)

2.

Korrespondenz. Frankfurt den 30. Jänner.

Traurig ist das Schicksal der armen Gefangenen, und abscheulich die Politik des N. C., die keine Auswechselung gestatten will. Schrecklich sind die Mittel, die vom Convent gebraucht werden, und leider! zu dessen Absichten nur zu zweckmäßig. So rührt ein großer Theil der Krankheiten, die man bey den französischen Gefangnen-Transporten

bei

bemerkt, wie man nun weiß, von den Folgen verschiedner berauschenden Ingredienzen her, die man unter ihre Getränke mischt, um ihren Muth bey Angriffen anzufeuren. Diesen Folgen beugt man nachher bey den französischen Armeen, nach den Schlachten, wieder vor, allein das geschieht bey denen nicht, die gefangen werden, und dann erzeugen sich solche pestilenzialische Seuchen. Indessen behält die Nation noch immer einen überwiegenden Grund von angeborner Gutheit. Einige wenige ausgewechselte Gefangene sagen aus, daß man während ihrer Gefangenschaft in Landau, alle ihre Bedürfnisse, Vorzugsweise der Garnison, befriedigt habe. Und gestern noch sagte mir ein Emigrant aus Lyon, daß bey Einnahme der Stadt kein Frevel verübt, im Gegentheil manchem in der Stille die Flucht erleichtert wurde. Nur die Pariser Commissärien brüteten da, wie überall, das nachherige, schreckliche Unglück aus. Wie sehr ist die so mißgeleitete und gemißbrauchte Nation zu beklagen. Was haben Sie zur Guillotinirung des alten de la Tude gesagt, nachdem man ihn vier Jahre lang als einen Popanz der Gewaltthätigkeiten des alten Régime aufgestellt, und ihm die Bronzenhand Ludwigs XV. geschenkt hatte? der wird wohl auch unter dem Messer des Rasoir national tief gefühlt haben, wie weit menschlicher und duldender die alte Regierung war. Aber eben,

H 4   *weil*

weil er das nicht blos **fühlte**, sondern **laut sagte**, mußte er sterben! Künftige Woche erwartet man hier die preußische Garde. Auch werden nächstens die Clubisten von Ehrenbreitstein nach Erfurt gebracht werden. Daß die Franzosen Worms und mehrere Orte verlassen haben, und sich zurückziehen, werden Sie aus den Zeitungen wissen. Viel ist, im Grunde, dabey nicht gewonnen; denn den Raub, um welchen sie gekommen waren, haben sie in Sicherheit gebracht; in den offenen Städten konnten sie sich so nicht halten, und sie mögen, seit **Möllendorfs** Ankunft, dem Himmel danken, daß sie so mit heiler Haut hinausgewischt sind.

Haben Sie in den öffentlichen Pariser Blättern bemerkt, daß die Guillotine jetzt auch an die Handwerker und gemeine Leute als Contre-Revolutionäre kommt, was ein keimendes — bey dem Stillstand des Erwerbs nicht wunderbares — Mißvergnügen unter diesen Klassen des Volks anzeigt? Unter eilf der neulich Guillotinirten befanden sich zwey Peruquenmacher, zwey Becker, ein Garkoch, ein Tagelöhner, und eine gemeine Frau ꝛc.

Was in No. V. der **Fliegenden Blätter** von **Georg Forster** steht, ist ganz falsch und unrichtig. Er hat Paris nicht verlassen, und ist daselbst am 12ten an einer langwierigen, schmerzhaften, von scorbutischen Zufällen begleiteten, Gichtkrankheit, gestorben. Ruhe der Asche des Toden!

3.

Uebersicht der kriegerischen und revolutionären Auftritte im Jänner. 1794.

Da es im Plan der F. B. ist, am Ende oder Anfang jedes Monatsstücks, eine politische Uebersicht des vergangnen Monats zu geben, so gehen wir jetzt den Jänner des gegenwärtigen Jahres durch. Das Jahr 1793 hatte sich durch zwey für die Waffen der Alliirten unglückliche Begebenheiten, den Entsatz von Landau und die Wiedereinnahme von Toulon, höchst ungünstig geschlossen. Die Folgen und Wirkungen davon äußerten sich im Jänner auf eine traurige Weise. Ohngeachtet die Wiedereinnahme von Toulon früher geschah, als der Entsatz von Landau, so wollen wir doch bey letzterm zuerst verweilen, weil er für Deutschland am wichtigsten war.

Wir werden einen interessanten Abriß der Stellung der verschiedenen Armeen, nach einer Handzeichnung, zum Februarheft dieser F. B. liefern, der unsern Lesern manches aufklären, und sie in Stand setzen wird, sich von der ganzen damaligen Lage der Heere einen deutlichen Begriff zu machen. So lange nicht ein Kriegsgericht oder officielle, doch nicht einseitige, Berichte, dem Publikum einen sichern Aufschluß geben, so lange werden alle Kannen-

gießereyen und alle Muthmaßungen über die Grund-
ursachen dieses unglücklichen Vorfalls, für uns Layen
in der Ferne, auch weiter nichts als Kanniengieße-
reyen und leere Muthmaßungen bleiben. Ob Starr-
sinn, oder Mißverständniß, oder Verrätherey, oder
Brodmangel, oder was sonst die hundertzüngige
Fama davon ausposaunt hat, die Verlassung der
Verschanzungen bewirkt haben? das wird die Zukunft allein entscheiden: wir enthalten uns jedes
Urtheils darüber, zumal da jener traurige Vorfall
nur wegen der Folgen im Jänner von uns berührt
zu werden braucht. So viel ist aber gewiß, daß die
Tapferkeit der Franzosen keinesweges daran
Schuld war, so ruhmredig sie sich auch darüber ausdrücken, und so leichtgläubig es ihnen viele unserer
democratischen Landsleute glauben mögen Die
wackern Truppen, an deren Widerstand sich ihre
wüthende Angriffe neunmal ohnmächtig brachen,
würden gewiß auch zum zehntenmal nicht gewichen
seyn, wäre nicht irgend eins von jenen ob er's
unglücklicherweise mit ins Spiel gekommen.
Auch die Unüberwindlichkeit von Landau
rettete diese Festung nicht aus deutschen Händen.
Landau wurde in diesem Jahrhunderte schon
dreymal, und jedesmal in einem Zeitraum von acht
bis neun Wochen, sowohl durch deutsche Kreys-
truppen, als durch Franzosen erobert; und seitdem
sind die Vestungswerke nicht vermehrt worden,

und

und die Belagerungs- und Kriegskunst ist hingegen zu einer weit höhern Stufe der Vollkommenheit gestiegen. Freylich geschahen diese Eroberungen jedesmal à Trenchée ouverte und mit allem kriegerischen Ernst und möglichster Zeitbenutzung, ohngefehr so wie Friedrich der Große im siebenjährigen Krieg, oder im gegenwärtigen, Prinz Coburg bey Valenciennes und Quesnoy zu Werke giengen. Es ist eine lobenswürdige Tugend unsrer Zeiten, Menschenblut zu schonen, und gern giebt der V. dieses Aufsatzes, so wenig er sich einen Krieg ohne Menschenblut denken kann, dem Officier darinn Recht, der sich in Girtanners Journal darüber, und über die Vortrefflichkeit des Manövrirens herausgelassen hat. Allein er möchte ihm den Zweifel einwerfen: ob nicht den damit verknüpften Verlust der kostbaren Zeit, und die Gefahr eintretender, ungeahndeter, alles vereitelnder, Zwischenfälle ungerechnet, als die dadurch mehr Spielraum gewinnen, am Ende durch die längern Strapazen, die Lazarethe und Spitäler an Kranken und Maroden doch das erhalten, was auf den Schlachtfeldern erspart wird, und ob es also nicht so ziemlich auf Eines hinaus kommt? — Gewiß würde jedoch Landau, von Hunger und Mehlnoth gedrückt, sich zuletzt den Blokirenden ergeben haben; denn schon vor der Schlacht bey Lautern, wurden Unterhandlungen gepflogen, und, wie können aus einem

Pri-

Privatbriefe die noch unbekannte Anekdote anführen, daß diese Unterhandlungen nur durch den Maire von Wollmersheim, und zwey Bauern, Vater und Sohn, von Arzheim, vereitelt wurden, die sich mit der Nachricht eines baldigen Entsatzes durch das Lauterthal in die Festung schlichen, und die Besatzung auf andere Gedanken brachten.

Nach dem Entsatz von Landau blieb den deutschen Armeen nichts übrig, als eine solche Position zu nehmen, welche den Franzosen größere und wichtigere Fortschritte verwehre. Diese geschah mit dem besten Erfolg, denn daß die Franzosen sich wieder in den Besitz von Speyer und Worms setzten, welches offene Städte sind, die in der Nähe von Landau liegen, kann nur Unkundige, aber niemanden befremden, der das Terrain und die Geschichte der alten Feldzüge in diesen Gegenden kennt, wo dieß jederzeit der Fall war. Manheim mit einer kayserlichen Besatzung versehn, ist den Franzosen jetzt eben der Stein des Anstoßes, der Landau den Deutschen bey ihrem weitern Vordringen im Elsaß war: und den Deutschen wird es bey Wiedereröffnung des Feldzugs eben so leicht werden, die Franzosen von dem offenen, unbeschützten, occupirten, deutschen Boden, von neuem hinter ihre Weißenburger Linien zu scheuchen, als dieses im März 1793 geschah, wo die Franken noch über dieses im Besitz eines sehr festen Platzes, der Stadt Maynz, waren. Feldmarmarschall Möllendorff hat den Herzog von Braunschweig in dem Kommando der preußischen Rheinarmee abgelöset, und die Augen von ganz Deutschland sind auf das Debüt des Helden von Leuthen und Siptiz gerichtet. Auch dem General von Wurmser bey der kayserlichen Armee ist ein großer Mann, der Feldmarschall von Brown im Kommando gefolgt. Fort-Louis — dessen Erbauung Frankreich über sechzig Millionen Livers kostete, — ist durch Minen in einen unbrauchbaren Schutthaufen verwandelt, da seine Behauptung jetzt für die kayserliche Armee unnütze wurde.

Die Franzosen geben sich allewelle nicht mehr mit municipalisiren ab, weil sie, zur unverwelklichen Ehre deutscher Treue, im vorigen Jahre eingesehn haben, daß die Deutschen zu Sans-Culottes zu bieder und zu brav sind. Sie schreiten also unter Mitwürkung der geflüchteten Clubisten, eines Petersen, Endemann, Schweikart, Henniger, von Kreuzer ꝛc. ohne weitere Mummerey zum wahren Zweck ihres Freyheits- und Gleichheits-Systems — der Plünderung! Verschiedene wackere deutsche Beamte zu Munsdenheim, Kreuznacht, Worms und Speyer, haben durch Strang, Bajonette und Guillotine, — die nun auch den deutschen Boden entweiht hat! — ihren deutschen, redlichen Vaterlandssinn büßen müssen; viele sind als Geiseln ins Elend geführt worden, und

und täglich sieht man unzählich Lothringische, Elsaßische und gezwungne Rheinfuhren beschäftigt, den Raub der Kirchen, der öffentlichen Gebäude und wohlhabenden Privatleute über die Grenze, nach sichern und festen Nestern zu schleppen: ein Beweiß, wie precair die Franzosen selbst ihre Existenz in Deutschland ahnden. Unter den angesetzten Brandschatzungen nehmen Strümpfe, Schuhe, Kleider, Gewehre, für die nackten, lumpigten und wehrlosen Horden der Carmagnolen, eine Hauptrubrik ein. Viele Schlösser, Kirchen und öffentliche Gebäude sind schon im Rauch aufgegangen, und vielleicht steht gleiches traurige Schicksal von der Hand dieser Volksfreunde noch den meisten der besetzten Städte und Dörfer bevor, wenn ihnen nicht das deutsche Racheschwerd zu schnell über den Nacken kommt. Tu te retireras; tu bruleras autant que tu pourras &c. lautet der schriftliche Befehl, den man in der Tasche des gefangenen Adjudanten eines Generals dieser Freyheitskrieger fand! Herrlicher Geschäftsstyl! würdig von jeder Räuber- und Mordbrennerbande kopirt zu werden!

Das Herannahen der Feinde, hat am Rhein und Mayn, und in den angränzenden deutschen Provinzen, das Aufstehen in Masse der Bewohner, zu ihrer Selbsterhaltung, und zum Schutz ihrer Verfassung, ihrer Religion und ihres Eigenthums, erzeugt. Von Ostende bis an die Schweizergränze haben sich

von

von Frankfurts und des edlen Fürsten Wirtembergs Beyspiel angefeuert, viele Tausende von deutschen Hausvätern mit ihren Familien, voll patriotischen Eifers, gerüstet erhoben. Deutsche Jakobiner haben bald durch ausgestreutes Mißtrauen, bald durch Spott ihren Aerger darüber verbergen, und diesen deutschen ehrwürdigen Schutzmauern das Zutrauen rauben wollen, das sie einflößten: als ob eine Levée en masse der Deutschen, und eine Levée en masse der Franzosen, nicht Eins und dasselbe wäre; und als ob ein deutscher Bauernfinger nicht so gut eine Flinte losdrücken, oder ein deutscher Bauren-Arm — und gewiß kräftiger — so gut zuschlagen könnte, als ein französischer? Allein es ist eine bekannte Sache, daß bey Democraten Einerley, Zweyerley wird, sobald nämlich ersteres nicht mehr in ihren Kram taugt. In einer der Jänner-Nummern des Moniteur ist unter der Ueberschrift Stuttgard, ein Auszug aus dem Rapsrt eines deutschen Freyheitsgesellen eingerückt, darinnen Er versichert, daß einige aufgeklärte Köpfe, unterstützt von gutgesinnten jungen Leuten, alle ihre Kräfte aufböten, gegen die Aristocratie zu kämpfen ꝛc. und in der Folge führt er an, daß es ihnen gelungen sey, bey einem Transport französischer Gefangenen verschiedenen zum Desertiren behülflich zu seyn. Es ist bekannt, daß in Wirtemberg unter der Jugend, der Illuminatismus, und

in

in der Folge der Democratismus, viele Schüler fand,
und daß von da viele Apostel der heimlichen Orden
und der Propaganda in andere Länder ausgiengen;
allein es ist auch bekannt, daß die große Masse des
Volks, treu seiner Verfassung und treu seinem Fürsten, kurz, so brav und bieder ist, wie das von jeher
das Karakteristische des redlichen Schwaben
war; wahrscheinlich werden sich also die Thaten
jener aufgeklärten Obern und ihrer unbärtigen Be-
wunderer und Jünger, auf weiter nichts als solche
feine, pflicht- und eydbrüchige Handlungen ein-
schränken müssen, wie das Behülflichseyn zum Desertiren war: der schönen Tiraden und schwarzen
Verläumbungen ohngeachtet, welche im 14ten Jän-
nerstück desselben Moniteur, einer dieser Jako-
biner-Obern gegen das Haus Oesterreich, unter
der Rubrik Tübingen eingerückt hat, wo er aus
dem 30jährigen Kriege seine Farben stiehlt, und
von der Menschen- und Völkerliebe der Frankreicher
lügt! Redliche Wirtemberger! ihr konn-
tet es beym Licht der von Franzosen angezündeten
Dörfer und Schlösser eurer Nachbaren lesen, und
ihre Volksliebe so studiren. — Ueberhaupt
hat die französische Revolution im Auslande, unter
leichtsinnigen und schwärmerischen Jünglingen, un-
zählig mehr Anhänger und Lobredner gefunden,
als unter Männern von reifer Denkungsart. Democratismus ist für sie eine Modekrankheit geworden,

den, wie ehedem das Geniefieber; und die Jakobiner-Tracht von rundabgeschnittenen, ungekämmten Haaren, runden Hüten und großen Backenbärten ein Mode-Costum, wie vor Zeiten die blauen Röcke à la Werther! Statt des Sadone sadone ꝛc. oder andrer Burschenlieder, singen jetzt die Studenten zu ** und *** das ça ira und den Marseiller Marsch — weil es so Mode ist; und gewiß werden sie sich dereinst dieser Dinge so gut schämen, als schon mancher Mann sich seiner Renomisten- und Studenten-Streiche in reiferm Alter geschämt hat. (Die Fortsetzung folgt.)

4.

Miszellen.

Baron ** zu B., bekannt durch viel Schriften, Romane, Reisen ꝛc., von welchen seine Erklärung als Philo, über seine Verbindung mit dem Illuminatenorden, und die nachgelassenen Papiere des Ministers Schaafkopf, so wie der Wurmbrand ꝛc. in den Bezirk dieser F. B. gehören, ist, wie uns ein Correspondent schreibt, entschlossen, wenn er die Erlaubniß dazu erhält, nach Pisa in Italien zu reisen.

Herr

Herr von Klauer, der jetzt sein Unwesen als Nationalcommissair am Rhein treibt, ist der Verfasser des Kreuzzugs gegen die Franken; lebte sonst zu Berlin, und ließ in die Berliner Monatschrift so wie in die Minerva, verschiedene Aufsätze einrücken. Er gieng 1790 nach Strasburg, und nun brandschatzt und drückt er die Deutschen am Rhein, wahrscheinlich zur Vergeltung für den Schutz, den ihm deutsche Gesetze und deutsche Obrigkeiten, trotz seiner revolutionären Meynungen, gleich so manchem andern seiner Brüder und Bundsgenossen, gewährten und gewähren. O Dankbarkeit, du bist keine Revolutionstugend!

———

Ewiger Widerspruch! — Im Convent zu Paris, wollen sie sich gern das Ansehn geben, als ob sie jedem seine Weise, Gott zu dienen, lassen wollten. Allein ganz anders und offenherziger handeln die Commissarien in den Departements. So schrieb neulich Carpentier von Port-Malo (weiland St. Malo) „hier werde der Sonntag nun gänzlich „begraben werden, ohne daß jemand darum Pleu„reuses tragen würde." — In derselben Sitzung des Convents, meldet man die Niederkunft eines Weibes mit Drillingen. — Das sind die drey
Hora-

Horazier! rief David der Maler und Jakobiner, mit dem es nun völlig überzuschnappen scheint.

Das ausposaunte Nationalmuseum zu Paris, ist so wenig Erhaltung und Rettung der Meisterstücke der Kunst, daß der Enragé David in seinem Rapport an den Convent selbst eingesteht, daß durch die Barbarey und Unwissenheit der Aufseher von Sanskulottes, viele dieser herrlichen Kunstwerke gänzlich, und zwar selbst in den Zimmern dieses Museums, zu Grunde gerichtet sind. Er führt folgende berühmte Gemälde zum Beyspiel an:

  Die Antiope des Correggio.
  Die Näherinn des Guido.
  Den Moses des Poussin.
  Den Hafen von Messina des Claude
      Lorraine.
  Zwey Seestücke von Vernet.

Lauter, weiland! Meisterstücke! Denn jetzt sind sie verhunzt oder ruinirt.

Daß doch niemand so gut- oder schwachmüthig sey, zu glauben, Cambons berufenes Revolutionirungsprojekt aller Länder, vom December 1792, das bey glücklichen Ereignissen gegeben, bey widrigen,

gen, 1793, widerrufen wurde, ſey wirklich aufgegeben, und werde nicht, bey den erſten glücklichen Vorfällen, wieder hervorgeſucht und zur Ausführung gebracht werden. — —. So fängt der Moniteur 1794 ſchon allmählich an, nach den Siegen am Rhein und zu Toulon, von neuem die halbe Welt als günſtig der franzöſiſchen Revolution vorzuſtellen. Den bekannten Patriotismus der Bauern von Fürſtenberg, als ſie die Exceſſe eines revoltirenden Transports franzöſiſcher Gefangenen, durch thätige und bewaffnete Handleiſtung unterſtützten, und ihnen halfen, die Aufrührer zu Paaren zu treiben, traveſtirt er in ſeiner bekannten Manier folgendergeſtalt: „Huſaren hätten Bauern zu Re„kruten für die deutſchen Armeen zuſammentreiben „wollen, allein die Bauern hätten die Huſaren er„ſchlagen, und ſich nicht zu Mördern der Neufran„ken gebrauchen laſſen." Das nenne ich doch, verwandeln! —

In eben dem Stücke läßt man das Volk zu Turin ſich empören, und einen Gefangenen befreyen, den man arretirte, weil man eine Revolutionsſchrift bey ihm fand, und Venedig läßt man dem neapolitaniſchen Geſandten ſeine Bitte abſchlagen, das antifranzöſiſche Neapel mit Korn zu verſehn, worüber dieſes hungernde Neapel äußerſt verlegen ſey. — Venedig, eine Kornkammer? und zwar von Neapel, dem Sicilien und ſeine geſegneten Felder, die ſelbſt

Frank-

Frankreichs mittägliche Provinzen verproviantiren, vor der Nase liegen? — Aber so tiefgelehrt sind unsre neuen Staatsumwälzer; so unterrichtet von Europa's Verhältnissen und Lage, unsre neuen Staatsklügler, welche allen Kabinetten den Stab brechen wollen! So hörte ich vor einiger Zeit einen deutschen Jakobiner, sehr eifrig und kenntnißreich, von dem Londner Parlament, und den Schneidern und Schustern predigen, die zur Zeit der großen Revolution unter Jakob II. in England die Armeen kommandirt hätten!

Ein merkwürdiger Jakobinerkniff steht in No. 108. des d. J. Moniteur, unmittelbar nach einem vorgeblichen wichtigen, Brief eines deutschen Jakobiners, über den verjährten Ländertausch unter Joseph II. Man beschuldigt die Berliner Hofzeitung [?] eines unmenschlichen Kontrastes, daß sie in einem und demselben Blatte, die Liste der Todten und Verwundeten bey Käyserslautern, und die Liste der bey den Vermählungsfeyerlichkeiten zu spielenden Opern, gegeben habe: und das Jakobinerherz des Schreibers so souleve d'indignation, daß man an Vergnügungen, nach dem Tode vieler Tausende von Preußen, denken könne. Diese ganze Stelle steht nämlich bloß da, um dem Pöbel von Frankreich

J 3 glau=

glaubend zu machen, der Sieg bey Käyserslautern habe den Deutschen Tausende gekostet, da es doch nur Hunderte waren.

Der, weiland sich so betitelnde, Repräsentant des Lütticher Volks, Chapuis, ist Anfang Jänners zu Vervier, seinem Geburtsorte, auf Befehl des Fürst = Bischofs enthauptet worden. Er ist der erste von den Volkstyrannen und Landdrückern, welche die Revolutionsucht in so vielen deutschen Landen erzeugte, und die nun das Schwerd der Gerechtigkeit, nach dem Urtheil und Recht deutscher, untersuchender [nicht revolutionairer] Gerichtshöfe, für die Bubenstücke ihres kurzen Regiments straft. Wenn wird die Reihe an so viele seiner Brüder kommen, die es eben so gut verdienten, als Chapuis? Oder wird die Justiz deutscher Fürsten noch länger sich durch die Vorspiegelungen der Demokraten einschläfern und schrecken lassen, die es freylich zuträglicher für sich finden, daß nur sie Köpfe zu Putzenden nach Wohlgefallen springen lassen dürfen?

Der Convent und seine Ausschüsse verschulden manchmal drollige Widersprüche und Coys à l'Anc. Im Auslande zum Beysp. wußte man schon längst, daß die Vainqueurs de la Bastille, nur prétendus wären,

wären, allein es mangelte noch, daß es ein Nat. Deputirter selbst bekräftige, und das hat Cambon am 3ten Jänner im Convent gethan, in seiner üblen Laune gethan. „Täglich, sagt er, werden wir von vorgeblichen Besiegern der Bastille, Männern des 14. Julius und 10. August, bestürmet, die Assignate von 200 Livres ausgewechselt haben wollen ꝛc." Der Convent hatte nämlich die Auswechselung der Assignate dieses Werths mit des Königs Bildniß decretirt. Wahrscheinlich aber fiel das dem Schatz ein wenig zu lästig. Das beste Mittel war also, einen Federstrich durch das Decret zu machen. O ihr Sieger der Bastille, ihr Männer des 14. Julius und 10. August, deren Lob sonst in aller Mund und allen Flugblättern war, vielleicht ist die Zeit nahe, wo die Männer des 31. Mays und 2. Junius, die euch nicht mehr brauchen, euch nun mit Undank lohnen, und ihr so aus der Mode kommen werdet, wie Bailly und la Fayette und Roland und Pethion aus der Mode gekommen sind!

In eben der Sitzung drückt sich der bekannte Sprecher, Barrere, in seinem Rapport über Toulon folgendergestalt aus: „Das Mittellän„dische Meer ist für Frankreich nur ein großer „schiffbarer Kanal, auf dem die Policey Frankreich „allein angehören muß. Es ist nicht genug, „den Scepter der Landmächte zerbrochen zu haben,
„man

„Man muß auch den Scepter der Seemächte zer-
„brechen, und das Meer frey machen, wie ihr das
„feste Land frey gemacht habt. Eure Kanonen
„sind die Gesandten, die ihr an die Mächte des
„festen Landes abschickt; und eure Kriegsschiffe
„und Fregatten, sind eure Abgesandten bey den
„Seemächten."! — Welch' eine beleidigende,
süffisante, insolente Sprache! Weil zwey glückliche
Begebenheiten bey Toulon und Landau auf einander folgten, so weiß die französische Herrschsucht
und der neue fränkische Uebermuth nicht, wie hoch
er die Saiten spannen soll! Da haben wir's mit
klaren Worten: Frankreich allein will befehlen, will
herrschen! alle andere Mächte und Länder sollen gehorchen, und das heißen sie, die Erde frey machen! Lernt Fürsten und Völker daraus! was ihr
von diesen Leuten einst zu erwarten habt, wenn sie
euch über den Kopf wachsen sollten, und ein unbe-
dachtsamer Friede ihnen neuen Muth und Kräfte
leiht! — Am Schluß des Berichts meldet Barrere, die Galeerensclaven zu Toulon wären
die einzigen Patrioten von Toulon gewesen! —
So waren ja in allen Ländern Schelme, Spitzbuben
und Zuchthäusler, die nämlichen Bundsgenossen der
Sansküloten und ihres Patriotismus; und
werden es in alle Ewigkeit seyn.

No. VIII.

I.

Korrespondenz. Verfolg des Schreibens aus Lausanne vom 28. Jänner 1794. (S. No. VII.)

Mit Ungeduld erwarten wir, welche Wendung die Sachen im Parlament bey der jetzigen Sitzung nehmen werden. Unmöglich kann ich die Furcht der Kleinmüthigen theilen, welche sich einbilden, daß die letztern Vorfälle das Ministerium stürzen, und veranlassen würden, den Krieg zu endigen. Die Kenntniß, die ich mir durch eigene Erfahrung von dem Nationalgeist der Engländer verschafft habe, da ich eine geraume Zeit in England lebte, und die Briefe die ich aus England empfange, überzeugen mich, daß im Gegentheil die Unglücksfälle der Alliirten, die Volks-Energie vermehren werden, daß man die schon ergriffenen Mittel verstärken und verdoppeln wird; daß die Opposition schwach an Zahl seyn wird, und daß der König die beyden Kammern, die Eigenthümer, und das gemeine Volk, die kriegerischen Maasregeln, einstimmig und eifrig unter-

unterstützen werden. Pitt bleibt dann unerschüttert, wie ein Fels im Ungewitter. Man schreibt mir, ob es gleich den Arbeitern in den Fabrikstädten nicht an Arbeit fehle, so sey doch der Drang, den sie zeigen, sich anwerben zu lassen, um sich mit den Franzosen herumzuschmeissen, etwas ganz eigenes und außerordentliches. Ueberdieß müssen alle vernünftige Engländer, die nicht durch den demokratischen Schwindel oder durch Privatleidenschaften getrieben werden, einsehen, daß wenn sie in einem Augenblick wie der gegenwärtige, und auf Anstiften der Jakobiner, das Ministerium stürzen, dieß der erste tödtliche Streich seyn würde, den sie ihrer Constitution beybringen, und daß die, welche eine Veränderung bewirkten, es nicht dabey bewenden lassen, und selbst wider Willen, zu weitern Schritten würden fortgerissen werden.

Ich will mich nicht über den Vorfall zu Toulon herauslassen, der Stoff zu Tausend verschiedenen Betrachtungen anbietet. Ich schränke mich darauf ein, Ihnen zu versichern, daß in England, das Gros der Nation, diese Begebenheit, weit entfernt sie als einen Unfall zu betrachten, vielmehr als einen Nationalvortheil angesehen hat, und daß man wenigstens von dieser Seite, Pitt nichts anhaben wird. Unterdessen scheint es, nach den sichersten Nachrichten, nicht die Absicht der Engländer gewesen zu seyn, diesen Platz zu verlassen, im

Gegen=

Gegentheil. Allein der ungestüme Angriff der Franzosen, deren Heer mit jedem Augenblick, und zusehends anschwoll, die Schwäche der Besatzung; die sich nicht über zehntausend streitbarer Männer belief, und die schlechte Vertheidigung der Neapolitaner, welchen die Bewahrung zweyer wichtigen Forts aufgetragen war, haben, nebst der Uneinigkeit, die sich unter den Truppen, seit O-Hara's Gefangenschaft einschlich, die Räumung der Stadt veranlaßt. Aus der umständlichen Relation, welche wir mit den beyden letztern, italienischen Posten erhalten haben, ist klar, daß vor der Einschiffung das meiste verbrannt und in Asche verwandelt worden ist, sieben der ältesten und schlechtesten Schiffe ausgenommen. Die französische Marine im mittländischen Meere, ist also auf lange Zeit zu Grund gerichtet. Die englische Flotte ist, theils zu Livorno, theils vor Genua, das sie blokirt. Der Senat von Genua sieht sich durch mancherley Rücksichten, und sonderlich durch die Furcht, vor Volksunruhen, und vor dem plötzlichen Ausbruch einer Revolution gezwungen, sich nicht für die vereinigten Mächte zu declariren, und bey seiner Neutralität so lange zu beharren, bis man ihn zwingt. So lauten die letztern Briefe vom 18ten. Tilly, der Sansklülottische Gesandte, arbeitet wie ein Teufel, und verstärket, durch Geld und Intriken, seine Anhänger täglich mehr und mehr, um eine

Explosion zu bewirken, sobald alles wohl vorbereitet ist. Diese Rolle spielen die Agenten des Convents, überall wo man sie duldet, und dauert das noch lange, so werden die neutralen Staaten die ersten seyn, welche eine Revolution à la Françoise trift.

2.

Nekrolog eines Deutschen, im Revolutionsstyl.

In No. 119. des Moniteur von 1794 steht der Nekrolog von Georg Forster, geboren zu Danzig, gestorben zu Paris den 22. Nivose. Sein Biograph geht alle Epochen seines Lebens durch: seine Reise um die Welt im 19ten Jahre; seinen Aufenthalt zu Paris als er „in England bey dem Ministerium „in Ungnade fiel, woran theils die Herausgabe sei„ner Reisebeschreibung [?] theils eine kleine Schrift, „Schuld war, welche eine wahre und kräftige Ka„rakteristik der brittischen Regierung enthielt:" seine Professur zu Cassel, „wo er es aber wegen der „scenes du plus révoltant despotisme, und wegen der „stupeur, (soll hier wohl so viel heissen als Treue) „hessoise, nicht aushalten konnte:" seinen Ruf nach „Wilna; wobey die Pohlen, „pohlnische Bären"
geschol-

gescholten werden; seine neue Reise um die Welt, auf rußischen Schiffen, die nicht zu Stande kam; und endlich seinen Ruf nach Maynz, vom Kurfürsten, in einem „accès de justice" wie sich der Biograph ausdrückt. Hierauf folgt ein langer Paragraph zu Ehren der Revolution, für welche Forster, le premier en Allemagne, (doch gewiß nicht in einem accès de reconnoissance?) das dreyfarbige Pannier aufgepflanzt habe; seine Deputation nach Paris; und dann der Verlust, den er durch die Einnahme von Maynz erlitten, wo er alles, sogar seine Mscpt. verloren, die der Prinz von Preussen (welche grobe Lüge!) „sorgfältig zu sich genommen, wahrscheinlich um eine vollständige Ausgabe davon zum Besten seiner Kinder zu veranstalten." Forster sey Willens gewesen, nach geendigter Revolution eine Reise nach Thibet und Hindostan zu thun. Der Biograph schließt mit der Schilderung seines Todes, und dem Zusatz: „Sein warmer Antheil an der Revolution blieb unerschütterlich; seine letzten Wünsche „waren für die Republik und für seine Kinder!"

Guter Forster! über dessen manchfache gelehrten Verdienste, Deutschland seine momentanen, politischen Verirrungen, bereinst vergessen wird! wir wollen hoffen, daß dir ein Deutscher, ein edleres und wahreres Denkmal setze, als dein Biograph zu Paris!

3.

Fortsetzung der Uebersicht 2c. (Man sehe No. VII.)

Die Räumung von Toulon, ungleich wichtiger als der Entsatz von Landau, war um so unerwarteter und überraschender, da alle Anstalten den ernstlichen Vorsatz der Alliirten zu verrathen schienen, diesen festen Hafen zu behaupten. Dieser Vorsatz erhellet auch daraus noch mehr, daß die Alliirten nicht eilten, die gefundenen ungeheuern Vorräthe an Geschütz, Masten, Schiffs-Ausrüstungen u. s. w. so wie die eroberten Schiffe, nach Gibraltar und den spanischen Häfen in Sicherheit zu bringen; so daß ihnen zuletzt nichts übrig blieb, als sie bey ihrem Rückzug theils zu Grunde zu richten, theils den Franzosen wieder zu überlassen. Es scheint als ob die schwache Besatzung, und die noch dazu aus so verschiednen Nationen zusammengesetzt war, was nie von guter Wirkung, und immer erschwerend für die Vertheidigung ist, sich gänzlich außer Stand befunden hat, die weitläuftigen Forts und die Anhöhen hinlänglich vor den wüthenden Angriffen der Uebermacht der Franzosen zu schützen, welche nicht allein die Lyoner- und einen Theil der Nizzaer Armee, sondern auch die Masse der mittäglichen Departements hier vereinigt hatten. Die

Verdächtigen und die gezwungnen Freywilligen, stellten die Nat. Commissäre in die ersten Glieder, und hinter ihnen die Sans-Culotten, die sie mit vorgehaltenen Bajonetten, und auf sie gerichteten Kanonen, zu avanciren zwangen, indessen sie selbst, im trunkenen, tollkühnen Muthe nachstürmten. Unzählige Franzosen fanden ihren Tod in diesen Angriffen auf die beyden Haupt-Forts, allein die Forts wurden genommen, und Toulon war nun nicht länger mehr zu behaupten. Die ersten Berichte der Nat. Commissäre, worinnen sie die Zerstörung der Vorrathshäuser, die Verbrennung der Schiffe, Sprengung einiger Forts, und die Flucht der Einwohner meldeten, [die ehrlichen Galeeren-Sclaven ausgenommen,] kamen der Wahrheit am nächsten. Im ersten Rausch ließ sie der National-Convent ohne weitere Zusätze drucken. Aber bey kälterer Ueberlegung sah man ein, daß ruinirte Magazine, verbrannte Flotten, menschenleere Häuser, und gesprengte Festungswerke, eben kein so glänzender Triumph für die Nation wären, und sogleich gab man dem Ganzen einen ganz andern, und weit tröstlichern Anstrich. Allein wir wissen aus den englischen officiellen Berichten, und aus italienischen Privat-Briefen, daß die unverbrannten Schiffe, nur in alten unbrauchbaren bestehn, daß die Mästen- Tau- Pulver- und Theer-Magazine im Rauch aufgegangen, und die Kanonen vernagelt

gelt oder in die See geworfen worden sind; und kurz, daß Toulon gänzlich außer Stand gesetzt ist, wenigstens in diesem Jahre eine Flotte aus seinem Hafen auslaufen zu lassen.

Was die Räumung von Toulon den Franzosen, besonders zu einer willkommenen und frohen Ereigniß machte, war der Eindruck, welchen sie, wie sie sich schmeichelten, auf das englische Volk wirken sollte. Oesterreich und England, sind die beyden Mächte, die der herrschenden Faktion und ihren Absichten, wie schon einmal in diesen F. B. gesagt worden, am meisten im Weg sind, das beweiset der wüthende, ächtsansculottische Ton, in welchen sie unaufhörlich von diesen beyden Mächten, und nur von ihnen sprechen. Der Faktion heimlicher und sehnlichster Zweck, bey dem Gefühl der Erschlaffung und Abnahme ihrer überspannten Hülfsmittel ist Friede, und den suchen sie mit England, entweder durch Pitts Sturz, oder dadurch zu bewerkstelligen, daß sie England durch eine Revolution in einen gleichen Abgrund des Verderbens und Ruins stürzen wollen, wie sie selbst. Sie lassen keine Mittel dazu unversucht. Sie haben Anhänger in England, selbst unter den Großen und Vornehmen, weil es überall Menschen giebt, die entweder selbst nicht wissen was sie wollen, oder Schwärmer, oder Verblendete, oder Leute sind, die bey einem ordentlichen Gang der Dinge nichts,

bey

bey einem anarchischen aber, alles zu gewinnen haben. Ein Mittel haben die Jakobiner in Paris jedoch ergriffen, das gerade das Gegentheil wirken möchte: oder wir müßten uns sehr irren. Es ist nämlich in den Jakobiner-Sitzungen jetzt à l'ordre du jour, der brittischen Staatsverfassung alle möglichen Fehler und Gebrechen aufzubürden, und daneben die Glorie und den Glanz der neuen französischen Constitution aufzustellen. Die Herrn versprechen sich so viel davon, daß diese Reden sogar unverzüglich ins englische übersetzt, gedruckt, und nach England versendet werden sollen. Allein John Bull hat einen sehr schlichten Menschenverstand, wie ihn wenige John Bulls andrer Länder haben; er kennt und schätzt den Werth seiner Freyheit, und das Glück seiner alten erprobten Gesetze; er ist es von jeher gewohnt, daß er eine Opposition gab, die gegen Alles schrie, eben weil sie schreyen, oder weil sie sich erkaufen lassen wollte; und es könnte sich leicht zutragen, daß zur Ehre von Old-England, die Lästerungen und Schmähungen der French Dogs auf seine Staatsverfassung, sie ihm darum nur noch lieber machten. Nur einen Beweiß von dem Tollhäusler-Ton, in welchem diese Jakobiner-Reden abgefaßt sind: "wenn sich in den drey König-"reichen Großbrittanniens, (sagt Dubois Crancé "in der seinigen) kein einziger Mann findet, der "den Pitt ermordet, so muß man ganz Groß-

„brittannien als Mitschuldigen seines Despotismus
„ansehn, und Frankreich muß England den Unter-
„gang schwören." Die Demagogen rechneten auch
bey Eröfnung des Parlaments so sicher auf eine Revolution, daß sie vorläufig schon, theils in franz
zösischen Blättern, theils in Briefen, das Gerüchte
ausbreiteten, Pitt sey ermordet, der König eingesperrt, und der Rest der geflüchteten Familie in Hel-
voetsluys angekommen. In Paris brachte man sogar das Alles, in einer Komödie, schon als geschehn,
auf die Bühne. Nun aber beweiset das Alles
nichts mehr, als wie menschenfreundlich und
bieder diese Demagogen gehandelt haben würden
— — wenn sie an der Stelle des edlern Volkes
der Britten gewesen wären! — In Frankreich arbeitet das geheime Directorium der Cordeliers, das
heißt Danton und seine Parthey fort, im herge-
stellten Einverständnisse mit Robespierre und
seiner noch mächtigern Parthey, sich in das Regiment und die Nutzung von Frankreich zu theilen.
Es ist, wie sich ein Korrespondent in diesen F. B.
vortreflich ausgedruckt hat, unter Robespierre,
als Chef, und Dantons und Barrere Trium-
phirat, eine organisirte Tyranney entstanden,
die dem Ganzen, leider! mehr Consistenz, und einen
raschern und wirksamern Gang gegeben hat. Selbst
Chaumette und Hebert! die Allmächtigen der
Pariser Commune, (ersterer Schiffsjunge, letzterer

Con-

Contre-Marken-Einnehmer eines Theaters, vor der Revolution, welch ein Paar!) haben sich vor jenem Zepter schmiegen und ihre Wuth im Herzen verbergen müssen. Die braven Royalisten, die mit unglaublicher Beharrlichkeit, unglaublicher Tapferkeit, und mit einer Kleinheit der Hülfsmittel, welche die Nachwelt einst nicht glauben wird, in einigen 30 Schlachten siegreich fochten, sind endlich, größtentheils der Menge und ihrem traurigen Schicksale erlegen; doch ist das Alles noch so dunkel, und nur aus so einseitigen Berichten ihrer Feinde bekannt, daß sich darüber noch nichts mit Gewißheit sagen läßt, und wir sie vielleicht im nächsten Monat wieder von ihren Niederlagen auferstehen sehen. Graf Moira's Landung, die lange das öffentliche Geheimniß war, ist noch immer nicht geschehen.

(Die Fortsetzung folgt.)

4.
Miszellen.

Fort-Louis ist durch die österreichischen Minen zum unnützen Steinhaufen geworden. Das paßt nun gar nicht in den Plan des N. C. Flugs stellt also der Zauberer Barrere, dessen Zunge die Werke zu Toulon und die Aschenhaufen der Magazine so schnell wieder aufbaute, durch eine gleiche Lüge die Vestungswerke aus ihren Ruinen wieder her:

het: prahlt von Freywilligen, welche die Lunten abgehauen hätten, da doch kein einziger Franzose sich zu nähern wagte, und schließt mit der Versicherung, daß diese Eroberung nicht Einen Mann der Republik gekostet habe.

———

Die sogenannte Nationalversammlung zu Genf, hat am 5. December, im 2ten Jahr der Genfer Gleichheit, beschlossen, daß zum Gedächtniß des J. J. Rousseau, Bürgers von Genf, noch vor dem 28. Junius 1794 ein öffentliches Denkmal errichtet werden soll.

———

Friede! war der eifrige Wunsch aller Jakobiner. Weil dieser Wunsch, durch die, wider Hoffnung unaufgelöset gebliebene, Verbindung der Coalition, in ein Nichts zerfließt, so muß nun das Organ des Direktoriums der Republik, der ewige Schwätzer Barrere, point de paix, point de trêve! ausrufen, und den fünf Geisseln der Neu-Franken, von deren Streichen noch ihre Rücken bluten, Coburg, Pitt, Ricardos, Braunschweig und Hood, Friedens-Vorschläge in Mund legen, an die sie nie gedacht haben. Bey dieser Gelegenheit giebt das Journal de Paris, (vom 24. Jänner) aus Barrere's Rede, folgende Liste, die wir wegen ihres karakteristischen Styls, Wort für Wort übersetzen wollen.
Es

„Es giebt noch in Europa 21 Völker, die „keinen 14. Julius 1789, keinen 21. September „1792, keinen 21. Jänner 1793 *) gehabt haben. „Diese Sklaven sind von den Königen, welche „Frankreich bekriegen **), an den Wagen der „Coalition gekettet worden. Ihre Namen sind „folgende:

„Holländer, Engländer, Schotten, Irländer, „Hannoveraner, Braunschweiger, Hessen, Preußen, „Reichsbank, Oesterreicher, Ungarn, Böhmen, „Flamländer, Russen, Piemonteser, Sardinier, „Parmesaner, Päbstler, Neapolitaner, Spanier, „und Florentiner." ***)

„Dieß ist die Liste der von den Franzosen „überwundenen (??) Völker. Diese Nomen„clatur durchlaufen, heißt die Würde des fran„zösischen Volks, unstreitig (incontestable) „darthun."

Die beste Antwort auf diese Stelle steht St. Lucä, 23. Kap. 34. Vers. — In eben dieser Sitzung den 22. Jänner erschienen Einhundert und zwanzig Convents-Grenadiere vor dem Convent, der Rest von 180, die nach der Vendée ausgezogen. Schließe man nun auf den Verlust der übrigen Truppen.

Die

*) Und Gott behüte sie ewig davor!
**) Das allen den Krieg ankündigte.
***) Da hätten wir also die revolutionäre Geographie in Einer Nuß.

Die Commune, St. Ettenne bey Lyon, hat dem Convent versprochen, den nächsten Decadi, den Pabst und die fünf kriegführenden Fürsten, in effigie zu guillotiniren.

Die Commissarien zu Lyon, reclamiren gegen die Beschuldigung des großen Blutvergießens in Ville-affranchie, und legen zum Beweise ihres Menschenbluts-Schonens, eine Liste bey, woraus erhellet, daß vom 23. Frimaire bis zum 27sten, nur 325 guillotinirt, und 339 erschossen worden sind. — Wahre Kleinigkeit!

Der Pulvermangel in Frankreich, von welchem das Salpeterdecret (s. N. IV. der F. B.) schon Beweis war, wird täglich sichtbarer. Folgendes Decret des Ausschusses des öffentlichen Wohls vom 28. Nivose (17. Jänner) giebt einen neuen Wink davon. Es wird nämlich in diesem Decret der Municipalität zu Paris aufgetragen: „Der Nutzen des für die Theater zu verwendenden „Schießpulvers und Salpeters, und zwar dergestalt „zu bestimmen, daß die geforderte Quantität immer „auf das möglichst geringste Quantum reducirt wer„de. Nur auf ein solches, durch Gründe unter„stütztes, Gutachten der Municipalität, wird der „Ausschuß des öffentlichen Wohls die Verabfolgung „des Schießpulvers und Salpeters für die Theater „anbefehlen. Uebrigens hat die Municipalität die
Schau-

„Schauspiel-Unternehmer zu bedeuten, daß sie, nach
„Verlauf des ersten des künftigen Ventose (19ten
„Februar) gar kein Schießpulver mehr erhalten wer-
„den, es wäre denn daß sie dafür zum Equivalent
„ein noch zu bestimmendes Quantum Salpeter ein-
„lieferten, und zwar Salpeter, der auf dem Boden
„selbst, der ihnen zugehört, oder in den Häusern,
„die sie bewohnen, gewonnen worden." Dies Decret bricht allen den Sturm- Kraft- und Drang-
Stücken, welche zeither auf den Pariser Theatern
an die Stelle der ungeniemäßigen Meisterstücke
der Moliere, Racine, Voltaire ꝛc. getreten waren,
mit einemmal den Hals, und reducirt die Helden
der Theater-Marathone wieder auf ihre alten
Blitze. — von Califonium.

Welche Spöttereyen würden sich die Jakobiner
in Frankreich und Deutschland erlauben, wenn eine
der kriegenden deutschen Mächte gezwungen wäre,
zu solchen kleinlichen Mitteln ihre Zuflucht zu nehmen. Aber so schweigen alle; denn es blickt zu sehr
Mangel und Ohnmacht durch: und das will man
ja lieber verdecken, als bekannt machen!

———

Palloy, der Mauermeister, er, der bey allen
öffentlichen Festen, an der Spitze der Sieger der
Bastille einhergieng; er, unter dessen Winden und
Hebebäumen die Meisterstücke der Kunst, die Sta-
tuen des guten Heinrichs, der Ludewige, und so
man-

manche andere Kunstwerke ihren Untergang fanden; er, der bey allen Revolutions=Ereigniſſen eine blutige Rolle ſpielte, und ſeinen beſten Freund Carl, Obriſtlieutenant der Gendarmes, am 10ten Auguſt mit eigner Hand erſchoß; er, der in alle Departements Baſtillen=Steine, bald mit dem Abriß dieſer alten Burg, bald mit den Menſchenrechten bekritzelt, umherſchickte, und ſich ſelbſt, nie anders als Palloy den Patrioten nannte — — die Stunde ſeines Falls hat auch geſchlagen; ſchon hat der Pariſer Gemein=Rath ihm einen ſolchen Baſtillen=Stein mit ſchimpflichen Korb zurückgeſendet, und die Unterſuchung ſeiner Rechnungen befohlen, die von Betrug und Unterſchleifen ächtpatriotiſch wimmeln. Und ſo ſinken nach und nach alle die Luftſchlöſſer dieſer Böſewichter in ihr Nichts zuſammen, die in augenblicklicher Glorie glänzten. So treten ſie nach und nach von der Bühne ihrer Bubenſtücke ab, und beſtätigen die alte Lehre: daß **das Laſter ſich ſelbſt beſtraft!**

Die alten, verdorrten Freyheitsbäume, ſtehn durch ganz Frankreich, wie Beſenreißig, traurend und ſcheußlich, da, ein wahres Bild der Revolution und ihrer Folgen. Der Convent hat decretirt, ſie zu erneuern, und den Communes aufgetragen, dafür zu ſorgen, ſie immer **blühend** zu erhalten.— Wirds da nicht zu pflanzen und zu warten geben!

No. IX.

No. IX.

I.

Miszellen.

In der Jakobiner-Sitzung zu Paris vom 19ten Jänner, lernen wir ein Mitglied, Namens Hermina, kennen, der sich selbst den drolligen Namen Chasse-Coquin beygelegt hat, weil ihm in seinem bureaux nie ein Schurke denuntiirt geworden sey, ohne daß er ihm nicht gleich die Thüre gewiesen.

In eben der Sitzung wurde der Brief mit der famösen Lüge vorgelesen, (die wahrscheinlich von da sich in die affiliirten, ausländischen Clubs fortgepflanzt hat,) daß Pitts Kopf in London umhergetragen, und der Herzog von York eiligst zurückberufen worden.

Der böse, böse Pulvermangel hat das Comité des öffentlichen Wohls schon wieder in die Unkosten eines Decrets versetzt. „Das Gesetz vom 14. Fri„maire, heißt es, betrift eins von den Zuflüchts„mitteln, auf welches der Ausschuß des öffentlichen „Wohls am meisten rechnet, und von welchem alle „Repu

„Republikaner aufs innigste durchdrungen seyn
„müssen. So groß ist seine Wichtigkeit, daß das
„Glück unsrer Waffen davon abhängt, und daß
„man keinen von den Siegen hoffen darf, welchen
„der französische Muth verspricht, wenn nicht eine
„außerordentlich: große und schleunige Hervorbrin:
„gung des Salpeters gelingt. Von einer schleuni:
„gen, und zwar äußerst schleunigen, Exploitirung
„des Salpeters, und die zehnmal beträchtli:
„cher ausfallen muß, als sie zeither in der ganzen
„französischen Republik war, hängt die Wohl:
„fahrt dieser Republik ab."

Nach diesem rührenden und offenherzigen Ge:
ständniß der Pulvernoth, (die hoffentlich die Kriegs:
führenden Mächte beherzigen werden,) ereyfert sich
der Convent nicht wenig über die Sage, als ob
es eine Unmöglichkeit sey, die erforder:
liche Quantität Salpeter, in Frankreich,
aufzutreiben, und sonderlich über ein Mémoire der
Pariser Salpetersieder, welche behaupten, daß das
Nachgraben in den Kellern und Souterrains, sehr
wenigen Salpeter verschaffen werde. Das Comité
ahndet hinter solchen (gegründeten) Sagen und
Einwürfen von Kunstverständigen, nichts als Ari:
stokratie und Bestechung, und fährt also fort, es
ganz Frankreich ans Herz zu legen, binnen wenig
Monaten Salpeter herbeyzuschaffen, sonst
sey Alles verlohren! „Vergeßt nicht, rufen
sie,

„sie, daß die Zeit dringend ist, und daß wir Pul„ver in zwey Monaten haben müssen." Das Decret ist von sämtlichen Mitgliedern des Comité du salut public unterschrieben, deren Namen wir hersetzen wollen: Carnot, Prieur, Barrere, Lindet, Couthon, Collot d'Herbois, Billaud Varenne, Robespierre, St. Just. .

Der Jakobiner=Club von Châlons-sur-Saone, einer Stadt von ohngefähr 15,000 E., erscheint vor den Schranken des Convents, und bringt nach einer langen prahlenden Rede, des Inhalts: „daß Frank„reich so unerschöpflich an Hülfsmitteln, als an „Patriotismus sey," — unter andern folgende Geschenke zum Beweis dar: 21 Mäntel, 8 Reiseröcke, 7 lange Hosen, 6 Soutanen, 1 Redingotte, 24 Stiefeletten, 26 Westen, 20 Hosen, 58 paar Strümpfe, 1 baumwollne Mütze, 12 paar Schuh, 9 paar Stiefeln, 4 Flinten, 7 Patrontaschen, 2 Pistolen, 10 Säcke, 3 Hüthe, 7 Schnupftücher, 6 Barttücher, 2 Sättel, 1 Zaum, 4 Halskrägen, 3 Epouletten, 1 Paket Charpie! — Unerschöpfliches Frankreich! O Deutschland, graut dir nicht vor den 4 Flinten, den 2 Sätteln, der Pudelmütze, und ach! den Barttüchern! — Alle französische Blätter und Convents=Protocolle wimmeln vom Verkauf von Nationalgütern, die weit über die Taxe ver-

kauft

kauft worden sind. — Aber wohl zu merken, man bezahlt sie in Papier; und wer 100,000 Liv. in dieser verrufenen, 75 p. c. verlierenden, Münze, für ein Grundstück giebt, das nur 20,000 baares Geld werth ist, gewinnt immer bey dem Tausch; denn er bekömmt ja für etwas precäres, etwas reelles.

———

Raffron in der Rede, die er am 22. Jänner im Convent, über den Verkauf der Nationalgüter hielt, bediente sich folgender Ausdrücke: „Laßt die schö„nen Künste ihren Weg gehn, oder zählt weni„ger auf ihren Beystand. Diese Kinder der Ein„bildungskraft, verschönern die Gesellschaft: aber „nie werden sie ihre Stütze oder Stärke seyn.... „Die schönen Künste müssen nur den zweyten Platz „einnehmen: sonderlich aber liebkoset ihnen nicht zu „sehr; ihre Elektricität ist gefährlich!"

———

In der Sitzung der Jakobiner zu Paris vom 2ten Jänner, opferte ein Mitglied ein paar Kupferstiche vom König von Preußen und vom König von Frankreich. Sie wurden mitten im Saal verbrannt, und die Kinder tanzten die Carmagnole um das Feuer her. Nach dem Brande wurde auf Couthon's Antrag beschlossen, 5 Commissarien zu ernennen,

nennen, um allen Königen den Prozeß zu machen: „damit kein König, sagte der Tollhäus„ler, einen Himmel mehr finden möge, der ihm „leuchten, oder eine Erde, die ihn tragen wolle." Zu Commissarien wurden darauf ernannt: der Schreiber Robespierre, der Advocat Billaud-Varennes, der Metzger Couthon, der Komödiant Collot d'Herbois und der Trödler la Vicomterie. Wird nicht allen Königen der Welt das Herz pochen, sich von einem so respektablen Richterstuhl, aus Himmel und Erde verbannt zu sehen! — Doch sie mögen sich trösten; denn selbst die Göttin Freyheit wurde in eben dieser Sitzung degradirt. Ein gewisser Dufourny fand es abscheulich, daß man zeither alle öffentliche Urkunden immer mit den Worten, Freyheit! Gleichheit! angefangen habe, was doch wider alle Gleichheit und Rangordnung sey: er trug also darauf an, daß es in Zukunft heißen solle: Gleichheit, Freyheit! denn Gleichheit habe den Rang vor Freyheit.

Die Toleranz in Frankreich erstreckt sich bis auf die Kupferstiche und Kalender. Bey allen Bilderhändlern und Krämern ist Haussuchung geschehen, und alle Portraite von Fürsten und Fürstinnen, und alle Kalender nach alter christlicher

Zeitrechnung, ſind confiſcirt geworden. O Gleich heit und Freyheit!

Der Convent hat eine große Sprachmeiſter Miſſion decretirt, auszugehen in alle Departements, und zu lehren franzöſiſch allen Heiden! — Denn bekanntlich iſt bey den heutigen Pariſern jedes Volk, das nicht die Knie beugt vor den Götzen des Tages, Heide, d. i. Sklav.

2.
Revolutions-Schriften.

Es iſt ein alter und abgenutzter Kunſtgriff der Revolutionäre, daß ſie die Bemühungen einzelner — leider weniger! — deutſcher Patrioten unter den Schriftſtellern, ihre Mitbrüder über den wahren Gehalt und Sinn des franzöſiſchen Syſtems der Umwälzung zu belehren, dadurch zu vergiften und verdächtig zu machen ſuchen, daß ſie ſolche als Miethlinge, als beſoldete oder beſtochene Lobredner der Fürſten ausſchreyen, kurz, ſie ganz ſo handelnd vorſtellen, wie ſie handeln würden, bey denen Geld- und Selbſtſucht allein prädominirt. Dieſe Beſchuldigungen mußte ſich auch der Geh. Kanz. Sekretair **Brandes**, wegen ſeiner Schrift: Ueber einige

bis-

bisherige Folgen der französischen Revolution in Rücksicht auf Deutschland gefallen lassen, von welcher Schrift, im vorigen Jahre, die zweyte Ausgabe erschienen ist. In der Vorrede zu dieser zweyten Ausgabe zeigt der Verf. das Ungegründete und Unstatthaftete dieser Beschuldigungen auf eine Art, die selbst den Democraten, wenigstens in seinem Herzen überführen wird, wenn ihm sein Dünkel auch nicht erlaubt, es öffentlich zu bekennen. In eben dieser Vorrede sagt der Herr Verf. noch ein sehr wahres Wort: „Man hat dem schönsten Werke des größten politischen Genies (Burke) Uebertreibungen vorgeworfen, aber wie stehet nicht fast jede, noch so starke, Aeußerung Burkes, jetzt erwiesen da." Es wäre gewiß eine verdrießliche Sache, wenn man aus diesem, in seiner Erscheinung 1789 so misgedeuteten und geschmäheten, aber ächtklaßischen Werke über die französische Revolution, einige der merkwürdigsten Stellen aushöbe, die vier Jahre darauf, der Erfolg, der Ausgang — der unbestechliche Rächer großer scharfsichtiger Männer, an der Zwerggestalt der blinden — als wahre Prophezeyhungen gerechtfertigt hat. Es wäre das eine schöne Lehre für die, welche lieber Quacksalbern in der Staatskunst — und Europa wimmelt jetzt davon — als erfahrne Handhaber des Ruders der Staaten, wie Burke, Kaunitz, Herzberg, Pitt ꝛc.

Glauben beymessen wollen. Vielleicht geben wir ihnen einsmal diese Lehre in diesen Blättern.

Das Werk des Herrn V. zerfällt in zwey Abschnitte, von welchem der zweyte, über den bisherigen Einfluß der französischen Revolution auf die herrschenden Gesinnungen und Neigungen in Deutschland, am weitläuftigsten zergliedert ist. Sonderlich erörtert er darinn die **vorbereitenden Ideen**, ausführlich, die er, sehr scharfsichtig, in drey Klassen abtheilt: 1) Uebertriebene Begriffe von der Perfectibilität des Menschengeschlechts, und der bürgerlichen Verfassungen, nebst der unrichtigen Anwendung dieser Begriffe. 2) Stimmung zu republikanischen Gesinnungen durch die Schriftsteller. 3) Ausgezeichnete Neigung des Zeitalters fürs Praktische, unmittelbar Nützliche und Angenehme. Wir heben, nach unsrer Gewohnheit, ein paar Stellen aus, die vorzüglich wahr und treffend sind.

Ueber die Stimmung durch Schriftsteller zu republikanischen Gesinnungen. „Die Leidenschaften haben bey den Schriftstellern, bey den Gelehrten, einen eben so weiten Spielraum, wie bey andern Menschen. Die Begierde, etwas neues zu sagen, reizt sehr. Es ist weit leichter, in Angriffen auf Verfassungen, Maasregeln und Menschen zu glänzen, als in Vertheidigung derselben, wo, wenn man ehrlich zu Werke gehen will, man fast immer Blößen und Unvollkommenheiten eingestehen muß.

Wenn

Wenn es einmal Ton geworden ist, über gothische Staats-Verfassungen, große zu zerstöhrende Ueberbleibsel aus den barbarischen finstern Zeiten, zu schreyen, dann werden so manche zurückgehalten, ihre Meynung zu äußern, aus Furcht, den Namen von aufgeklärten Männern zu verlieren. Eine noch größere Anzahl glaubt ohnehin immer, was gerade itzt Mode ist, zu glauben. Wir haben in der Litteratur keine mächtige Oppositions-Parthey, die der herrschenden in etwas die Wage hielte, durch deren Bemühung die Sachen gehörig geläutert werden könnten. Wer viel und sehr dreist schreibet, seine Ideen sehr oft vorträgt, erhält am Ende leicht Eingang, so ungünstig diese Ideen auch Anfangs aufgenommen werden. Der Baum fällt nicht auf den ersten Hieb, aber die folgenden erschüttern ihn immer mehr und mehr. Zum langen Widerstande gehört eine große Kraft, und diese Kraft hat bey dem lesenden Publikum, das immer zunimmt, und folglich immer mehr aus schwachen Menschen besteht, sehr abgenommen.

Die Einfachheit der demokratischen Grundsätze dient ihnen nicht wenig, um sie, sowohl bey Schriftstellern als Lesern beliebt zu machen. Die Grundsätze haben mit denen des Despotismus, wie schon oft gesagt ist, eine sehr große Aehnlichkeit. Die Simplicität der Begriffe, von denen jene Partheyen ausgehen, dient beyden, um sich die meis-

L 5 sten

sten Anhänger unter dem großen Haufen zu erwerben.

Alles Zusammengesetzte in Staatssachen, ist selbst dem gewöhnlichen guten Verstande nicht so leicht begreiflich. Es gehört viel eigener Beobachtungsgeist, viel eigene Erfahrung dazu, die sich nicht von der Oberfläche schöpfen läßt. Aber da schon der einzelne Mensch ein so verwickeltes, aus so vielen Neigungen und Triebfedern bestehendes Ganze ausmacht, wie unendlich mehr ist das nicht der Fall, wenn von der Verbindung der Menschen in der bürgerlichen Gesellschaft die Rede ist? Wie schwer ist hier mit Einfachheit, Simplicität, durchzukommen, wie muß hier so vieles gegen einander berechnet, abgewogen werden. — Diese Einfachheit, die nicht viele Feinheit im Beobachten, nicht vielen Scharfsinn in der Beurtheilungskraft fordert, um richtig gefaßt zu werden, gereicht den demokratischen Grundsätzen, bey dem großen Haufen, sehr zur Empfehlung, macht sie populär.

Die Eitelkeit der Gelehrten kann sich auch selten lange und gut mit der Eitelkeit anderer Stände vertragen. Diese Eitelkeit hat sicher mitgewirkt, viele Schriftsteller gegen den Adel einzunehmen. Zuerst haben sich die Schriftsteller gegen die Vorzüge, die die öffentliche Meynung dem Adel beylegte, und die diese Caste in gesellschaftlicher Rücksicht behauptete, erklärt, hernachmals ihre Ansprüche

auf

auf ein ausschließendes Anrecht an gewisse Bedienungen bestritten, und endlich vorzüglich nach der Französischen Revolution, ihre gesetzmäßigen Vorzüge als politischer Stand im Staate angegriffen. Abgerechnet, daß natürlich genug die übertriebenen Anmaßungen des Adels in vorigen Zeiten empören mußten, daß sowohl dem Geld-Reichthume, und noch mehr der Bildung, die eine liberale Erziehung, Denkungsart oder Beschäftigung giebt, bey weitem nicht Achtung genug wiederfuhr; so hat die Eitelkeit der Schriftsteller vielleicht eben so sehr wie die politische Schädlichkeit des Adels, in seiner dermaligen Beschaffenheit in manchen Staaten, dazu beygetragen, jene gegen diesen einzunehmen. Gelehrte sind alles durch sich, haben sich durch eigenes Verdienst, gleichviel, ob wahres oder falsches, empor geschwungen. Die öffentliche Meynung hat sie wegen ihres persönlichen Verdienstes erhoben. Bey dem Adel ist das der umgekehrte Fall. Als Adel gilt er in Rücksicht des oft dunkeln, oft unbekannten, oft zweydeutigen Verdienstes seiner Vorfahren. Dieses ist vielen Gelehrten durchaus zuwider, weil es eine Gattung von Achtung ist, die sie nicht erreichen können, die noch dazu in ihren Ansprüchen oft sehr unbillig, drückend für andre werden mag." (Die Fortsetzung folgt.)

3.
Jakobiner=Neuigkeit.

In No. 390. des Journals de Paris von 1794. Seite 1576. zweyte Columne, steht folgendes wörtlich:

„Hannover den 10ten Jänner. Man schreibt „von Berlin, daß der König von Preußen, durch „seinen Minister, dem kayserlichen Hofe hat erklä=„ren lassen, er befände sich außer Stand, den Krieg „fortzusetzen, wenn ihm nicht eine jährliche Sub=„sidie von 25 bis 30 Millionen Thaler bewilligt „werde. Die Lage der Oesterreichischen Finanzen „hat nicht gestattet, diese Forderung einzugehn, „welche abgeschlagen worden ist. Der rußische Mi=„nister, hat, sagt man, zu verstehen gegeben, „daß diese Anforderung Preußens, nicht anders als „seinen Hof gegen diese Macht aufbringen, und „ihr gutes Einverständniß stören müsse. Diese „Drohung scheint aber keinen großen Eindruck zu „Berlin gemacht zu haben, weil man sich daselbst ge=„weigert hat, den Marquis Lucchesini zurückzu=„rufen, der den Auftrag hat, diese Subsidie zu „fordern. Obgleich diese Nachricht aus einer Pri=„vatcorrespondenz gezogen ist, so machen wir sie doch, „nach den bekannten Umständen, in welchen sich der „König von Preußen befindet, öffentlich bekannt, „weil wir sie für wahrscheinlich halten."

Es würde Beleidigung für die Hohen in dieser nouvelle du jour berührten, Mächte seyn, (die unter der Aufschrift Hannover, rubricirt ist, vermuthlich weil dem Pariser Fabrikanten diese Stadt eben zuerst in Wurf kam,) wenn wir uns in die geringste Widerlegung derselben einlassen wollten, da jeder deutsche Leser, am besten in Stande ist, sie nach Verdienst zu würdigen. Allein wir haben sie mitgetheilt, weil wir sie äußerst wichtig finden, das Publikum aufmerksam auf das fortdauernde Mitwirken und planmäßige Einverständniß, deutscher Jakobiner mit den französischen, zu machen, denn zu eben der Zeit, wo dieses in Paris in alle Blätter eingerückt wurde, flüstert man sich ähnliche Gerüchte, geflissentlich, in Briefen und Reden durch ganz Deutschland zu. Was dadurch beabzweckt wird, ist klar und deutlich: der Gemeingeist in Deutschland, die Theilnahme an dem jetzigen französischen Kriege, soll durch solche Vorspiegelungen, von obwaltenden Mißverständnissen, erschöpften Finanzen und dergleichen, erschlafft, vernichtet, und die — ohnedem in vielen deutschen Provinzen so schwache — Zahl, deutscher Patrioten, intimidirt, ein trauriger und unerwarteter Ausgang des Kriegs in der Zukunft gezeigt, und dadurch das Werk der Sans-Culottes schen Weltreformatoren befördert und genährt werden. — Was dann auch nicht ausbleiben kann.

4. Be-

4.
Beschluß der Uebersicht ꝛc. (Man sehe No. VIII.)

Prinz Coburg und seine tapfern Schaaren, haben im Jänner einige Bewegungen vorwärts gemacht, und sind siegreich in allen Gefechten mit den Sans-Culotteschen Corps geblieben. Neue, große Auftritte scheinen dort sich ihrer Reife zu nähern. Die bewaffneten flandrischen Bauern, haben den französischen Räuberhorden einen bösen Empfang bereitet.

Aus beyden Indien sind frohe und siegreiche Bothschaften bey dem Englischen Ministerium eingelaufen.

Die sardinischen Truppen — rasten noch. Der Himmel verhüte, daß die Toulener Armee sie in Piemont so weckt, wie 1792 in Savoyen! — Die Spanier und Portugiesen haben eine siegreiche Schlacht den Carmagnolen geliefert, ihnen verschiedene Häfen und feste Plätze abgenommen, solche empfindliche Streiche beygebracht, daß selbst Barrere darüber in Klagen ausbrach. Ihre Armee steht vor Perpignan.

5.
Das deutsche Vaterland ist in Gefahr!

Biedere und tapfere deutsche Nation! blicke auf die alten grausenden Denkmäler französischer Barbarey in der Pfalz! Betrachte die neuern noch grausameren Verwüstungen, welche jetzo die Jakobinerhorden in dieser gesegneten Gegend unter deinen Augen begehen!! — O mein Vaterland! siehe hier das traurige Loos, das **deiner** unabwendbar erwartet, wenn du dich nicht in **deiner ganzen Nationalkraft** diesem Alles verheerenden Strome entgegen stämmest.

Die Pfalz war bisher **neutral** — gegen die Franzosen — und gegen die neutrale Pfalz wüthen jetzt so **die Franzosen!** Auch den ruhigen Hüttenbewohnern nahmen sie Alles — so gar das Hembe vom Leibe!! — Wie schrecklich würden sie erst in den übrigen Ländern Deutschlands hausen, deren **Fürsten** die gerechtesten Waffen gegen diese Gottesläugner, Königsmörder, Menschenwürger ergriffen!!! — Darum — — Kommt vollends dießmal das disseitige Ufer des Rheins in ihre zerstörende Gewalt — dann ist **ganz Deutschland** unwiederbringlich verlohren. Der Hunger peitscht sie nun zu Hunderttausenden aus ihren Höhlen nach dem fruchtbaren Deutschlande. Schrecklicher als ausgehungerte Tiger und Wölfe fallen sie dann

über

über eine Provinz unsers Vaterlandes nach der andern her. Auch den entferntesten stehet nichts anderes und gewisseres bevor, als daß sie — **später aufgefressen werden.** Dies ist das unausbleibliche Schicksal, das ganz Deutschland mit allen seinen Bewohnern — ohne Ausnahme bedroht. Wer nur einen Kittel trägt, ist nicht sicher ihn vor der französischen Raubbegierde zu bergen!!! Und doch wäre der Verlust aller Haabe, alles Eigenthumes noch das Geringste, was vom Reichsten bis zum Aermsten gemeinschaftlich die sämtlichen Bewohner Deutschlandes zu befürchten hätten.

Es ist, selbst aus den französischen Zeitschriften allgemein bekannt, daß die Volksverführer der verblendeten irregeleiteten französischen Nation, das was jedem vernünftigen gesitteten Menschen das Ehrwürdigste ist und seyn muß — **die Religion** — durch alle nur mögliche Mittel suchten auszurotten. Die entsetzliche, alle Bande der menschlichen Gesellschaft zerreißende, alle bürgerliche und moralische Ordnung in der Welt zerstörende Lehre:

„**Es ist kein Gott der belohnt und bestraft** —,, sollte sogar öffentlich in ihren **Volksschulen** gelehret werden — !!! — Alle Kirchen in ganz Frankreich haben sie rein ausgeplündert — alle vorgefundene Gebetbücher, Gesangbücher und — selbst **Gottes Wort** — die Bibeln trugen sie auf einen Haufen und machten ein Freudenfeuer daraus.

aus. — Die dem Gotte der Liebe und Allbarmherzigkeit geweiheten Altäre wurden von diesen Rasenden theils zertrümmert, theils auf die schändlichste Weise verunreiniget, indem sie l i e d e r l i c h e Dirnen zu Göttinnen der Vernunft machten, Prozeßionen mit diesen i h r e r höchstwürdigen Gottheiten anstelleten, ihnen die christlichen Altäre einräumten und diese i h r e F r a n z o s e n v e r n u n f t auf solche abgöttische Weise verehrten!!! —

Neben diese Gottheiten setzten natürlich die Gottesläugner das L a s t e r a l l e r A r t auf den Thron. Königsmord, Vatermord, Brudermord, Mordbrennerey, Straßen- und Kirchenraub — zählen diese Ungeheuer unter ihre b ü r g e r l i c h e n T u g e n d e n. — In den beyden unglücklichen Städten Lyon und Toulon, mordet diesen blutdürstigen Menschentigern die Kopfmaschine zu langsam; sie schießen ihre eigene Landsleute, die sich ihrer Tigerwuth entziehen wollten, zu Hunderten an einem Tage todt — die nicht auf der Stelle bleiben, machen sie sich das barbarische Vergnügen mit dem Säbel vollends hinzuwürgen. Die Häuser dieser Unglücklichen sprengen sie mit Pulver in die Luft!!! — Ha! diese, alle barbarische Grausamkeiten der Vorzeit weit übertreffenden Greuel stehen Euch i n s g e s a m t bevor, b i e d e r e D e u t s c h e, die Ihr Euere Religion liebt und, nach den wohlthätigen Gesetzen derselben, Euere Obrigkeit als Gottes Diener, Zucht und Ordnung in der Welt zu erhalten, verehret. — Euch treffen alle diese Greuelthaten, wenn ihr nicht j e t z o m i t v e r e i n t e n K r ä f t e n Euch den Franzosen widersetzet. — Die Franzosen sind Euere gemeinschaftliche Feinde. — Von jeher war dieses grausame Volk der Erbfeind der Deutschen, wie die Türken der gesammten Christenheit. Wüthender als die

M

Tür-

Türken, die doch Einen Gott glauben und verehren, stehen diese Gottes und der Menschheit Feinde bereit, Euch, Euere Weiber und Kinder an Leib und Seele zu morden — !!! —

Und die von jeher durch ihre Tapferkeit so sehr berühmte deutsche Nation sollte sich von Franzosen — denen sie so oft und so sehr furchtbar war — wie Schlachtschafe geduldig hinwürgen lassen??? —

„Nimmermehr — !!! —

Schon belebt deutscher Muth, deutsche Kraft den Oberrheinischen, Fränkischen und Schwäbischen Kreis. Ewige Schande würde d'en brandmarken, der noch einen Augenblick zögerte, diesem rühmlichen deutschpatriotischen Beyspiele zu folgen.

Die Franzosen haben bis jetzt ihre äußersten Kräfte angestrengt — sie sind ihrer völligen Entkräftung nahe. — Millionen Menschen haben sie ihrer unsinnigen, ihr eigenes Vaterland verderbenden zur Wüste machenden — Freyheit und Gleichheit schon hingeopfert. — Die deutsche Nation als Nation stehet noch in ihrer ganzen Kraft da. Beseelet sie der ächte Gemeingeist, der alle kleinliche Privatvortheile großmüthig verachtet — so ist ein Einziger gemeinschaftlicher, kräftiger Stoß der deutschen Nationalmasse hinreichend, die Jakobinerrepublik mit allen ihren unerhörten Greueln auf immer zu zernichten. —

Der ewige Nachruhm bleibe der biedern und tapfern deutschen Nation: „Sie rä„chete Gott und die Menschheit — an Gottes und „der Menschheit abscheulichsten gefährlichsten Fein„den — an den Gott schändenden, Menschen wür„genden Franzosen!! — Die biedere und tapfere „deutsche Nation blieb in diesem alles entscheiden„den

"den Kampfe — ihrer Religion und ihrer rechtmäßi-
"gen Obrigkeit getreu, und rettete dadurch sich und
"ganz Europa — vor dem nahen Abgrunde des
"grenzenlosen unabsehlichen Verderbens —!!!—"

Sehet, biedere und tapfere Deutsche, sehet Euer gewisses Loos an der neutralen Pfalz vor Euch. — Darum greifet alle, alle ohne Ausnahme zu den Waffen!! — Gott ist mit Euch — Ihr streitet gegen Seine und Euere ärgsten Feinde. — Euch ist der Sieg!!! —

Anm. Diese Schrift ist in Menge am Rhein, gedruckt vertheilt worden.

6.

An einen Kaiserlich-Königlichen Minister,

Geschrieben im December 1793.*)

Euer Durchlaucht werden sich unsere Unterredungen über den Geist der Zeit erinnern, und wie sehr einstimmig wir vor zwey Jahren über die Nothwendigkeit einer engen Allianz zwischen den Höfen von Wien und von Berlin gewesen sind. Sehr viele Männer von Ansehn dachten damals, und denken vielleicht noch hierüber ganz anders. Aber die Erfahrung läßt uns nicht den allergeringsten Zweifel über den Nutzen dieser Allianz; denn durch sie allein ward Deutschland bisher von allen den Uebeln befreyet, unter denen Frankreich schmachtet.

*) Von dem Herrn Verf. des in No. II. mit so vielem Beyfall gelesenen Schreibens. Der Red. bittet Ihn aber wegen einiger Lücken um Verzeihung, zu welchen ihn gewisse Verhältnisse gezwungen haben. A. d. R.

Möchten doch die Höfe von Wien und Berlin auf immer und unzertrennbar vereinigt bleiben; und möchte doch die Weisheit ihrer Minister sorgfältigst alles entfernt halten, was vermögend wäre, diese Allianz zu schwächen, oder die Neigung und das Zutrauen ihrer übrigen Alliirten von ihnen zu entfernen!! Dieß ist mein heissester Wunsch, dieß ist jeden Morgen und jeden Abend mein Gebet zu der Fürsehung.

Aber ich hege auch noch einen andern Wunsch, den ich Ihnen, gnädiger Herr, entdecken darf, weil ich zum voraus weiß, daß wir auch hierüber einerley Meynung sind. Möchten doch auch endlich einmal die Höfe von Wien und Berlin die allerkräftigsten Maaßregeln unter sich verabreden und zur Ausführung bringen, um jenen verkehrten und gottlosen Menschen ein Gebiß anzulegen, welche bey der Sehnsucht, das schreckliche Raubsystem der Franzosen in Europa fortgepflanzt zu sehen, nicht aufhören, in ihren abscheulichen Schriften dieses Raubsystem mit einer Licenz und einer Frechheit zu predigen, über die jeder redliche Mann erstaunt und wehklagt.

Werfen doch Euer Durchlaucht ihre Augen auf das ungeheure Verzeichniß aller unserer deutschen Journale und Zeitschriften, von welchen ich nicht vier anführen kann, die nicht mehr oder weniger von dem Gift enthalten, wodurch anjetzt einige deutsche Gelehrten allmählich das Herz des Volkes zu verpesten und seinem rechtmäßigen Landesherrn abwendig zu machen suchen, indem sie nie anders von ihren Beherrschern sprechen, als wie von Despoten und Tyrannen. Ich könnte aber Euer Durchlaucht mehrere deutsche Journale nennen, die gar keinen andern Zweck haben, als Aufruhr zu erregen.

Sodann scheint in Deutschland eine wahre

Of-

Offensiv- und Defensiv-Allianz zwischen den Verfassern und Beschützern dieser Mordbrennerschriften gegen die wenigen Biedermänner zu bestehen, die es bisher gewagt haben, ihre Stimme gegen ein solches Aergerniß zu erheben, und die man durch diese vielköpfigte Allianz zum Stillschweigen zu bringen sucht. Hievon ist der tapfere Hoffmann in Wien ein Beweis, der in der Hälfte dieses Jahres sich genöthigt sah, die Wiener Zeitschrift aufzugeben, die doch so sehr den Schutz der kaiserlichen Regierung zu verdienen schien. Außer dem überall umhersehenden Verfasser der in Giessen seit 15 Jahren herauskommenden neuesten Religionsbegebenheiten; außer dem geistvollen sächsischen Verfasser der Enthüllung des Systems der Weltbürger-Republik, der Hauschronika meines Vaters und anderer classischer Schriften; außer dem . . . .
. . . . kenne ich jetzt keinen Schriftsteller von Ansehen in Deutschland, der sich so hingab, und mit solchem Patriotismus, solchem Geiste und solcher Energie, dieser Verschwörung deutscher Gelehrten sich widersetzet hat, wie der Professor Hoffmann in Wien. Diese vier deutschen Männer haben die Gottlosigkeit unserer Aufklärer der Philanthropen und die geheimen Machinationen unserer im Finstern schleichenden Philosophen entlarvt; aber um so viel wüthiger zur Fortpflanzung ihrer abscheulichen Lehre sind jetzt diese, da sie in Frankreich die traurigen Wirkungen des Lichts sehen, das sie schon lange vorher in Deutschland zu verbreiten gesucht. Keiner von jenen wenigen patriotischen Schriftstellern erhielt eine grössere Ermunterung als die Zufriedenheit, die einem redlichen Manne sein eignes Herz giebt, wenn er sich fähig fühlt, etwas der etwas Böses zu verhüten, oder wenigstens dem Bösen sich mit Kraft zu widersetzen.

Unmöglich ist es mir, die Gründe einzusehen, welche unsere Fürsten und Minister bewegen, diese verderbliche Licenz zu dulden, da doch in ganz Deutschland eine so große Menge ruhiger und redlicher Staatsbürger aus allen Klassen dieselbe gar nicht mehr mit Gleichgültigkeit betrachten. Beredet man etwa unsere Fürsten und Minister, oder bereden sie sich selbst, das Uebel sey nicht groß genug, um ihre Aufmerksamkeit zu verdienen? Es scheint mir jedoch, diese Frechheit sey um so weniger zu verachten, weil sie sich auf die Meynung der deutschen Jacobiner stützt, daß unsere Regierungen zu schwach sind, um sich ihnen mit Nachdruck widersetzen zu dürfen, und daß sich unsere Fürsten der Fehler schuldig fühlen, die man ihnen vorwirft. Aber wie leicht kann eine solche Meynung Glauben finden und überhand nehmen, und dann in der Folge für die Ruhe der Staaten uns endlich gefährlich werden! Ich weiß es sehr wohl, daß eine üble Staatsverwaltung die Hauptursache der französischen Staatsumwerfung ist; und doch ist es nicht weniger wahr, daß die Zügellosigkeit der französischen Schriftsteller den Aufruhr vorbereitet hat, und daß eben solche Schriftsteller seitdem immer behülflich gewesen sind, den Aufruhr zu unterhalten. Nur gar zu gut wissen dieß die gegenwärtigen Tirannen von Frankreich; auch nehmen sie sich wohl in acht, selbst den geringfügigsten Schriftsteller zu dulden, der auch nur die entfernteste Absicht hätte, dem so elendiglich verführten Volke die Augen zu öfnen. Darum sey es mir erlaubt zu fragen: Warum handeln unsere deutschen Fürsten und Minister weniger fest und weniger konsequent als die Jacobiner-Regierung in Frankreich? Warum läßt man in Deutschland diesem Wust von deutschen Aufklärungs- und Aufruhrs-Schriften freyen Lauf, da doch die einzige Absicht dieser Aufklärer ist, das Volk zu bethören

thören und zur Abwerfung und Verspottung des christlichen Glaubens und aller Pflichten gegen seine Landesherrn zu verführen? Immer mögen unsere Fürsten die Schriftsteller aus der deutschen Jacobiner-Klasse für Frösche halten, die in ihren Sümpfen coaksen; aber wenn denn doch aus diesen Schriften, wie erwiesen ist, Dünste aufsteigen, welche die Luft vergiften, warum wollen denn unsere Fürsten und ihre Minister nicht lieber jetzt, da es vielleicht noch Zeit ist, diese Sümpfe austrocknen, um einer aus dieser unreinen Quelle entstehenden Epidemie vorzubeugen?

Gnädiger Herr, ich weiß es, daß man einige kleine Mittel angewandt hat, die diese Absicht zu haben schienen; aber da diese Mittel zu milde, zu mattherzig und zu schwach waren, so erbitterten sie nur die Bösartigkeit und vermehrten nur die Frechheit der, die sich die Edlen unsrer Nation nennen, und die man dadurch in Schranken setzen wollte. Ich kann Euer Durchlaucht hievon ein ganz neues Exempel erzählen. Vor einiger Zeit ward in Braunschweig, auf Verlangen des Preußischen Hofes, der Druck des .... Braunschweigischen Journals verboten. Der Redacteur und Herausgeber dieses .... Journals thaten sogleich kund und zu wissen: das vormals Braunschweigsche Journal werde nun künftig das Schleßwigsche Journal heissen, und unter diesem Schilde ward es zuerst in Braunschweig und nachher in Altona fortgedruckt. Aber in dem Decemberstück des Schleßwigschen Journals vom Jahre 1793 steht am Ende eine Art von Visitencharte; um Abschied zu nehmen, und da wird gesagt: das Journal verlasse die Bühne! Indessen setzet der Director dieser Bühne hinzu: „Hätten diejenigen, welche dieses „Journal mißverstanden, den Hang zur Ruhe und
„zum

„zum Frieden, den ich zu befördern wünsche, so hät‍„ten sie auch das Journal in Frieden gelassen." — Dieß heißt, nur mit andern Worten: „Die Liebe „des Friedens, welche die Verfasser des Schleßwig‍„schen vormals Braunschweigschen Journals haben, „die ganz Europa sansculottisiren möchten, fin‍„det sich nicht bey dem Kaiser, der im vorigen „Sommer den Niedersächsischen Kreisausschreiben‍„den Fürsten, nämlich dem Churfürsten zu Bran‍„denburg, dem Churfürsten zu Braunschweig „und Lüneburg, und dem Herzog zu Braun‍„schweig-Wolfenbüttel den Auftrag gab, in „Coppenhagen zu verlangen, daß der Druck des „Schleßwigschen Journals verboten werde."

Der Herr Minister von Bernstorf verbot auch wirklich den Druck des Schleßwigschen Journals in Holstein, aber er ward in Flensburg fortgesetzet! — Nun, da die Fürsten des Nieder‍sächsischen Kreises vielleicht von neuem darauf ange‍tragen haben, daß diese öffentliche und in . . . . . begünstigte . . . . . endlich einmal ein Ende habe, höret das Schleßwigsche Journal mit dem December auf, und sofort wird auf dem Braun‍schweigisch grünen Umschlage dieses nämli‍chen Decemberstücks, dieses Journal für das künf‍tige Jahr, unter dem neuen noch weit mehr anlok‍kenden Titel: der Genius der Zeit, angekün‍digt, und, wieder in Altona gedruckt! —

Sie sehen hieraus, gnädiger Herr, wie Leute, die man vormals als Störer der öffentlichen Ruhe . . . . hätte, in unsern Tagen sich unter‍stehen dürfen, den Kaiser, Churfürsten und Fürsten des deutschen Reichs, und überhaupt alle Könige zu — vexiren.

No. X.

No. X.

Supplement zum Februar der fliegenden Blätter.

1.

Akten des vorgeblichen Convents zu Edimburg.

Anmerkung. Mehrere öffentliche Blätter haben dieses Convents erwähnt; aber keins seiner Verhandlungen; und doch hatten sie äußerst merkwürdig durch die Folgen werden können, denen aber der Schutzgeist Brittanniens durch weise Maasregeln zum Glück noch zeitig vorgebeugt hat. Diese Verhandlungen wurden mit jedem Posttage nach Paris an den Seeminister abgeschickt, der dann nicht ermangelte, sie in allen periodischen Blättern Frankreichs einrücken zu lassen; wobey, wie man leicht denken kann,

Schött-

Anm. d. Red. Dies Supplement, das am Ende jedes Monats, mit dem Umschlag ausgegeben werden soll, wird, da es aus mehrern Bogen besteht, Aufsätze von einer größern Länge, (wie z. B. hier die **Akte des sogenannten Edimburger Convents**), enthalten. Da dieses Supplement, zur schnellern Förderung, in einer andern Druckerey, gedruckt wird, so bittet man die Leser, die kleine Verschiedenheit in den Lettern und Papier, zu entschuldigen.

FLIEGENDE BLÆTTER, Febr. 1794.

Schottland das Land der Aufklärung und des wahren Muths und dieser Convent die Wiege der Wiedergeburt Brittanniens betitelt wurde, welcher den verhaßten Unterschied zwischen Actif- und nicht Actif-Bürgern, d. h. zwischen Eigenthum und nicht Eigenthum ein Ende machen würde. Das Ganze war überhaupt Jakobinerwerk, das aber für diese seinen Herrn ein eben so großes Luftschiff wurde, als ihre andern Projekte zur Zerstörung des Brittischen Flors und innerer Ruhe. Diese Akten lauten folgendergestalt.

Donnerstag, den 19. December 1793, unter der Präsidentenschaft des Bürgers *Margarot*.

Das erste, was man vornahm, war die Vorlegung der Liste der Glieder, aus welchen der Vereinigungsausschuß bestand. Brower hielt den Gegenstand der Arbeiten dieses Ausschusses für zu wichtig, um ihn auf eine geringe Anzahl von Gliedern einzuschränken. Er hat durch eine Ordnungsmotion verlangt, daß der Convent sich in einen Generalausschuß formiren sollte, um über einen so wesentlichen Punkt zu rathschlagen, der zufolge der Bemerkung des Präsidenten eine interessante, majestätische und gänzlich neue Seite in dem Geschichtbuche der in bürgerlicher Gesellschaft vereinten Menschheit suppliren würde, nehmlich der Verein zweyer Völker, ohne Vermittelung ihrer Regierungen. Gerald unterstützte diese Motion, die überdieß nur erwähnt zu werden brauchte, um angenommen zu werden.

General-Ausschuß, ebenfalls unter der Präsidentenschaft des Bürgers *Margarot*.

Brower. Es sey mir erlaubt, im Namen meiner Constituenten, deren ich wenigstens 5000 repräsentire *), die Bemerkung zu machen, daß ihnen nichts mehr am Herzen liegt, als sich mit ihren schottischen Brüdern zu vereinigen und daß sie, dem ersten Grundsatz der Repräsentation getreu, alles durch ihre Beystimmung ratificiren und es, als gesetzkräftig anerkennen werden, was in dieser Versammlung verhandelt werden wird, weil es in Gegenwart und unter der Theilnahme desjenigen verhandelt worden, den sie freywillig erwählt haben. Doch wir wollen uns unserm Zweck, dem gemeinen Besten, nähern. Worinne bestehen die ersten Schritte, welche der Convent thun muß, um diesen Zweck zu erreichen? Soll sich der nächste Convent in England versammeln, oder nicht? Es wäre doch sehr schicklich, daß dieses bestimmt würde, vielleicht selbst in diesen Augenblick bestimmt würde. Uebrigens welchen Ort auch der Convent sich erkiesen wird, so zweifele ich keineswegs, daß sich nicht eine große Anzahl von Repräsentanten dabey einfinden werden; denn wäre die Gesellschaft von Scheffield, die jetzt nur einen einzigen Repräsentanten hier hat, etwas früher benachrichtiget worden, so würde man deren 50 hier zählen. Wahrscheinlich werden die Engländer wünschen, den Convent in ihrem Schoose zu haben; wahrscheinlich werden auch die Schotten, sich gern als Engländer, die ihre Freyheit lieben, auf ihrem Grund und Boden vereinigen; aber so viel ist gewiß, daß wir, es sey

---

*) Er hätte mit eben so vielem Grund 50,000 sagen können. Der ganze Convent war keine 60 Glieder stark.

sey nun in England oder hier, beständig unserem Zwecke nachstreben werden, welcher in dem Triumph der Sache besteht, die uns hier versammelt hat.

Hastie. Mir ist der Ort der Sitzung weniger wichtig, als der Gegenstand, weßwegen sie gehalten werden; ob in England oder hier, daran liegt mir wenig; aber daran liegt mir, daß wir unsere Rechte zurückfordern und daß wir, die Engländer und Schotten, laut ihren einstimmigen Wunsch, geheischt haben, die Allgemeinheit der Stimmen und ein alljähriges Parlament zu erlangen. Das ist unser wahrer Zweck, und den müssen wir erreichen. Nur der Tod, der uns in unserm Gange aufhält, kann uns zur Entschuldigung dienen, diesen Zweck verfehlt zu haben.

A. Callender. Wir geben der Welt ein Schauspiel, das sie noch nie gesehen hat. Die freye und freywillige Vereinigung zweyer Völker, die ihre Rechte zurückfodern, deren sie zu einerley Epoche, den Verein beyder Kronen, beraubt worden, denn Freyheit hörte für die Engländer und Schotten auf, sobald der Usurpator Jacob diesen zwiefachen Thron bestieg. Wir können unserm Plan nicht genug Publicität geben. Laßt uns dem Volk, denn das ist unsere Pflicht, beweisen, daß wir nur fürs Volk arbeiten und daß nur das Volk da erndten wird, wo wir mühsam die erste Furche gepflügt haben. Wir sind rein, Muth! krönender Erfolg erwartet uns.

Jacob Bouchanan. Wir müssen unsere Rechte festsetzen, damit die verschiedenen Gesellschaften wissen, was sie zu fordern haben, und damit sie nicht einzelne Reformen in England oder Schottland treffen, sind aber auch diese Rechte einmal gehörig bestimmt

stimmt und festgesetzt, so müssen diese Gesellschaften schwören, von ihrer Forderung nicht abzugehen, bis sie solche erlangt haben.

G, Gerald *). Nur in Absicht der Mittel, zu unserm Zweck zu gelangen, könnten wir verschiedener Meynung seyn, denn übrigens haben wir alle einerley Zweck. Wir leben in der That alle unter einer und derselben Regierungsform, wir leiden alle durch einerley Mißbräuche und wir können nur einerley Verbesserungen und Reformen verlangen. Die Richtigkeit der Bemerkung Callender's ist mir aufgefallen. Eine kurze Zeit darauf, nachdem die Kronen von England und Schottland vereinigt worden waren, wurde das Volk dieser beyden Reiche seiner köstlichsten Vorrechte beraubt. Nun gut, da wir durch unsere Unglücksfälle belehrt worden sind, so laßt uns diese Wiedervereinigung so glücklich machen, als sie unglücklich war, indem wir zur Wiedererlangung unserer Rechte eben die Mittel anwenden, welche uns ihren Verlust zuzogen.

Unsere Rechte auf die Allgemeinheit der Stimmen haben einigen Zweifel ausgesetzt zu seyn geschienen; aber ich berufe mich auf die Natur, die sie uns verlieh, auf unsere Vorfahren, die ihren Vollgenuß hatten. Zwar gestehe ich, daß wir zu Anfang unserer Geschichte einer Corporation von Menschen gedacht finden, die mit dem Namen S k l a v e n gebrandmarkt waren. Aber zum Glück hat die Zeit diesen schimpflichen Unterschied ausgelöscht; und giebt es

*) Er ist nun, so wie Margarot, nach Botany-Bay transportirt.

es noch politische Sklaven, so müssen auch ihre Fesseln fallen. Ich sehe zum voraus, daß der Convent sich den Haß der Trabanten des Despotismus zuziehen wird, indem er die Gültigkeit unserer Rechte auf die Allgemeinheit der Stimmen anerkennt. Aber da die unwandelbaren Grundsätze der Gerechtigkeit unsern Foderungen zu Stützen dienen, so kann die Constitution selbst, als wider ihren Geist streitend, verwerfen. In der That gab es unter der sächsischen Regierung häufige Volksversammlungen in verschiedenen Gegenden des Reichs, man nennte sie Salkmoten. Es wurde darinnen berathschlaget und jedes Individuum gab seine Stimme zur Wahl seines Repräsentanten. Auf diese Art nahm das Volk Theil an der Reichsverwaltung und hatte gewissermaßen die Gesetze selbst gegeben, denen es gehorchte. Der König wohnte den Salkmoten bey, und es wäre besser für ihn und die gemeine Sache gewesen, wenn er damit fortgefahren hätte. Die Zeit, die alles verändert, hat auch die Constitution um ihre erste Lauterkeit gebracht und Bewegungsgründe, die gar keinen Bezug auf das Glück des Volks hatten, haben oft seine Repräsentanten von ihrer Pflicht entfernt. So ist unglücklicher Weise der Mensch; sein übel verstandenes Privatintresse geht oft dem gesellschaftlichen vor. Schenkt ihr euer Zutrauen Jemanden, und behaltet ihr euch nicht, wenn er der Verführung ausgesetzt ist, das Vermögen bevor, von diesen Agenten Rechenschaft von seiner Aufführung zu fodern; so ist es höchst wahrscheinlich, daß er euer Intresse dem seinigen aufopfern werde. Die Stimmenfreyheit ist also eine wünschenswerthe Sache für jeden Menschen, der sein Vaterland wirklich liebt, als das einzige Mittel, das Intresse des Repräsentanten an das Intresse der Repräsentirten zu knüpfen. Wie übel ist die Conſtitution eines Landes angelegt, wo das Intreſſe ſich im Widerſpruch mit den Pflichten befindet! Man affektirt ſeit einiger Zeit, viel gegen alles, was man Verſammlung des Pöbels nennt, zu ſprechen, oder beſſer, zu ſchreiben. Aber wird es der höhniſche Stolz wagen, mit dieſer Benennung eine Verſammlung von Menſchen zu brandmarken, deren Berathſchlagungen das gemeine Beſte zum Zweck haben! Mit mehrerem Rechte würde man ſie einer Verſammlung Menſchen beylegen können, die an dem Elende, oder der Vernichtung des Menſchengeſchlechts arbeiten, ſollten ſie auch Scepter und Krone tragen. Wäre es möglich, daß das ganze menſchliche Geſchlecht ſich verſammelte, ſo würden ſeine Berathſchlagungen entweder weiſe ſeyn, und dann würden ſie auf das gemeine Beſte abzwecken, oder ein Skandal, und dann würde das Hülfsmittel ſich gleich dem Uebel zur Seite befinden, denn die Maſſe des Menſchengeſchlechts würde zu ihrem eigenen Heil eine neue Methode eingehen, die fähig wäre, den Irrthum zu verbeſſern, in welchen ſie ſchon verfallen. Freilich iſt das Volk nicht untrüglich; ſein Geiſt kann durch Prieſter und durch politiſchen Aberglauben verführt werden, aber wenn die Wütriche der Erde gegen ihre Natur handelten und ſich eben ſo viel Mühe gäben, ihre unglücklichen Unterthanen aufzuklären, als ſie ſich Mühe geben, ſie zu ſtrafen; wenn die Regierung den Armen belehrte, ſtatt ihn an den Galgen zu ſchicken: dann würde man ſagen können, daß die Stimme des Volks die Stimme Gottes wäre. Laßt uns alle Mittel anwenden, ihm ſeine Rechte wieder zu erkämpfen. Wilhelm der Eroberer hat unſer Stimmrecht ſehr herabgeſetzt, aber wir können verlangen, daß es uns wiedergegeben werde. Denn welches Recht iſt nothwendiger, damit eine Reichsverwaltung

tung gerecht sey. Denn wenn man mich zwingt, eine Auflage zu bezahlen, zu welcher weder ich noch mein Repräsentant eingewilligt haben, was kann ich von der Gerechtigkeit einer solchen Handlung denken? So oft eine militärische Gewalt, oder irgend eine andere Autorität, die nicht vom Volke übertragen ist, ihm sein Vermögen nimmt; so kann man diese Regierungsform nennen wie man will, es wird immer nur eine Regierungsform durch Zwang bleiben. Das Recht der Allgemeinheit der Stimmen, dessen man uns so ungerecht und grausam beraubt hat, ist nicht allein ein Nationalrecht, sondern, ich wiederhole es, auch ein Fundamentalgrundsatz der Constitution. In den ersten Zeiten gab Jedermann seine Stimme, und wir verloren dieses Vorrecht nur zur Zeit der Eroberung, wo die gute angelsächsische Regierungsform der Tyranney Platz machte. Man hat bemerkt, daß die Revolution von 1688 nicht alle die guten Wirkungen hervorbrachte, die man davon erwarten durfte, denn bey dieser Revolution wurde die Allgemeinheit der Stimmen dem Volke nicht so reichlich zugestanden, als es wohl hätte geschehen sollen und ich muß dabey die Bemerkung machen, daß die jetzige Regierungsform, nach meiner Meinung, der Revolution so wenig gleicht, als ein Leichnam einem lebendigen Körper. Einer von den Vorzügen der Revolution war die Verantwortlichkeit der vornehmsten Agenten und das Haus Hannover kann mit Grunde der revolutionnairen Principien nicht entgegen seyn, da der König diesen Principien seine Krone verdankt. Zwar hat ein Glied, ohne Zweifel in der besten Absicht, ein anderes Glied zur Ordnung verwiesen, unter dem Vorwand, daß dieses Glied zu weit gehe. Aber nie geht der Mensch zu weit, wenn er seine Rechte nicht überschreitet und wenn er nur die Wahrheit sagt.

Wenn

Wenn die Glieder eines Gouvernements das öffentliche Vertrauen verrathen, so sollte man ihnen nicht widerstehen können? Wenn die vorhergehenden Generationen die Constitution reformiren konnten, so sollten wir nicht dasselbe Recht haben? Wir wollen uns also bemühen, das Volk über seine Rechte aufzuklären um es von unsern Planen und Absichten zu unterrichten; es wird dann in Menge kommen und unsere Petition unterzeichnen, und wir werden sie dann, bekleidet mit den Stimmen der großen Mehrheit, der Nation überreichen können. Die Stimme des Volks wird sich immer Gehör verschaffen, so bald es die Sprache der Wahrheit redt, und in *) **der erfoderlich großen Anzahl erscheint, um Respekt und Aufmerksamkeit zu gebieten.** Und das wird immer geschehen, wenn wir die Vernunft auf unserer Seite haben. Was die Art betrifft, diese Vereinigung zu bewirken, so finden wir das Muster davon in den ersten Epochen unserer Geschichte; aber das erste das wir zu thun haben, ist, das Volk aufzuklären und überall die Grundsätze auszubreiten, die uns anspornen. Habt **) ihr denn in jedem Distrikt euch eine gewisse

―――――

*) So sehr ich mir auch vorgenommen hatte, mich aller Anmerkungen zu enthalten, so ist es doch unmöglich: **difficile est satyram non scribere:** z. B. hier, das nennen die Herrn von dem Schlag, nicht Gewaltthätigkeit, nicht Zwang, sondern Vernunft- und Wahrheitssprache, wenn sie an der Spitze eines großen Haufen Pöbels, das Oberste zu unterst, nach ihrer Willkühr, kehren. A. d. R.

**) Diese Art des revolutionnairen Verfahrens, das man auch in Mainz und Worms gebrauchte, ist eben darum merkwürdig. A. d. R.

wisse Anzahl von unterrichteten und gehörig instruirten Leuten verschafft, so führt zwischen ihnen eine genaue Correspondenz ein, macht ihnen die Nothwendigkeit fühlend, ihre Kräfte zum Besten der gemeinen Sache zu vereinigen, und bald werdet ihr das Volk, gleich den alten Salkmoten, sich in den verschiedenen Departements versammeln sehen, und es wird eine zu vernünftige Sprache führen, als daß man sie widerlegen könnte, und eine zu gebieterische, als daß man es wagen dürfte, ihm zu widerstreben. Die Organisirung dieser Versammlungen ist ein Gegenstand, welcher die allergrößte Aufmerksamkeit erfodert. Man kann nicht Vorsicht genug in der Wahl der Volksdelegirten zum nächsten Convent seyn; sie müssen aus simplen Menschen bestehen, so wie ich sie hier *) erblicke, man muß sorgfältig alle die davon ausschließen, welche die verpestete Luft der Höfe geathmet, oder ihre Knie vor der Aristokratie gebeugt haben. Laßt uns allen Partheygeist entsagen, und uns nicht mehr durch den vorgeblichen Patriotismus der Großen hintergehen. Während des amerikanischen Kriegs sah man überall Reformatoren und Patrioten wie die Schwämme emporschießen, ohne daß daraus die geringste Verminderung der öffentlichen Lasten erfolgt wäre; aber gleich den Schwämmen war ihre Dauer nur kurz, weil sie auf dem Miste und unter dem Treibhaus der Verderbniß wuchsen. Pitt ist dem Fox und Fox dem Pitt gefolgt, ohne daß wir dadurch die geringste Reform erlangt hätten. Aber wir wollen uns nicht mehr auf solche Leute verlassen, es wäre

*) Das heißt: wir und unsers Gleichen wollen gewählt seyn. So handeln überall diese Herrn, die immer auf die Eigennüzigkeit anderer schmälen, aber selbst von lauter Privatinteresse und Selbstsucht zusammengesetzt sind. Ein Karakterzug bey jedem Revolutionnair. A. d. R.

re denn, daß sie uns eine Reform anböten, die sich auf die jährliche Erneuerung des Parlaments und die Allgemeinheit der Stimmen gründete. Nur eine solche Reform kann das Volk befriedigen und nie wird es aufhören, sie als eine Sache zu heischen, die ihm zukommt. Ihr könnt darauf rechnen, daß die Führer einer Parthey, so oft sie das Volk fest entschlossen sehen, seine Rechte durchzusetzen, nicht allein mit dem Strom forttreiben, sondern sich sogar bemühen werden, seinen Lauf zu lenken. Doch verlaßt euch nicht darauf, sie haben sich in dem Augenblick der Gefahr nicht gezeigt, wie können wir also Zutrauen zum ihm haben, da sie euch nur eures persönlichen Interesse wegen hofiren. Nun hat die Stadt York als einen bequemen Mittelpunkt zu Haltung des nächsten Convents in Vorschlag gebracht; aber ich kann euch versichern, daß diese Stadt der Aufenthalt der übermüthigsten Aristokratie ist, denn sie ist der Sitz eines Erzbißthums. Doch widersetze ich mich nicht, daß wir uns dahin begeben. Wir wollen es machen, wie der Heyland der Welt, der sich oft in der Gesellschaft von Sündern befand, wir wollen hingehen, um sie zu bekehren. Ein anderes Mitglied hat in Vorschlag gebracht, eine Stadt auf der Grenze zwischen diesem Lande und England zu wählen. Ich bin ziemlich gleicher Meynung, denn da der Gegenstand unserer Versammlung ist, die Grundsätze der Philanthropie fortzupflanzen, so wird das für uns ein sehr tröstlicher Gedanke seyn, wenn wir uns zu diesem großen Endzweck, an eben den Stellen nähren! Laßt uns von neuem die Ringe der Kette poliren und an einander knüpfen, welche beyde Nationen durch die engste Freundschaft verbinden soll! Der einzige Wunsch der Schotten und Engländer sey, die Freyheit zu erhalten, und zwischen ihnen herrsche von nun an keine andere Rivalität, als sich dieses unschätzbaren Guts würdig zu machen.

Der Convent hat sich wieder formirt und Herr Margarot hat wieder den Stuhl eingenommen.

Herr Saint-Clair hat einige Artikel des Berichts über den Organisirungs-Ausschuß verlesen. Der Convent hat beschlossen:

1.) daß der Präsident nach den Sectionen erwählt werden soll, von welchen jeder täglich einen Namen namhaft macht; wer die meisten Stimmen hat, erhält die Priorität.

2.) Es sollen drey Assistenten dem Ausschuß beywohnen, täglich und reihherum fällt einer davon aus und wird wieder durch einen andern ersetzt, der auf eben die Art, wie der Präsident erwählt wird.

3.) Der Präsident, der Secretair und die Assistenten machen den Rath des Büreau aus. Die Sitzung wird aufgehoben.

Freytags den 20sten November.

Nach Verlesung einiger Artikel des Reglements wurde beschlossen, daß, sobald der Ausschuß mit seinem Bericht fertig sey, eine gedruckte Copie davon jedem Mitgliede des Convents zugestellt werden soll;

zwey-

zweytens, daß alle Fremde, welche in den Versammlungssaal wollen, vorher gehalten seyn sollen, ihre Namen anzugeben; drittens, daß kein Fremder, unter welchem Vorwande es auch sey, seinen Sitz unter den Mitgliedern soll einnehmen dürfen, bey Strafe, fortgeschickt zu werden.

Der Ausschuß formirt sich von neuem. Herr Newton schlägt vor, einen Tag des allgemeinen feyerlichen Fastens, Betens und Buße für alle Freunde der Reform in Großbrittannien und Irland anzuberaumen. Diese Motion veranlaßt heftige Streitigkeiten, welche einen großen Theil der Sitzung wegnehmen. Herr I. Gerald schlägt eine Milderung dieser Motion vor, welche alle streitende Partheyen vereinigt, nemlich: alle Glieder des Convents und alle Freunde der Freyheit in Großbrittannien einzuladen, den Beystand des Allerhöchsten, der unser aller Vater ist, in der Angelegenheit anzuflehen, der wir uns jetzt unterzogen haben. Auch wird beschlossen, daß ein Ausschuß von fünf Gliedern, dem Zustand unserer Finanzen untersuchen sollen.

Sonnabend, den 21ten November.

Es wird decretirt, daß die Glieder, welche bis zum nächsten Montag nach ihrer Heimat zurückkehren wollen, ihren Constituenten berichten sollen, daß der Verein der Schottischen und Englischen Gesellschaft jetzt wirklich statt habe. Ein Mitglied macht die Motion, die Einstimmigkeit der Glieder der beyden Nationen in Rücksicht des Gegenstands zu declariren, weßwegen sie versammelt sind. Dieser Antrag wird angenommen. Ein Mitglied bemerkt hierauf, dieses Decret sey viel zu wichtig, als daß man

(182)

sich an der gewöhnlichen Mode des Beyfalls der Aufhebung der Hand begnügen dürfe; es sey vielmehr nöthig, daß alle Mitglieder sich bey der Hand faßten. — Zugleich standen alle Anwesende auf und bildeten eine Kette rings um den Saal.

Saint - Clair, Bürger-Präsident! Zufolge des Decrets, das mit so viel Herzlichkeit und Feyerlichkeit angenommen worden ist, mache ich die Motion, daß dieser Convent in Zukunft den Namen, **brittischer Convent der Delegirten der beyden verbundenen Völker zur Erlangung des Rechts der Stimmen-Allgemeinheit und der jährlichen Parlamenter,** führen müsse. Diese Motion wurde als eine Sache angesehen, welche verdiene, auf das ernstlichste in Erwägung gezogen zu werden, man verschob sie deßwegen bis auf morgen.

Ein Ausschuß wurde ernannt, um auf Mittel zu denken, wie man den **Edimburger Zeitungsschreiber**, ein Journal, in welchem von den Sizzungen des Convents Nachricht ertheilt wird, aufmuntern und beschützen könne.

―――――――

So weit giengen die Sitzungen dieses Edimburger Convents; denn am 7. December wurde folgende öffentliche Proclamation bekannt gemacht:

Da vor kurzem in dieser Stadt verschiedene Versammlungen von Personen gehalten worden sind, welche sich brittischer Convent betittelt, und sich Delegirte

legirte nennen, die sich zu Erlangung des allgemeinen Stimmenrechts und der jährlichen Parlamenter verbunden haben, und da in gedachten Versammlungen Reden und Ausdrücke geführt werden, die Aufruhr erregend und auf Unruhe abzweckend sind, es aber die Pflicht der Magistratspersonen ist, darauf zu sehen, daß dergleichen Versammlungen in Zukunft nicht gehalten werden; so hat am 5ten des jetztlaufenden Monats der Lord Prevost, in Begleitung einiger obrigkeitlicher Personen und Friedensrichtern der Stadt Edimburg, die nach besagten Convent zu Blackfrirard's Wynd begeben, und die daselbst befindlichen Personen angehalten, auseinander zu gehen. Und als dieselben Personen immer noch unter dem Titel brittischer Convent, sich den 6ten in den Vorstädten dieser Stadt versammelten, so hat der Scherif, Substitut der Grafschaft in Begleitung des Lord Prevost, der übrigen Magistratspersonen und Friedensrichter von neuem sich nach den Ort ihrer Versammlung verfügt, und letzterer auseinander gehen und sich zerstreuen lassen, wobey er zugleich erklärte, daß es besagtem Convent nicht weiter erlaubt seyn sollte, eine Versammlung in dem Bezirk dieser Grafschaft zu halten. Weil aber ohngeachtet dieser wiederholten Verbote der Convent declarirt hat, daß er sich vornehme, auf seinem ungesetzmäßigen Plane zu beharren, so warnte man die Personen, die sich den brittischen Convent betiteln, sich aller weitern Versammlungen in der Stadt oder in der Grafschaft zu enthalten, indem man sie sonst als Aufrührer einziehen und als solche behandeln werde. Zugleich aber warnt man auch alle Hausbesitzer und Vermiether von Häusern, Sälen und andern Oertern, sowohl in der Stadt, als in der Grafschaft, nicht zu gestatten, daß dergleichen Versammlungen bey ihnen gehal-

gehalten werden, wenn sie nicht nach aller Strenge des Gesetzes verfolgt und bestraft seyn wollten.

Der Lord Prevost und der Deputirte Scherif werden angewiesen, diese Proclamation in der Stadt und den Vorstädten bekannt machen und anschlagen zu lassen, damit niemand mit der Unwissenheit sich entschuldigen könne. So geschehen, Edimburg den 7. December 1793, im 34sten Jahre der Regierung Seiner Königl. Majestät.

———

Diese Proclamation fruchtete nach Wunsch. Verschiedene von den angeblichen Convents-Deputirten wurden beym Kopf genommen, und die Hauptrathelsführer, unter andern Margarot und Gerald von der Jury zum Transport nach der Südsee verurtheilt. Hätte man seine Zuflucht zu schlaffen und minder entschlossenen Maasregeln genommen, so hätte dieser, in seinem Ursprung so lächerliche und unbeträchtliche, Versuch, gewiß, gleich einer Seuche, weiter um sich gefressen.

———

2. Merk

2.
Merkwürdige Bruchstücke aus Mallets du Pan, treflicher Schrift *).

Die Revolution und der Krieg sind unzertrennlich; sie haben einen gemeinsamen Stamm. Alles, was der Revolution dient, dient auch zum Kriege. Keine menschliche Macht vermag diesen Bund zu trennen, wenn man das wahre Princip von beyden verfehlt.

Bey der Erregung und Allgemeinmachung dieses schrecklichen Kampfes hatten die Republikaner sechs verwandte Zwecke.

Die französische Revolution zu befestigen, und sie zu einer Revolution aller Staaten zu erheben.

Keinen Thron, keine Regierung stehn zu lassen, die auf irgend einer andern Grundlage, als der uneingeschränkten, bewaffneten und deliberirenden Demokratie, beruht.

Alle Verschiedenheit des Standes zu vernichten, und alle Eigenthümer zu berauben, nach der Geistlichkeit den Adel, nach dem Adel die Landbesitzer,

---

*) Deutschland hat das Glück zwey gute Uebersetzungen, zu gleicher Zeit davon zu besitzen; eine von Herrn Schatz mit Zusätzen und beträchtlichen Vermehrungen von Herrn Dyk, und eine von Herrn Genz, dem Uebersetzer des Burke, gleichfalls mit einer lesenswerthen Einleitung.

FLIEGENDE BLÆTTER, Febr. 1794.

nach diesen die Capitalisten; den Handel mit den Capitalisten, die Rentenirer mit dem Handel zu Grunde zu richten.

Die Eigenthümer durch unmäßige und willkührliche Contributionen zu erschöpfen, bis man sie mit Gewalt von ihrem Erbtheil vertreiben könne.

Dieses letztere dadurch zu bewirken, daß die Suveränetät, die bürgerliche Gewalt, die Kriegsmacht, die öffentlichen Kassen und Aemter ausschließend in die Hände der Ohnehosen gebracht würden.

Endlich die zu erobernden Länder mit Frankreich zu vereinigen, und sie ganz auf französischen Fuß einzurichten, um den Krieg durch Raub und die Raubsucht durch den Krieg zu nähren.

Die berüchtigten Decrete vom 15. und 30. December verwichenen Jahres, die das ganze System und Resultat der Revolution enthalten, concentriren sich auf diese sechs Hauptpunkte. Cambon, der sie in Vorschlag brachte, setzte seinen vorläufigen Discurs, in dem alle Schleyer weggenommen wurden, daraus zusammen. Von Bewunderung hingerissen schickte die Versammlung auf der Stelle Freyheitskrämer unter dem Namen von Commissaren aus, um brüderlich am Fuß der Alpen, am Rhein, der Maas und Schelde die Menschenrechte zu verkaufen, mit Confiscationen zu wuchern, und nachdem man sich von den Völkern die Freyheit, die ihnen gebracht ward, in klingender Münze bezahlen lassen, sie mit dem Säbel in der Hand durch *freywillige* Vereinigungen mit Frankreich zu verbinden.

Brach-

Brachten nun gleich die Unfälle des Frühjahrs diese philosophische Großmuth etwas in Störung, so würde man sich doch sehr irren, wenn man glaubte, der Plan sey darum ganz aufgegeben. Die fremden Heere halten ihn nur zurück, die Triebfeder desselben aber ist noch vorhanden. Niemals hat ein Vorschlag, den Rest der eroberten Länder zu räumen, den mindesten Beyfall bey dem Convent gefunden, und es ist nicht zu zweifeln, daß bey dem ersten Umschlag der Dinge, oder nach einem betrügerischen Frieden von vier und zwanzig Stunden, die Cambons mit den Gengiskans der verbrüderten Gesellschaften wieder auf dem Schauplatz erscheinen werden.

Sollten beyde Partheyen sich wieder vereinigen, so würde die Verheerung der angrenzenden Länder das Pfand der Versöhnung seyn. In einem Briefe, den der Zufall mir in die Hände gespielt hat, schrieb Brissot gegen das Ende des vergangenen Jahres an einen seiner Minister-Generale: „Man muß Eu-
„ropa an vier Enden in Brand stecken: unser Heil
„beruht darauf. Mit Dumourier können wir
„nichts anfangen: ich habe ihm nie recht getraut.
„Miranda ist ein General, wie wir ihn brauchen;
„er versteht die Revolutionsgewalt, er ist voll Geist,
„Kenntniß u. s. w."

Räubereyen von Innen und Außen sind jetzt für die neue Schöpfung, die aus dem Koth von Paris hervorgegangen ist, ein Gesetz der Nothwendigkeit und die Bedingung ihrer Existenz geworden. Fünfthalbtausend Millionen Assignate drücken die Circulation; ehe das Jahr verflossen ist, werden die fünftausend Millionen voll. Ist es nur ein Gedanke, daß die Revolutionsmänner an eine Auslösung denken?

denken? Nein, gewiß nicht. Sie könnten es nicht, ohne dem wesentlichern Projekte zu schaden, die eroberten Hypotheken unter die Eroberer zu theilen, und die Ergebenheit des Volks zu verlängern, indem sie es von allen Abgaben befreyen. Diese beyden Operationen machen es nöthig, daß ein Theil von den Gütern der Emigrirten und der übrigen, deren man sich noch zu bemächtigen gedenkt, unter die Armen und die niedern Agenten der Republik vertheilt werde: man hat diese Forderung mit Nachdruck in den Sectionen, den Clubs und der Commune wiederholt. Schon hat ein neues Decret des Convents die ersten Loose bestimmt. Der andere Theil der usurpirten Güter soll zur öffentlichen Domäne dienen; die Einkünfte derselben sollen die Einkünfte der Republik ausmachen, und die Stelle der Taxen vertreten, die man einem souveränen und bewaffneten Volke nicht mehr vorschlagen kann.

In der Zwischenzeit lebt man von neuen Assignaten. Der Aufwand, den die Revolution und die Staatsbedürfnisse erfodern, werden von dem Drukker dieses Papiergeldes bestritten, durch Brandschazzung der Capitalisten, durch Chambres ardentes; und einer Anleihe von einer oder zwey Milliarden, die durch Hülfe der permanenten Guillotinen leicht vollständig zu machen ist.

Wie aber die ungeheure Maße des circulirenden Papiers sich vom Halse schaffen? Eines der geschwindesten Mittel ist, sie zum Reich hinaus zu treiben, die Wunde zu erweitern, um sie zum heilen zu bringen, durch einen gezwungenen Austausch dieser mit dem Bild der Freyheit bemahlten Papierschnittchen das baare Geld wieder ins Land zu schaffen.

sen. Mehrere Kabinette haben sich den Curs dieser cosmopolitischen Speculation, durch die Toleranz, die sie verstattet, und die verschiedene Staaten noch immer dem Handel mit Assignaten angedeihen lassen, vorzuwerfen. Es ist offenbar, so bald man den Werth derselben nur etwas höher als Null stehen läßt, so werden sie zu einem Schwamm, der nach und nach alles baare Geld von Europa einsaugen muß.

So wie Mammon im Verlornen Paradies seine Blicke immer auf die goldnen Decken der himmlischen Wohnung geheftet hat, so streckt der Convent stets seine Klauen nach dem öffentlichen und Privateigenthum seiner Nachbarn aus.

Nun erwäge man die Natur eines Kriegs, der auf solchen Motiven beruht. Man frage sich selbst, ob es klug seyn würde, ihn halb zu führen, ob die Worte Vergleich und Friede nicht Blaspheme gegen das gesellschaftliche Band, und ob es nicht eben so viel seyn würde, als alle Eigenthümer von Europa dieser Hyder zu überlassen, wenn man eher mit ihr verhandeln wollte, ehe man alle ihre Köpfe, den letzten nicht ausgenommen, abgeschlagen hat *).

Aber,

―――――――――――

*) Dieß ist keine Uebertreibung. Die Trägheit, die nichts liest, oder schlecht liest, und alles vergißt, nennt denjenigen einen Uebertreiber, der ihr die Gefahr zeigt. Die Grundlehre der im Convent herrschenden Jacobiner ist: **alles Eigenthum ist national und gemein.** Dieses Axiom wird täglich auf den Tribunen der Hauptstadt wiederholt. Als man den Antrag that, die Schiffe von Amsterdam von dem Beschlag auszunehmen, indem sie Patrioten gehörten, so machte **Boyer-Fonfrede,**

Aber, wiederholt man jeden Tag von neuem, diese regellosen Hülfsmittel nutzen sich endlich von selbst ab, sie werfen alle Staatsökonomie um, richten das Reich zu Grunde, und vertrocknen die Quellen der Reichthümer.

Und was, antworte ich, kümmert sich eine Versammlung, von der kein Mitglied in Person verantwortlich, der das Vaterland nichts anders als der Tummelplatz ihrer Leidenschaften, die eine Faction, keine Regierung ist, um die Staatsökonomie? Sie verfolgt nur Einen Gegenstand, die Erhaltung der Revolution; man darf ihr nicht Uebel vorrücken, die ihre Hülfsquellen sind, noch Zerstörungen, deren Materialien der Anarchie zu Hebeln dienen, und etwas auszurichten hoffen.

Indeß ist ein ganzes Jahr unter Gefechten verflossen, und noch ist der Widerstand nicht zum Nachgeben gebracht. Das Gebäude hat durch innere Erschütterungen etwas gelitten, aber noch verlieren die wanken-

freße, einer von den wichtigsten Häuptern, den Einwurf: „da die Bürger von Amsterdam wohlhabend wären, so könnte „man sie nicht als Ohnehosen betrachten, die Ohnehosen schick„ten keine Schiffe aus, und die Ohnehosen verdienten allein „Schonung."

Der arglistige und gewissenloseste aller Ruhestörer, Clas viere, im vergangenen October Minister, that damals den General Montesquiou den Vorschlag, mit der Armee du War eine Expedition gegen Genua zu machen, und eine gezwungene Anleihe von 30 Millionen paar zu vier Procent zu erpressen, und die Alpenarmee zu einer gleichen Unternehmung gegen die Berner und Genfer zu brauchen.

wankenden Säulen ihre Fußgestelle nicht. Nicht Eine Stadt öffnet freywillig ihre Thore: nicht Ein Bataillon verläßt seine Fahne: nicht Eine Armee tritt einen Fußbreit ohne den hitzigsten Widerstand ab; das Losungswort: Ludwig XVII! ist noch nicht über die untere Loire gekommen; das Elend nährt den Fanatismus; die Soldaten fallen, und andere treten in die Reihen; man bemerkt weder Schrecken, noch Ermattung, noch Nüchternheit.

Dieß sind die Ideen, die sich aus der Unterhaltung in die Lager, und aus den Lagern in die Kabinette fortpflanzen. Ihr Einfluß hat zu sichtbare Wirkungen, als daß man die Ursachen eines unbezweifelten Widerstandes nicht näher untersuchen sollte.

Man könnte sie alle in Eine Reihe stellen. Diese Erscheinung entspringt hauptsächlich aus dem Flattersinn, der vergißt, daß die Kräfte einer Revolution nothwendiger Weise die Kräfte des Krieges überwiegen müssen, wenn die letztern isolirt sind.

Der erste Blick zeigt, daß der Pariser Convent, außer den Werkzeugen, die er mit allen andern Mächten gemein hat, außer den Kanonen, Soldaten, dem Geld, oder dem, was seine Stelle vertritt, mit eben so viel Kunst als fruchtbarer Erfindungskraft alle Blendungen und Zaubereyen der Opinion für seine Sache streiten läßt, die Macht der Schwärmerey, die Kunstgriffe der Schriftsteller und Redner, die Leidenschaften, die die meiste Gewalt über das menschliche Herz haben, die Begierde zu befehlen und die Abneigung vor dem Gehorchen, den Eigennutz und die Eitelkeit, die Liebe zur Schmeicheley und die Furcht, die Gewohnheit der Unabhängigkeit und die Gewißheit der Straflosigkeit.

Durch

Durch die abwechselnde Anwendung dieser Triebfedern gelingt es Usurpatoren ohne Namen, ohne Vermögen, ohne vorstehende Talente, die von Lastern triefen, eine Masse von verblendeten Bösewichtern und wüthenden Thoren zu ihrer Vertheidigung unter die Waffen zu bringen. So erhält sich die Revolution, von der Majorität ihrer ersten Anhänger verlassen, umringt von Unglücklichen und Trümmern, von den ersten Mächten Europens bekämpft, in einem Bade von Blut aufrecht.

Kein Despot würde es mit seinem ganzen Ansehn dahin bringen, die Verbannung des baaren Geldes und die Maschine der Assignate durchzusetzen; allein dem Convent ist es geglückt, den Umlauf seines Papiers auf die Nothwendigkeit zu gründen. Das Fallen dieser Zeddel muß freilich durch das unmäßige Steigen der Bedürfnisse in kurzem zu einer Katastrophe führen; aber man kann voraussehen, daß die Revolutionsmänner schon jetzt darauf denken, sie zu ihrem Vortheil zu lenken, indem sie das Eigenthum einer allgemeinen Plünderung überlassen.

Was aber auch der Zukunft bevorstehn mag, so viel ist für den Augenblick gewiß, derjenige, der blos klingende Münze in die Waage des Krieges legt, muß demjenigen unterliegen, der ein Stempelpapier zum Gegengewicht hat, dessen Schöpfung und Verbreitung keine andern Grenzen kennt, als seinen Willen.

Nicht weniger ausgemacht ist es, daß das allgemeine Anwerben der Einwohner, deren individuelles Interesse Fanatismus und Bedürfniß mit der Sache der Revolution verknüpft haben, Hülfsquellen

zur

zur Vertheidigung und zum Angriff darbietet, welche dem der regulären Armeen weit überlegen sind, die zwey bis dreyhundert Stunden von ihrer Heymath mit der unermeßlichen Bagage, die sie nöthig haben, hierher versetzt worden; für die großen Unfälle fast unersetzlich seyn würden, und deren Anführer weder dem Zufall, noch Anschlägen, worauf in ihren Instructionen nicht besonders Rücksicht genommen ist, etwas überlassen dürfen.

Als der Convent das eines Xerxes würdige Decret abgab, durch welches er ein augenblickliches und außerordentliches Aufgebot von 300,000 Mann anbefohl, so lachte man mit einer Verachtung, die die Vernunft rechtfertigte. Gleichwohl hat sich dieses Hülfsheer großentheils wirklich gebildet, und zwar unter ohnmächtigem Murren und unthätigem Misvergnügen.

Neben zehn Armeen auf der Gränze sehen wir in einem insurgirten Departement ein neues Heer entstehen, eine Royalistenarmee in Westen, und eine andre unter den Befehlen der Versammlung im Innern des Reichs.

Diese physischen Kräfte, und dieses Papiergebäude, das auf einem Volkan ruht, hätte gleichwohl längst unter der Last der Schwierigkeiten zusammenstürzen müssen, wenn die Aufwiegler einen Augenblick müde geworden wären, die moralischen Grundvesten ihrer Herrschaft zu unterstützen. Der schrecklichste Krieg, den sie gegen ihre Feinde führen, besteht darin, daß sie die überspanntesten Gesinnungen Maaßregeln entgegensetzen, die sie noch mehr zu spannen streben.

N Die

Die Vorfälle der letztern zwey Jahre halfen ihnen, das Volk von der Furcht vor den Ausländern zu befreyen. Es war viel leichter, diese entscheidende Feder zu zerbrechen, als es jetzt seyn würde, sie wieder einzusetzen. Da die Nation sah, daß in der Versammlung, in den Clubs, in einer Million Schriften, die frechesten Schmähungen, Hohn und Verachtung mit vollen Händen über die auswärtigen Regierungen verbreitet wurden; als sie eine gesetzgebende Tribune dulden sah, auf der man zwey volle Jahre die blutigsten Lästerungen gegen namentlich bezeichnete Könige und Fürsten ausstieß; da sie Gesellschaften von Königsmördern sich organisiren sah, ohne daß ein fremder Soldat aus seiner Caserne trat; als sie französische Zeitungsschreiber allein die Schiedsrichter über Krieg und Frieden werden, und alle jetzt kriegführenden Staaten, von Oesterreich und England an, bis auf den Herzog von Zweybrücken herab, ganz unvorbereitet überrumpeln sah; als sie ferner sah, daß der erste Feldzug sich mit eben so schnellen als unerwarteten Eroberungen endigte, und daß, nach dem Verlust dieser Eroberungen, drey Monate vergingen, ehe die Gränzen des Reichs angegriffen wurden, so verlor sie alles Gefühl von Schrecken, und selbst alle Achtung für die fremden Heere.

Der Convent und die Clubs nährten diese Stimmung. Es ist eine unläugbare Thatsache, daß seit zehn Monaten kein einziger Republikaner die mindeste Besorgniß, und kein Royalist die mindeste Hoffnung wegen des Kriegs empfunden hat.

Ein oder zwey eroberte Lager, zwey oder drey genommene Städte können diese Sicherheit nur wenig schwächen. Vorgängige Erfahrung macht, daß
man

man diese Ereignisse als Vorfälle, die weiter keine Folgen haben, betrachtet; die Zwischenräume, die bis jetzt noch jeden Vortheil des Feindes von thätigen und unmittelbaren Unternehmungen trennten, diese Ruhepunkte für die Furcht und die Ueberlegung haben die Zuversicht immer wieder gestärkt. Man muß das Volk, und vollends ein Volk, das König ist, und nun gar das Volk von Paris, wenig kennen, wenn man glaubt, daß kriegerische Heere hundert Meilen von ihm es in Furcht setzen können. Die äußersten Gränzen und vorzüglich den Mittelpunkt abgerechnet, ahndet es kaum die Existenz derselben. Seit drey Monaten achteten es weder der Convent, noch die Clubs, noch die Kaffeehäuser oder der Pöbel der Mühe werth, sich mit ihnen zu beschäftigen. Das Intresse des Kriegs ist in den Bureaux des Ministers, zu dessen Departement er gehört, eingeschlossen, und wenn die Partheyen einen Blick auf die Gränze werfen, so geschieht es bloß, um einen General absetzen oder hängen zu lassen, dessen Stelle diese oder jene Cabale für eine ihrer Creaturen braucht.

Da die von der französischen Republik zuerst verübten Feindseligkeiten allein die Verbindung der auswärtigen Regierungen allgemein machten, so hat dieser successive Beytritt wenig Eindruck auf die Gemüther gethan, die ein schnelleres und einmüthigeres Aufstehen von ganz Europa mit Schrecken erfüllt haben würde. Man gewöhnte sich an die Zahl der Feinde; da man sah, wie sie, einer nach dem andern, in Ungewißheit schwebten, und der Revolution lange die Schonung der Neutralität angedeihen ließen, so schloß man, sie könnten unmöglich aus gleichförmigem Intresse in den Bund treten, und es müsse

müsse dieser Verbindung nothwendig an Dauer und Nachdruck fehlen.

Dieses Vorurtheil hat tiefe Wurzeln geschlagen; die Volkssage von einer projektirten Zergliederung des Reichs, von Gleichgültigkeit bey dem Unglück der Familie Bourbon, von Negotiationen, die sich bald genug an die kriegerischen Operationen schließen würden, haben es verstärkt. Die Ueberzeugung, daß die Verbindung von Europa ein anderes Intresse als die Wiederherstellung der Monarchie habe, gab den Zerstörern derselben eine Fassung und Unbiegsamkeit, wodurch sie sich, sobald sie nur wollten, bald genug den Frieden zu verschaffen hofften.

Eine gemeinsame Erklärung der Mächte, die die Einheit ihrer Absichten bestätigt, ihren Zweck und ihre Gränzen bestimmt hätte, würde vielleicht diese Täuschungen geschwächt, den Uebertreibern von allen Partheyen den Mund gestopft, den zum Widerstand noch Unentschlossenen einen Vereinigungspunkt gezeigt, und den erschütterten Stützen der gegenwärtigen Anarchie ihr unvermeidliches Schicksal gezeigt haben.

Doch das sind bey weitem noch nicht alle Ursachen, die bis jetzt den Krieg gegen die Revolution so unkräftig gemacht haben.

Man vergesse nicht die Energie in Anschlag zu bringen, welche diese Vertheidiger des gemeinschaftlichen Brennpunkts, der sie in Flammen setzt, von dem großen Rathe erhalten, der alle Gewalten vereinigt, der die verruchtesten Herzen und die ungestümsten stün:sten Köpfe vereinigt, der in Gegenwart der Menge untersucht und deliberirt, und zugleich Gesetzgeber und öffentlicher Lehrer ist.

Man verfolge die bewundernswürdige Thätigkeit dieser Clubs, dieser mit dem Nationalsenat gemeinschaftlich wirkenden Senate, die allenthalben seine Rasereyen, seinen Charakter, seine Entschliessungen fortpflanzen, und ihm zu eben so viel Armen dienen, die allgemeine Meinung nach seinem Willen zu lenken.

Die Ausgeburten der Presse, die die Gemüther in einer convulsivischen Erschütterung erhalten, und einen feurigen Wall zwischen der Wahrheit und der Nation aufführen!

Die Volksbelehrungen, die nach dem Gutbefinden der wandernden Redner den Enthusiasmus beflügeln oder zügeln, selbst denen, die dem Schein nach nichts aufzuopfern haben, Opfer entreissen, die Declamationen des Convents, seine Ermahnungen und Proclamationen erläutern, und dieß beständige Fieber, dessen Paroxysmen, nach dem Commando, Mordfeste oder Heere hervorbringen, verlängern!

Dieses Entflammen der Phantasie durch feyerliche Feste, deren burleske Abscheulichkeit nur durch ihre Wirkung übertroffen werden kann, und diese Cannibalenlieder, unter deren Schall Dumourier seine Schaaren, die sich unerschrocken durch die Batterien von Gemappe zerschmettern ließen, in die Schlacht und zum Sieg führte!

Man vergesse nicht, was Atheisten vermögen, die aus der Hefe der Nation emporgestiegen, und zu Herrn eines Reichs, wie Frankreich, geworden sind, die, wie es ihnen gut dünkt, die Straßen mit Meuchelmördern, das Innere der Familie mit Angebern anfüllen, mit der einen Hand die Kerker, mit der andern die Staatskassen öffnen, so wenig in ihren Verfolgungen als in ihren Belohnungen Maaß halten, Menschen und Geld wie Spreu verschwenden, den ruhigen Ueberlegungen ihrer Gegner einen nie schlummernden Ungestüm, eine unermüdliche Aufmerksamkeit, die geringsten Kleinigkeiten zu benutzen, und jene anhaltende Thätigkeit entgegen setzen, die keine Stunde Zerstreuung oder kaltes Blut erlaubt.

Man beobachte die Wirkungen dieser listigen Kühnheit, die über das öffentliche Wohl weder Schrecken, noch Unentschlossenheit, noch Zweifel äußert, die den Tag darauf, als sie an Großbrittannien den Krieg erklärt hat, auch an Spanien den Krieg erklärt, die die Unentschlossenen fixirt, die Unzufriedenen muthlos macht, die Enthusiasten in Feuer und Flammen setzt, indeß von der andern Seite der Anhänger der Revolution, dem die Augen aufgehen, und der seine Hände aus dem Spiel zu ziehen wünschte, weder im Innern noch im Ausland einen sichern Hafen findet.

Will man sich selbst noch länger täuschen, will man sich noch über den Widerstand wundern, den man erfährt, da man einer solchen Benutzung der Zeiten und Dinge, der Gesinnungen und Conjunkturen, einen Krieg ohne Leidenschaft, einen Krieg, der sich mitten unter unerwarteten Zufällen langsam fortbewegt, einen Krieg, dem alle moralische Triebfedern fehlen, einen planlosen Krieg, der zwar mit Tapferkeit, Einsicht und Kunst, aber ohne Rücksicht

ſicht auf die ſteten Veränderungen von dem innern Zuſtande des Reichs geführt wird, entgegen ſetzt?

. . . .

. . . .

Man durchwandre das Reich, man ſtudire den Charakter dieſer Widerſetzlichkeit gegen die Co n t r e r e- v o l u t i o n! Dieſes Wort, das die gänzliche Wieder- herſtellung alles deſſen, was verändert oder abgeſchafft worden, in ſich begreift, ſollte wenigſtens von der Klugheit verbannt werden, denn dadurch, daß es zum Loſungsworte des Fanatiſmus geworden, hat es der Republik mehr Arme verſchafft als die dreyfarbi- ge Cocarde.

Die Beſitzer von Aſſignaten, durch die, glück- licherweiſe unbedeutenden, Drohungen unaufgeklär- ter Royaliſten erſchreckt, ſtehen in der irrigen Ueber- zeugung, daß der Bankerutt des Papiers denſelben Tag unterzeichnet ſeyn würde, wo die ſouveraine Gewalt in der Hand des Monarchen wiederum die Titel des Eigenthums erhielte: natürlich ziehen ſie alſo ein Unglück, das ihren Ruin wenigſtens ein oder zwey Jahre weiter hinausſetzt, einem andern Un- glück vor, das ihn in einer Viertelſtunde vollenden müßte.

Man vergeſſe nicht die neuen Inhaber der geiſt- lichen Güter, die eine Reſtitution ohne Erſatz fürch- ten, und die folglich den Schrecken und die Bemü- hungen der Papierbeſitzer theilen.

Hier sind ganze Provinzen, denen die unbedingte Wiedereinsetzung der alten Regierung, die unaufhörlich, und zwar zum größten Verderb derer, die sie ohne alle Modification fordern, reclamirt wird, die Salzsteuer in ihrer ganzen Scheußlichkeit darstellt: dort verbindet sich diese Wiederherstellung mit der Idee an die Personen-Steuer; nicht minder als jene, ein Gegenstand des Abscheus. Für die Franche-Comte ist die Gegenrevolution nichts anders, als die Auferweckung der todten Hand.

Man beobachte ferner die allgemeinen Wirkungen der Einrichtungen der ersten Nationalversammlung auf die große Majorität der Bürger. Man berechne die Spannung, die der Nationalcharakter durch diese unermeßliche Lotterie von Gewinnsten durch die große Menge erhalten hat, von diesen Anvencements ohne Ansprüche, von Successen ohne Talent, von Vergötterungen ohne Verdienst, von zahllosen Ehrenämtern, die von dem Volk in Masse ausgetheilt, und von dem Volk im einzelnen empfangen werden. Man zähle die Stufen einer allgemeinen Stellveränderung, die alle Stände einen nach den andern, umstürzen, die Autorität in die Hände von Leuten gebracht hat, die sonst nicht einmal einen Stand ausmachten, die höchsten Posten der Armee an den Auswurf der Vorstädte, die Ministerstellen in die Hände von Schreibern und Abschreibern, die Volksrepräsentation an Banditen und Mörder!

Man sehe, wie die plötzliche Beförderung so vieler Glücksritter, Factionsmänner, Wahlherren, Municipalbeamten, Inquisitoren, öffentlicher Todschläger, Agenten der Anarchie, die das Reich der Plün-

(201)

Plünderung überliefern, und die Revolution wie einen Tisch von Spielern behandeln, den Wetteifer und die Habsucht allgemein verbreitet hat. Mit jedem abgeschlagenen Kopfe machen zwey Personen ihr Glück, der Mörder, und der, der ihn gedungen hat.

. . . .

. . . .

Mit wem führt das verbündete Europa seit sechs Monaten einen Gränzkrieg? Mit Feinden, gegen die die Hälfte des niedergedrückten Reichs Rächer sucht, mit einer Comitee pöbelhafter Neronen, die der Abscheu ihrer ersten Spießgesellen geworden sind, und die Henker derjenigen unter ihnen, die auf dem Wege des Verbrechens einhalten; deren zügellose Tyranney ein sicherer Beweis von dem Umfang und der Bedeutung des öffentlichen Mißvergnügens ist; die mit Unverschämtheit ihre eignen Gesetze insultiren, alle möglichen Interesse gegen sich empören; die von Mordthaten zu Hinrichtungen, und von Hinrichtungen zu Mordthaten übergehen; die ohne Form einkerkern, ohne Verdacht umbringen, jeden Mund mit der Charte der Menschenrechte verknebeln, die Freiheit zu reden, zu schreiben und zu denken unterdrücken, das Hausrecht verletzen, Briefe erbrechen, Schrecken und Verdacht und Mistrauen in jede Familie bringen; mit Atheisten, die in ihren öffentlichen Verhandlungen Gott auf eine Art lästern, worüber die Hölle schaudern würde, und die, gleich ihr, nur über schon gefällte oder noch zu fällende Opfer herrschen.

Kein

Kein Talent erhebt jetzt mehr diese Afterregenten. Die ganze Kunst zu beherrschen, haben sie auf Bestechungen und Meuchelmorde zurückgeführt; durch Schrecken fesseln sie ein freyes Volk, aber das durch, daß sie es den wahnsinnigsten Tyrannen zuvorthun, bereiten sie sich selbst ihr Loos.

Durch Ausstreckung ihres eisernen Scepters über alle Partheien, die der Revolution anhiengen, die ihrige allein ausgenommen, haben sie bey den ursprünglichen Schöpfern derselben den Wunsch nach ihrem Untergange erweckt. Mit Verachtung und Abscheu bedeckt, haben ihre Schändlichkeiten sie eben so sehr geschwächt, als ihre Mordfeste. Die öffentliche Meynung unterstützte die vorigen Versammlungen, die jetzige ist genöthigt, die öffentliche Meynung zu unterstützen. Da sie von Grundsätzen, die ihre Handlungen wiederlegt haben, nicht mehr vertheidigt wird, so kann sie nicht länger durch Heucheley ihre Scandale bemänteln.

Der Convent befindet sich auf dem Uebergang von der republikanischen Revolution zu der letzten und allgemeinsten, die wir eben beschrieben haben. Er muß sie zu Stande bringen, oder erliegen. Um aber mitten unter einem Kriege, der ihm von allen Seiten zusetzt, sich diesen Ausweg zu bahnen, sieht er sich gezwungen, alle Triebfedern anzustrengen; natürlich also, daß der häufige Gebrauch täglich ihre Elasticität schwächt.

Die Vergleichung seiner jetzigen Hülfsquellen, verglichen mit denen im vorigen Jahre, fällt ganz zu seinem Nachtheil aus. Man kann eine merkwürdige

dige auffallende Veränderung in der gegenseitigen Stärke der kriegführenden Mächte nicht verkennen. Ohnerachtet seiner Gaukeleyen, seiner Decrete, Gewaltthätigkeiten und Geldverschwendung hat der Convent nicht mehr als dreymal hundert und viertausend Mann zu seiner Vertheidigung von Innen und Außen zusammen bringen können. Ein Viertheil von dieser Macht und mehr dient zu Garnisonen; die Belagerung und Eroberung von Conde, Mainz und Valenciennes haben sie um 35,000 Mann geschwächt; sie hat deren beynahe viermal hunderttausend zu bestretten, und dabey einen bürgerlichen Krieg im Innern! Die Flagge des Convents ist verschwunden; er hat das Meer, seine Zufuhr und seinen Handel den feindlichen Flotten überlassen.

Er hat sich nach und nach von der kleinen Anzahl Generale befreyt, deren Talente ihn beschützten. In sechs Monaten sind drey und zwanzig von ihnen angeklagt, abgesetzt oder verabschiedet worden: viere sind eines gewaltsamen Todes gestorben, zwey sind auf dem Schaffot umgekommen, zwölfe sind zu dem Fremden übergegangen. Das Schicksal der französischen Waffen ist also jetzt dem Auswurf ihres Militairs anvertraut.

Der Abgrund der Verschwendungen und der öffentlichen Ausgaben verschlingt jeden Monat eine Summe, die bey weitem die jährlichen Einkünfte der reichsten Monarchie übertrifft. Das Fallen der Assignate ist der Maasstaab von dem Sinken des Convents in der öffentlichen Meinung. Alle Bedürfnisse steigen, von Tag zu Tag, zu ungeheuren Preisen; die Regierung, der vornehmste Consument, leidet dabey einen Verlust, der dem Kapital der Unkosten

kosten eines ganzen Feldzugs gleichkömmt. Bald
wird das Volk seinen Unterhalt nicht mehr aufbringen können. Sich aus dieser verzweifelten Crise zu
retten, werden die Jacobiner die Früchte des Bo-
dens und der Industrie, die Börsen und Briefta-
schen dem großen Haufen ausliefern: allein wenn
nicht eine tödliche Betäubung das Innere und die
äußern Mächte lähmt, so muß die Revolution nothwendig unter den Trümmern einer solchen Erschütterung erliegen.

Schon überlassen sich einige der Verzweifelung,
andere unterjocht eine gänzliche Niedergeschlagenheit,
allenthalben herrscht der Schrecken, die Wuth än-
dert ihren Gegenstand, der Fanatismus waffnet
die Dolche der Unterdrückten, wie die Dolche der
Unterdrücker.

Der fürchterliche Revolutionsbund hat sich halb
geöffnet, und sein Inneres in seiner Nacktheit gezeigt. Es war eine neue Pandorenbüchse, aber die
Hoffnung war aus ihr entschlüpft. Muß jede Verschwörung ihrer Natur nach, wegen Mangel an
Einheit und Uebereinstimmung, Fehler begehen, ent-
spricht der Gebrauch ihrer Hülfsmittel selten ihrem
Umfang, legen unvorhergesehene Widersprüche und
zufällige Zwistigkeiten ihren Planen Hindernisse in
den Weg und schwächen sie ihre Wirkung — was
kann man von uneinigen Faktionen erwarten, die
auf einem verwüsteten Grund und Boden sich um
Herrschaft und Existenz streiten, wo dem noch herrschenden Theil keine andre Wahl bleibt, als sich die
Zügel der Regierung durch Gewaltthätigkeiten zu erhalten?

Die

Die Revolution frißt, nach dem Beyspiel Saturns, ihre eignen Kinder. Das furchtbare Ganze, das alle Theile derselben verband und ihre Bewegung leitete, ist aufgelöst: der Convent und seine Clubs arbeiten jetzt daran, jenes Ganze in ihrem Schoos zu concentriren; ehe sie aber diesen Zweck erreichen können, müssen sie die empörten Departementer und Städte bezwingen, die Royalisten, die in Westen Sieger sind, vertilgen, alle systematischen Coalitionen unmöglich machen, und das gefährliche Beyspiel wirksamen Widerstandes ersticken.

Doch bey alle dem darf man sich nicht verschweigen, daß trotz dieser inneren Zerrüttungen die Wahrscheinlichkeit immer noch für den Convent ist. Schon sein Titel legitimirt seine Maasregeln; er erhält schon aus Gewohnheit Gehorsam, er schaltet über die Tribunale, die Assignaten, die Gnadenbezeugungen, über alle Mittel der Verführung und einer unbeschränkten Gewalt. Zu seinem Befehl steht der blutige Bund, dessen unsichtbare Triebfedern die heimlichen Gefahren vorbereiten, die Verschwörungen ausführen, Aufstände erregen und ersticken, bis in die geheimsten Zufluchtswinkel dringen, und die Werkzeuge der ganzen Revolutionsgewalt sind.

Diese Corporation ist kein Wesen der Phantasie. Die Agenten der Insurrektionen, Mordbrennereyen, Metzelungen, bilden eine wahre **Brüderschaft**. Sie sind systematisch organisirt, haben ihren Katechismus, ihr Rothwelsch, ihre Obersten, Majore, Hauptleute, ihr Gelübde, und Noviciat, ihre Mittelpunkte des Briefwechsels, ihre Departemens, ihr Costüme, ihre Ordensregeln. Selbst
im

im Ausland hat diese höllische Gesellschaft ihre Verbündeten; sie hat alle großen Verbrechen der Revolution verübt, an zwanzig Orten in Europa suchte sie ähnliche Bewegungen zu erregen, als die waren, die sie in Frankreich hervorgebracht hatte. Sie entstand im Palais royal, und war die Hand, deren sich die Häupter der Verschwörung bedienten. Rotondo, Fournier, ein Amerikaner, Estienne, gewesener Anführer der Brüßler Ohnehosen, l'Huillier, Generalprocurator des Departements von Paris, Maillard, ehemals Thürsteher und Gerichtsbote, die Häupter des Clubs der Cordeliers, hatten die ersten Aemter in diesem Regiment. La Fayette kannte es wohl, fürchtete es aber, und hatte niemals den Muth, sich im Ernst mit ihm zu messen. Rotondos letztes Complott betraf Genf, wo er seit einigen Monaten verhaftet ist. Ich könnte noch außerordentliche Details zu diesen wenigen Zeilen hinzufügen, allein ich begnüge mich zu versichern, daß das Publikum wenig mehr als die äußerste Oberfläche der heutigen Revolution kennt, und daß man die Unvorsichtigkeit derer nicht genug beklagen kann, die glauben, sich hinlänglich gegen dieselbe gesichert zu haben, wenn sie ein paar Mauern um ihren sichtbaren Umkreis aufführen.

. . . .

. . . .

Wenn man die Geschichte aller Kriege öffnet, die durch große Erschütterungen in der Denkart hervorgebracht wurden, so findet man, daß sie immer selbst den glänzendsten Siegen widerstund, sobald der Ueberwinder vergaß, sich zum Meister über sie dadurch zu erheben, daß er ihr eine Richtung nach seiner Absicht gab. Die Niederlagen der Hussiten, der Lutheraner und Calvinisten, zerstörten den Protestantismus nicht. Ein gleichzeitiger Schriftsteller bemerkt sehr sinnreich, daß niemals ein General unter den Schriftstellern, die Schriftsteller aber sehr oft unter den Soldaten werben. Der Charakter aller Revolutionen ist ein Gemisch von Bosheit, Schwärmerey und Schwäche. Die Kunst, sie zu bestreiten, besteht also darin, daß man die Bosheit unterjoche, der Schwärmerey die Augen öffne, und der Schwäche eine Aegide verschaffe. Hat folglich eine neue Lehre einmal die Gemüther eingenommen, so muß man sich wohl hüten, ihr alleine Gewalt entgegenzusetzen: denn noch nie haben Kanonen Gesinnungen und Urtheile getödtet; sie können die Bösewichter, die Schurken, die Räuber erlegen, die den großen Haufen zu verderblichen Meinungen verleiten; ein sicheres Mittel aber, ihnen unterzuliegen, oder sie immer von neuem zu erwecken, wäre von der einen Seite, sie ungestraft zu lassen, und von der andern, wenn man zugleich mit ihnen die ganze Totalsumme der Meinungen,

die

die sie verkehrt haben, die sie doch überleben würden, und deren augenblickliche Unterdrückung das Prinzip der moralischen Herrschaft von Grund aus zerstören würde, ohne die es in unsern Tagen unmöglich ist, die Menschen zu beherrschen, vernichten wollte.

Fliegende Blätter.

Dem

französischen Krieg

und

dem Revolutionswesen unsrer Zeiten

gewidmet.

März, 1794.

Die Gegenstände, welche sich diese neue periodische Schrift gewählt hat, sind von der Art, daß sie jeder Classe von Lesern Unterhaltung und Interesse versprechen müssen; die Bearbeitung der Verfasser wird ihnen noch den Reiz der Neuheit und Mannichfaltigkeit zu geben suchen. Ein ausgebreiteter Briefwechsel wird sie in den Stand setzen, von den verschiedenen Heeren neue und geschwinde Nachrichten zu liefern, und das Resultat der gedruckten, sonderlich ausländischen Quellen, wird nicht in Abschriften von Zeitungsnachrichten, sondern in einer kurzen raisonnirenden Uebersicht bestehen. Dies ist das politische Fach. Was das litteravische anbetrifft, so werden wichtige Aktenstücke, kleine Pamphlets, Fragmente und Anzeigen aus allen in obige zwey Fächer einschlagenden Schriften, in welcher Sprache sie auch geschrieben seyn mögen, einzelne Züge, Biographien, Anekdoten, selbst Rügen von Partheylichkeiten unserer Zeitungen und Zeitschriften, die Neugier des Lesers befriedigen. Freymüthigkeit — doch kein Sansculotismus — und Wahrheitsliebe haben sich die Verfasser zum ersten Gesetz gemacht. Monatlich werden sechs bis sieben Bogen in gewöhnlichem Octavformat mit fortlaufender Seitenzahl auf Schreibpapier erscheinen. Da es aber sich öfters ereignen könnte, daß in diesen Bogen frühe Nachrichten sich befänden, so hat man die Einrichtung getroffen, daß sie auch wöchentlich einzeln durch die Posten versendet werden, um der Wißgier der Leser geschwinder zu gnügen; indem jeder Bogen für sich ein Ganzes ausmacht, dem Zusammenhange mit den übrigen ohnbeschadet. Monatlich werden sie geheftet, in einem Umschlage, ausgegeben. Mit dem Jänner 1794 haben diese fliegende Blätter, die man als ein Archiv der revolutionairen und kriegerischen Ereignisse unserer Zeiten betrachten muß, ihren Anfang genommen. Der Pränumerationspreiß ist für den Jahrgang vier Reichsthaler Sächsisch. Alle Postämter, Zeitungs-Expeditionen und Buchhandlungen sind ersucht, hierauf Pränumeration anzunehmen. Die Hauptspedition für die Postämter hat das Reichs-Postamt in Gotha, und für die Buchhandlungen die Gebrüder Hahn in Hannover übernommen. Alle Briefe und Beyträge für diese periodische Schrift werden franko, unter der Aufschrift: für die fliegende Blätter, und mit dem Zusatz, poste restante, nach Freyburg im Breisgau addreßirt, oder von denen, welchen Hannover näher liegt, an die Gebrüder Hahn, Buchhändler daselbst, couvertirt. Schließlich merket man noch an, daß zuweilen von wichtigen Vestungen, Lägern ꝛc. saubere, kleine Plane geliefert werden.

Inhalt.

No. XI. 1. Schreiben aus Brügge. 2. Revolutionsschriften. 3. Franzosenfurcht. 4. Miszellaneen. 5. Schreiben aus Frankfurt a. M. 6. Gedicht auf die Rückkehr des Herzogs von Braunschweig.

No. XII. 1. Schreiben aus Lausanne. 2. Freyheit zu Genua. 3. Thatsachen; zur Beantwortung einer Kästnerschen Schrift. 4. Unkenrufe dieser Zeit. 5. Miszellaneen.

No. XIII. 1. Schreiben aus London. 2. Schreiben eines Hannoverischen Korporals. 3. Miszellaneen aus Deutschland und D. 4. Thatsachen ꝛc. Beschluß. 5. Miszellaneen aus Frankreich.

No. XIV. 1. Schreiben aus Coblenz. 2. Schreiben aus Eisenach. 3. Merkwürdiges Gefecht der Antelope. 4. Der Feldprediger. 5. Prophezeihung. 6. Philanthropin des Bleriot. 7. Revolutionsschriften. 8. Miszellaneen.

No. XV. 1. Schreiben aus Frankfurt. 2. aus Wien. 3. aus Zug. 4. Asmus neueste Schrift. 5. Ein paar Trostgründe gegen die Uebertreibungen fremder und einheimischer Jakobinerfreunde. 6. Schreiben eines alten Officiers über das Pamphlet: Essai &c. 7. Miszellaneen. 8. Brief aus Cölln.

No. XVI. 1. Schreiben des regierenden Hrn. Herzogs von Braunschweig an S. M. den König von Preußen. 2. Von der französis. Seegränze. 3. Revolutionsschriften. Schreiben eines Dänischen Bürgers an den Kronprinzen. 4. Erste Fortsetz. des Schreibens eines alten Officiers.

No. XI.

I.

Korrespondenz. Schreiben eines Hannöv. Officiers. Brügge, den 7. Febr. 1794.

Die Hannöverischen Truppen haben keine Winterquartiere. Das Hauptquartier ist in Brügge. Unsere Vorposten stehen bey Ypern, Menin, Courtray, Rouvelar, Nieuport ꝛc. Der Hr. General Graf v. Wallmoden, welcher auf der Retirade von Wormhout das Commando über unsre Truppen übernommen, weil der Hr. Feldmarschall v. Freytag blessirt wurde, ist nun von dem letztern wieder abgelöset. Diese beyden Feldherrn werden von uns aufs höchste geliebt und geschätzt. Unsere Truppen haben sich unter ihnen einen unsterblichen Ruhm erworben, und die Danksagungs-Complimente von unserm gnädigsten Könige und den hohen Befehlshabern der Armee, sind die besten Beweise Ihrer Zufriedenheit mit unserm Corps. Unsere Artillerie hat dieser Tagen wieder über einige, seit kurzen vorgefallene, Affairen, folgendes Danksagungsschreiben in einem allerhöchsten Rescript an den Hrn. General Grafen v. Wallmoden bekommen:

„Georg der Dritte von Gottes Gnaden, König
„von Großbrittanien ꝛc. ꝛc. unsern wohlgeneigten
„und gnädigsten Willen zuvor: Hoch- und Wohl-
„gebohrner, besonders Lieber und Getreuer!
„Aus Eurem Bericht vom 21sten v. M. lassen
„Wir uns dasjenige zur Nachricht dienen, was
„Ihr von den fernern Vorfallenheiten bey der
„Armee angezeigt habt, und wie uns das darinn
„von dem Lieutenant v. Grote, bey dem Euch
„anvertrauten Leibgarde-Regiment, und dem Ar-
„tillerie-Corps sowohl überhaupt, als auch den
„bey diesem Corps stehenden Officiers, als dem
„Major Ritter, dem Hauptmann Scham-
„horst, dem Lieut. Ritter und den Fähndrichs
„Polchau und Heire, insbesondere beygelegte
„gute Zeugniß, nicht anders als zum Wohlgefal-
„len gereichen kann; so werden Wir auch jeder-
„zeit gern bereit seyn, das gute Verhalten unsrer
„Truppen, so viel es sich thun läßt, zu belohnen.
„Wir verbleiben Euch mit Wohlgeneigtheit und
„gnädigsten Willen stets beygethan ꝛc. St. Ja-
„mes, den 30. Jan. 1794.

                              Georg R."

Unsere reitende Artillerie wird wegen ihres vielen Gebrauchs, und weil sie vortreflich eingerichtet ist,

ist, noch auf diesen Feldzug um's doppelte vermehrt. Der General v. Trew, der unsere ganze Artillerie neu eingerichtet hat, hat viele Ehre sich dadurch erworben. Unsere Infanterie hat in dieser Campagne viel gelitten; sie ist größtentheils mehr als zwanzigmal im Feuer gewesen, ohne die Belagerung von Valenciennes mitgerechnet. Denken Sie sich, liebster Freund, die Schlacht bey Famars, die Belagerung von Valenciennes, die Expedition nach Cambray, die Affairen bey Rexpoede, Wormhout, Esquelbeck und Arnik; die Schlacht bey Wormhout, und die gleich darauf zwey Tage daurende Schlacht bey Hondschoote, die Affaire bey Poperingen; die Actionen bey Menin, Werwik, Cisoing und Moucron. Es hat oft an Patronen gefehlt; man hat zwey bis dreymal so viel gebraucht, wie man sonst in der blutigsten Campagne gebrauchte. Unsere Infanterie bekommt jetzt neue Montirungen, und außer denselben neue Caputröcke, welche ausgetheilt sind und greis aussehen. Man hört, daß 10,000 Mann feindlicher Truppen von der Rheinarmee bey der Nordarmee, die außer den Bestungs-Garnisonen aus 94 Bataillonen bestehen soll, wenn nichts desfaschirt ist, angekommen sind. Die französ. Armeen bedürfen gewiß jetzt Ruhe, und wir werden also vorerst nichts von ihnen zu befürchten haben.

2.

Beschluß des Artikels: Revolutionsschriften.
(Man sehe No. IX.)

Ueber den Einfluß der geheimen Verbindungen. „Unter den vielen Ursachen, die die Schriftsteller zu republikanischen Gesinnungen gestimmt haben, dürfen die geheimen Verbindungen nicht unberührt bleiben. Die geheimen Orden waren zahlreich und sehr ausgebreitet, dienten zur Ausbreitung einer schätzenswerthen Geselligkeit, zur Annäherung der Stände, zur Ausübung von Wohlthätigkeit, oft auch zur Befriedigung des schändlichsten Eigennutzes der Vorgesetzten, und der Eitelkeit mancher Mitglieder zu schmeicheln, die in den Logen wenigstens als Brüder der Großen und Mächtigen der Erden galten. In den ausgebreitesten war die Regierung anscheinend monarchisch. Das Großmeisterthum des Tempelherrn=Ordens wies schon dahin. Viele Militairpersonen, die sehr wirksam in den Orden waren, mochten auch die Begriffe der militairischen Subordination und Hierarchie in die geheimen Verbindungen hineingetragen haben. Die Fürsten zog man gerne hinein, wegen des Schutzes, den sie ertheilen konnten, wegen des Glanzes, den sie dem Orden gaben. . . . ."

„In und durch die geheimen Orden war mancher denkende Kopf, mancher Schriftsteller gebildet.

In ihnen hatte er gelernt, dem Geiste der etablirten Verfassungen zu widerstreben. Die öffentliche Macht war aber doch dem Einflusse der geheimen Verbindungen ein zu großer Widerstand. Die langsame Einwirkung auf die Gemüther, die so oft in den erwarteten Folgen fehlschlug, befriedigte die thätigen Mitglieder nicht. Nur wenige Menschen begnügen sich mit dem innerlichen Bewußtseyn, gewirkt zu haben. Sie wollen die öffentliche Anerkennung einer autorisirten Macht und die Vortheile, die diese nach sich zieht. Die mannichfaltigen Gebrechen vieler Administrationen sahen sie deutlich ein. Ihre, durch den gewöhnlichen Lauf, gehemmte Thätigkeit, gab ihnen eine desto lebhaftere Abneigung gegen die existirenden Verfassungen, weil durch die geheimen Verbindungen ihre Regsamkeit nun einmal eine politische Wendung genommen hatte. In republikanischen Verfassungen war es ihnen mit Grunde nicht unwahrscheinlich, daß sie eine wirksamere, glänzendere Rolle spielen würden. Dieses, ohne der vielen andern Ursachen zu gedenken, mußte sie schon zu einer feurigen Bewunderung bewegen. Ob in einigen geheimen Orden die Worte der Gesetze oder die Absicht der Einrichtung, auf die Schwächung oder den Umsturz der monarchischen Regierungsform abzielten, wird schwerlich darzuthun seyn. Auffallend bleibt es immer, daß Cagliostro wiederholentlich in seinem Prozesse, den

Häup-

Häuptern einer gewissen Parthey von Freymaurern den Plan, die Thronen der Welt umzustürzen beymißt, aber nicht viel ist darauf zu bauen. Nur so viel ist sicher: es giebt fast keine abentheuerliche Plane, ja selbst kaum eine Gattung von Verbrechen, die nicht einmal der Vorwurf der Bemühungen irgend einer geheimen Gesellschaft, an irgend einem Orte, gewesen wären. Sollte es daher nicht auch wahrscheinlich werden, daß die von Cagliostro angegebene Absicht mehr als Erdichtung seyn könnte?"

Noch zum Schluß das Wort der Wahrheit über den bey der Jugend jetzt herrschenden Hang zum Lebensgenuß, und zur Ungebundenheit, mit Hintenansetzung von dem, was sonst Schicklichkeit, und was Achtung für Erfahrung hieß.

„So vortheilhaft eine milde nicht drückende Aristokratie in der Gesellschaft selbst dem jüngern Theile wird, dem sie mehr giebt als nimmt, indem sie ihn veranlaßt, seine feinen geselligen Talente auszubilden, so hat doch die Idee eines heilsamen Zwanges diesen Theil, der in neueren Zeiten auf augenblicklichen angenehmen Genuß, ohne Aufopferung gestimmt war, sehr empört. Selbst unter denjenigen, die äußerlich nach einen Anschein von Achtung gegen Alter, Stand, Würde, ausgezeichnete Fähigkeiten und Verdienste, beobachten, sind so viele, die sich für den gezollten Tribut dadurch schadlos zu halten suchen, daß sie heimlich oder nach Gelegenheit öffentlich, alle die gerechten Ansprüche und die Personen, die solche machen könnten, verlachen. Wenn man noch so viel auf Rechnung der natürlichen Lustigkeit, ja sogar des Muthwillens der Jugend schiebet, der ihr von jeher eigen war; so wird man doch gezwungen, einzugestehen, daß innere und äußere Nichtachtung wirklicher oder conventioneller Vorzüge, merklich bey den jungen Leuten zugenommen hat. Als Auswüchse aufbrausender, feuriger Genies, läßt sich dieser Mangel aller Achtung, gegen die obenbenannten Eigenschaften, auch nicht betrachten. An jungen Leuten von innerer großer Kraft sind wahrlich! unsere Zeiten um nichts reicher, als diejenigen unserer Väter waren. Diese hatten wenigstens den Vorzug für ihre Söhne voraus, daß sie mehr Achtung für die Erfahrung und das Ansehen der ältern und verdienten Männer, die sie bey ihrem Eintritte in die Welt und den ersten Jahren, die sie darinn zubrachten, antrafen, empfanden und zeigten.

Erziehung und eine auch in Büchern und Schriften immer mehr gepredigte Philosophie des Genusses und der Unabhängigkeit, haben die Jugend diesen Weg ergreifen lassen. Es liegt aber eben sowohl am Tage, daß das Beyspiel der ältern Welt, nicht minder von großem Einflusse auf die Jugend gewesen ist. Auch unter dieser war der

Trieb nach einem egoistischen augenblicklichen Genuß sehr rege geworden, der oft in Verachtung der üblichen Formen von Anständigkeit sich äußerte, oft alle Formen wegwerfen wollte. Die Begriffe von Schicklichkeit sind zwar häufig mit Vorurtheilen verwebt, allein diese Vorurtheile hängen theils wieder so genau mit den natürlichsten besten Empfindungen der Menschen zusammen, daß mit Wegräumung der einen, die andern so leicht fallen, theils halten sie bey dem großen Haufen, bey dem die feinsten edelsten Gefühle nur schwach wirken, die Ausbrüche einer groben Selbstigkeit zurück, und nur allein in dieser Hinsicht müssen so viele Vorurtheile nicht ausgerottet, so viele mit schonender Hand angefaßt werden. In neueren Zeiten ist, zum Beyspiel, sehr gegen die Trauerkleidung geeifert, die manchen Familien sehr drückend fiel, die an manchen Orten wirklich Einschränkung bedurfte. Aber laßt uns doch nicht alles Aeußere, alle Ueberbleibsel von formeller Achtung, vertilgen, sucht doch in den Familien ein gewisses gemeinsames Band aufrecht zu erhalten, da sicher mehr am Aeußern hängt, wie man gewöhnlich glaubt. Lebhafte Zärtlichkeit des Herzens kann nur bey wenigen und unter wenigen Statt finden."

3. Fran=

3.
Franzosenfurcht.

Als Custine Herr von Maynz und Frankfurt war, und man denselben mit seinen Sansculotten auch in Hildesheim, Braunschweig, Sachsen, Hannover, Hessen, und, der Himmel weiß wo noch mehr? erwartete, hatten die J. J. alles so einzufädeln gewußt, daß an manchen Orten sich das gemeine Volk — freylich nur Pöbel, hoher oder niederer — auf die Ankunft der Franzosen freuete: Deswegen ist es doch gewiß jetzt angenehm zu wissen, daß der gemeine Mann von dieser Freude, in diesen Ländern zurückgekommen ist, und daß er, statt dessen, die höchstunwahrscheinliche Ankunft der Franzosen, herzlich fürchtet.

In einem Hause vor Hannover wurden bey der starken Kälte im Januar 1794 einige irdene, wohl zugepfropfte Krüge mit Wasser in den Ofen gesetzt, um damit die Betten zu erwärmen. Der Ofen war sehr heiß, das Wasser in den Krügen fieng an zu kochen, und da es nicht Luft hatte, zerplatzten die Krüge mit einem entsetzlichen Knall, und mit solcher Gewalt, daß der ganze Ofen zugleich in tausend Stücke sprang. Die Scherben des Ofens und der Krüge flogen fürchterlich im Zimmer herum, und Commoden, Tische, Spiegel und Fenster wurden davon zerschmettert. Ein Theil dieser Scherben flog zum Fenster hinaus, und eine derselben an den Kopf eines armen Mädchens auf der Landstraße. Sie ward zwar wenig beschädiget, aber der Knall und die Empfindung an ihrem Kopfe brachten sie doch in einen solchen Schrecken, daß sie in eben dem Augenblick, als man in dem Hause zwar auch den Knall gehört hatte, aber noch nicht recht wußte, was eigentlich vorgefallen war, heulend und schreyend hereinstürzte, und ausrief: Ach Herr Jesus! de Franzosen komet, se hevt schon na mick schoten! *)

Im Januar 1794 sahe man in Hannover eine ungeheure Menge Raben über das Königliche Schloß ziehen. Augenblicklich war die ganze Straße voller Menschen, die dieses so gewöhnliche Phänomen bemerkten, und mit gar kläglichen Gesichtern einer zu dem andern sagten: Dat bedüd, dat dei Franzosen ock bald hier komen wesret. **)

———————

4. Mis=

---

*) Ach Herr Jesus! die Franzosen kommen, sie haben schon nach mir geschossen!

**) Das bedeutet, daß die Franzosen auch bald hieher kommen werden.

4.
Miszellaneen.

Bekanntlich waren die Schuhputzer, Schlotfeger-jungen, Laufjungen, zu Paris, von jeher Savoyarden, die unter sich eine Art von Gilde oder Kameradschaft ausmachten. Am 7. Pluviose (26. Jänner) erschien eine Deputation von ihnen in der Commune de Paris, unter dem Prunk-Titel, Allobroger-Patrioten, die zu Paris resdiren, résidant à Paris: (denn diese Sansculotten und Republikaner, in Paris und im Auslande, die allen Stolz und Titelsucht so gern an andern tadeln und verfolgen, sind am meisten selbst darauf erpicht, sobald nur ihr liebes Ich ins Spiel kommt.) Sie brachten dem Convent ihr Archiv und ihre Protokolle, (die wohl nicht sehr leserlich gekritzelt seyn mögen) und ein Geschenk von 130 Livres (ohngefähr 22 Laubthaler) zur Ausrüstung eines Jakobiner-Reuters, welcher, wenn er keinen weitern Zuschuß zu seiner Equipirung erhält, als diese 22 Laubthaler, an Pferd, Waffen und Mann, ein ächter Sansculotte seyn wird!

In der Convents-Sitzung von eben dem Tage, forderte eine Deputation Amerikaner den gefangenen Payne zurück, der bekanntlich mit Brissot ver-

verhaftet wurde. Der Präsident Babier, gab
ihnen eine ziemlich laue Antwort, worinn er aber
seiner Jakobinergalle in folgenden Schmähungen
auf das edle Volk der Britten freyen Lauf ließ:
„Der Dreyzack muß zerbrochen werden, der die
„Insolenz jener Corsaren Albions... jener neuen
„Karthaginenser, so kühn macht. Es ist Zeit, die
„Kühnheit und den mercantilen Geiz dieser See-
„räuber zu zähmen, welche Tyrannen der See und
„des Handels der Nationen sind." — Es war
auch wirklich betrübt für die Faktion, daß Großbrittannien, dem jakobinischen Frankreich, sein
Uebergewicht an Edelsinn, Nationalgeist, und Nationalkraft, zu Einer Zeit so tief und drückend
fühlend ließ, indem es statt seinen König und seine
Stellvertreter und Minister zu morden, Sicherheit,
Eigenthum, und Religion mit Füßen zu treten,
so einstimmig und bieder die getroffenen Maasregeln, zu eben der Zeit unterstützt, wo seine Flotten
in beyden Indien triumphiren.

In dem Sprachmeister-Decret des Barrere, dessen wir in unserm letzten Blatt erwähnt haben,
läßt er alle Sprachen die Musterung durchgehn,
und findet, was sich nicht schwer ahnden ließ, die
französische Sprache allein würdig, die allgemeine Weltsprache zu werden. „Denn sie hat ihre
„Töne

„Töne der Freyheit und Gleichheit geliehn, sie hat
„eine legislative Tribune und 2000 Volkstribunen,
„sie hat große Plätze, wo große Versammlungen
„sich tummeln können, (agiter de vastes assemblées)
„und Schauspielhäuser, den Patriotismus zu feyern;
„sie erzählt die Siege von 14 Heeren, und dient
„der Glorie der Wiedereinnahmen von Toulon, Lans
„dau, Fort= (Louis) Vauban, (wem fällt da nicht
„Cüstines enfonceur des portes ouvertes ein) zum
„Werkzeug 2c." — Bey der Musterung kömmt
die Reihe auch an die deutsche Sprache. Bar=
rere findet sie „wenig gemacht für freye Völker!"
doch hat er die Jakobiner=Güte hinzuzusetzen: „bis
„daß das Feudal= und Militär=Gouvernement, des=
„sen würdigstes Organ sie ist, vernichtet ist."

Aus dem Rapport des Dubois=Crancé vom
28. Jänner, welcher die Aufhebung der zeitherigen
Freykorps, und ihre Umschaffung in leichte Infan=
terie, nach sich zog, erfahren wir, daß mancher
Soldat von obigen Freykorps, durch Unterschleife,
der Republik auf 3000 Livres, oder fünfhun=
dert Laubthaler — ungeheure Summe — zu
stehen gekommen war. In eben der Sitzung des
Convents, berichtete der Deputirte Laurent=
Cointre, daß die Rotz=Krankheit in den
Depots der Republik, wo die zusammengeraubten,

und

und erpreßten Pferde für die Armeen einstweilen aufbehalten werden, große Verheerungen anrichte, daß man deren täglich tödten müsse, und daß allein zu Fontainebleau 200 in einem Monate todt gestochen worden wären. Eine tröstliche Nachricht bey dem jetzigen Pferdemangel in Frankreich!

Diese Sitzung war überhaupt reich an Entdeckungen: denn so erfuhr man auch aus Merlins von Thionville, Munde: daß die Garnison von Mainz, die 16,000 M. stark ausmarschirte, in der Vendee bis auf fünftausend geschmolzen sey. Ein neuer Beweiß der großen, verschwiegnen, Einbuße der Republikaner im Vendee-Krieg.

Bernard, Volks-Repräsentant, meldet seinen Collegen im National-Convent, aus Mömpelgard die Fortschritte, welche die Vernunft in dem Bißthum Basel, und zu Delsperg (im Münsterthal), mache, seitdem er eine Revolutions-Commißion, mit der Guillotine, eingesetzt habe. Verschiedenes Kirchengeräthe sey eingeliefert worden, und zum Beweiß, wie der Fanatismus falle, führt er an, daß er und die Glieder der Revolutions-Commißion, dem Volk zum Beyspiele, bey einem Trinkgelag, aus den Kelchen getrunken hätten.

Seitdem Robespierre in seiner jüngsten Tugendpredigt des gewesenen öffentlichen Anklägers in Straßburg, mit den Verdammnißworten gedachte: "er habe ein Leben geführt, wie Heliogabal und Caligula so obscön, und die Weiber und Mädchen habe er für sich und seine Freunde in Requisition genommen;" seitdem sieht es mit dem Herrn Eulogius Schneider sehr mißlich aus, und wahrscheinlich büßt er nun in Paris, was er als Freyheits-Apostel in Deutschland so lange sündigte, und was die Milde unsrer deutschen Regierungen ihm ungestraft hingehen ließ. — Man muß gestehn, die Coryphäen und Helden der französischen Revolution erscheinen in einem feinen Lichte, wenn man ihr Privatleben beleuchtet!

In dem Moniteur vom 1. Februar finden wir die Nachricht, daß das Comité der allgemeinen Sicherheit, die Directeurs der verschiedenen (40 bis 50) Schauspielhäuser und Buden zu Paris, vor sich berufen hat, (mandé; das klingt ziemlich nach dem alten Régime) um ihnen zu empfehlen, aus ihren Theatern eine Schule der Sitten und der Decenz zu machen, und ihnen zu dem Behuf gnädigst zu erlauben, neben den patriotischen Noth-Drang- und Kraft-Stücken, die zeither täglich aufgeführt wurden, auch Stücke vorzustellen, wo Privat-Tugenden (vertus privées) in ihrem ganzen Glanz vorgestellt werden.

Weil die Reden in den Jakobiner-Clubs gegen die Constitution von Alt-England, ihren Zweck so ganz verfehlt haben, wie solche seichte, blos von Schmähungen und Lästerungen, nicht aber von Gründen, strotzende Geschwätze, ihn verfehlen mußten, und weil Englands Glorie und Patriotismus nur in helleren Schimmer dadurch hervortrat, so hat Robespierre, der König von Frankreich, seinen Grimm darüber, an den armen Schächern, seinen unterthänigen Dienern, den Rednern selbst, in der Jakobiner-Sitzung vom 9. Pluviose, nach Tyrannen-Mode, ausgelassen. Er schimpft auf sie, daß sie die wahre Absicht, weswegen sie hätten reden sollen, ganz fehl gegangen wären, nämlich, sich in die Schwäche des englischen Volks zu schicken, das nun zwey Jahrhunderte an Moralität und Aufklärung hinter den Franzosen zurück sey, (bleibt es ewig, edle Britten!) und der Seele der Franken tiefe Verachtung gegen die englische Regierungsform einzuflößen; er schilt Pitt einen Schwachkopf, wenn das gleich ein Blasphem in den Ohren einiger Engländer (der ganzen vernünftigen Welt) seyn möchte: denn ein solcher müsse der Mann seyn, der sich auf den Einfluß stützend, welchen er in einer Insel erlangt, die ein Ohngefähr ins Weltmeer warf, (vermuthlich hatte Gott einen eigenen Schöpfungstag für Frankreich) sich ein-

einbilde, mit dem französischen Volke kämpfen zu wollen. Es sey unbegreiflich, wie ein Mensch im 18ten Jahrhunderte, so dépourvu de bon sens seyn könne, auf solch' einen Einfall zu kommen. Zuletzt trägt er darauf an: daß von nun an keine Rede, ohne vorherige reife Prüfung, gedruckt werden solle. Applaudi et arrêté! — Glück zu, Pitt und England, zu eurem Sieg. Das sind schon sicher Symptomen davon.

Alle Gärten in und um Paris sollen umgeackert, und statt des zeitherigen Luxus, mit Getraide bestellt werden.

Unter denen, welche am 10. Februar, bey der Pariser Gemeine, Certificat ihres Bürgersinns verlangten, und erhielten, befand sich auch die Tänzerin Guimard, und der Ritter Ximenes, der sich nun entrittert hat, und Poête Sans-Culotte betitelt. — So leckt die, welche sonst im Staube der Vorgemächer kroch, jetzt die schmutzigen Füße der gebietenden Herren Ohnehosen, demuthsvoll. Einem Niederträchtigen geziemt jedes Mittel, seinen Egoismus zu befriedigen.

5.

Korrespondenz. Schreiben eines Reisenden.
Frankfurt a. M. den 19. Febr. 1794.

Ich kam zu einer sehr gelegenen Zeit hier an, um den Einzug der Commissarien des Nat. Convents mit anzusehn. Er geschah unter militärischer preussischer Bedeckung. Auf dem Bocke wehete ein Fähnlein mit den drey Nationalfarben, auf welchem ein blutrothes Jakobiner-Käppchen von Manchester prangte. An den Schlägen waren, statt des Wappens, ebenfalls zwey große rothe Jakobiner-Kappen angemalt. Das Volk schien diese Zeichen des Triumphs einer Rotte von Königsmördern und Gottesleugnern, deren Schaaren in diesem Augenblicke keine 12 Meilen von hier, deutsche Reichslande verwüsten, viele Tausende von deutschen Bürgern und Landleuten an Bettelstab bringen, oder sie zwingen, Haus und Hof mit dem Rücken anzusehen, und im Elend in der Fremde umherzuirren; das Volk, sage ich, schien sie mit Widerwillen zu erblicken, was sehr verzeihlich war, doch enthielt es sich aller Thätlichkeiten. Eine Stimme rief: reißt den Bettel herunter. Man sagt, es sey der Prinz.... gewesen. Ein Russe sprang zu, und riß die Fahne ab. Man sagt, der Russe sey arretirt, aber auch wieder losgelassen. Die Fahne ist von neuem auf den Bock gesteckt worden.
Die

Die Commissarien haben bey General Kalkreuth in Gesellschaft vieler Reichscavaliere und Damen gespeist. Sie sollen bey Tafel geäußert haben: es müsse wirklich in den Niederlanden etwas wichtiges vorgefallen seyn. Diese Citoyens können übrigens nun bey ihrer Rückkehr, ihren gebietenden Herren versichern, es herrsche in unsern deutschen Sklaven-Städten, unter dem Schutz unsrer Gesetze, unendlich mehr wahre Toleranz und Freyheit, als in ihrer berühmten erzfreyen Republik; denn in einer französischen Sansculotten-Stadt möchte es wohl keiner kaiserlichen oder preußischen Commißion, mit einer weissen Fahne auf dem Bocke, oder weißen Kokarde am Hute, zu rathen gewesen seyn, nur ein paar Schritte weit zu fahren, und der General, der ihnen die geringste Höflichkeit erwiesen, hätte gewiß den andern Tag vor dem Revolutions-Tribunal erscheinen müssen. Wir Deutsche wollen uns also freuen, daß wir es in jedem Stücke den Neufranken zuvor thun. — Die Commissarien nennen ihre Bedienten: mon attaché, fais cela! — Der Bediente antwortet dann wohl: attends, citoyen, je n'ai pas le tems! — Die Bedienten gehen mit ihren rothen Kappen umher.

6. Auf

6.

Auf Sr. Hochfürstlichen Durchlaucht, Carl Wilhelm Ferdinand, regierenden Herzogs zu Braunschweig und Lüneburg, höchst erfreuliche Zurückkunft,

von

Johann Arnold Ebert.

Getrost! verzage nicht, mein Geist;
Wenn gleich des Alters schwerer Zügel
Im Aufflug oft dich niederreißt:
Die Freude giebt dir neue Flügel.
CARL kömmt zu seinem Volk zurück!
Noch kann mein fühlend Herz dies Glück
Mit jedem jüngern Herzen theilen.
Laßt denn, o Jünglinge, mit euch
Den Greis, an Muth dem Jüngling gleich,
Frohlockend Ihm entgegen eilen.

Noch mehr, als euch — wer wollte nicht
Dem Greise diesen Stolz verzeihen? —
Gebieten mir Gefühl und Pflicht
Mich Seiner Wiederkunft zu freuen.
In Ihn ward früher, als der Welt,
Der weise Fürst, der tapfre Held,
Einst meinem nähern Blick enthüllet.
Auch von der Welt Ihn so verehrt
Zu sehn, war mir noch wünschenswerth;
Und längst war dieser Wunsch erfüllet.

Durch welches Wunder sah denn ich
Auch diesen Tag der Jubellieder?
Welch größres Wunder schenket Dich
O CARL, nun Deinem Volke wieder?
Zurück von Scenen voller Blut,

Wo

Wo tück'sche Bosheit, wilde Wuth,
Mit tausend Toden Dich umgaben?
O eines Engels starker Schutz
Muß aller Tück' und Wuth zum Trutz
Dein theures Haupt beschirmet haben.

Ja, diesem Schutzgeist danken wir,
Dein Volk, Dein uns geweihtes Leben;
Dein Volk, dem GOTTES Huld in Dir
Auch seinen Schutzgeist einst gegeben.
Ihn, welcher Dir zur Seite stand, —
(Ward LEOPOLD, ward FERDINUND
Zu diesem hohen Amt erhoben? —)
Wer er auch sey, ihn hoff ich bald
In seiner himmlischen Gestalt
Zu schaun, und dankend ihn zu loben.

Doch nein! nur unserm GOTT gebührt
Für Deine Rettung Preis und Ehre.
Nur ER hat Dich zurückgeführt,
Der Gott der Fürsten, Völker, Heere.
Wir glauben noch an GOTT! an GOTT!
Und wir verspotten euren Spott,
Ihr frechen, frevelnden Barbaren!
Daß ER auch euer GOTT noch sey,
Wird eure blinde Raserey
Mit Angst und Schrecken bald erfahren.

Wie habt ihr euch und uns getäuscht,
Und gegen euch die Welt empöret,
Die ihr Gesetz und Ordnung heischt,
Und Ordnung und Gesetz zerstöret;
Die Tugend preißt, und doch mit Hohn
Der Tugend Grund, Religion,
Vom Erdkreis zu vertilgen trachtet;
Und, euren Mund von Menschenwohl,
Doch euer Herz von Mordlust voll,
Unmenschlich eure Brüder schlachtet.

O schnöde Brut, von Grausamkeit,
Gepaart mit Leichtsinn, ausgebrütet,
Die bald für nachgeahmtes Leid
Zerschmilzt, bald selber mordend wüthet;
Von innen rauh, von außen glatt;
Manieren an der Sitten Statt;
Ein Firniß, der uns nicht mehr blendet!
Weh dir! o deiner Laster Knecht,
Du hast der Freyheit heilig Recht
Durch Zügellosigkeit geschändet.

  Euch aber, DEUTSCHE MÄNNER, Heil!
Denn Menschlichkeit, stets im Geleite
Der Gottesfurcht, ist euer Theil;
Im Frieden Zucht, und Zucht im Streite;
Witz sonder Überwitz und Tand;
Gesunder männlicher Verstand;
Und Tiefsinn ohne Hirngespinste;
Und weiser Ernst und biedre Treu';
Bescheidner Stolz, nicht Prahlerey;
Und Thaten mehr, als Rednerkünste.

  Euch DEUTSCHE WEIBER, Heil! Denn ihr,
So ungleich jener Furienbande,
Ihr seyd noch des Geschlechtes Zier,
Wie jene, des Geschlechtes Schande.
O bleibt euch selbst auch ferner gleich;
Fromm, edel, sittsam, mild und weich,
Und haßt Menaden und Megären,
Die, selbst mit der Natur entzweyt,
Die Milch der sanften Weiblichkeit
In Geifer, Gall', und Gift verkehren.

  Wer für sein deutsches Vaterland
Nicht von gerechtem Eifer brennet,
Der werde zu der Brut verbannt,
Die weder Recht noch Freyheit kennet!
Vom deutschen Volk ein Theil zu seyn,
Ist Ehr' und Glück. — O BRAUNSCHWEIG,
        dein

Ist dieser Ruhm und diese Freude,
Und wenn ein Fürst, wie Du es bist,
O CARL, des Landes Vater ist:
Auch das ist Glück und Ruhm für beyde.

  Wie sehr Dein BRAUNSCHWEIG dieses
          fühlt,
Bezeuge, seit aus seinen Mauern
Dich Deutschlands Wohl entfernet hielt,
Sein tiefes ahndungsvolles Trauern;
Sein banges Forschen nach Gefahr;
Sein brünstig Beten am Altar; —
Ach hätteſt Du es hören können!
Fürwahr, geſchworen hätteſt Du,
Besorgt für Deines Volkes Ruh',
Nie wieder Dich von ihm zu trennen.

  Nie müſſe mehr dein Heldenmuth
Uns selber, wie die Feinde, ſchrecken;
Nie selbst ein Sieg, mit Deinem Blut
Erkauft, mehr Angst, als Freud', erwecken!
Du weißt es, — nicht allein der Krieg,
Auch Friede, heiſchet Muth und Sieg,
Ja Muth und Sieg in höhern Kämpfen;
Verfolgter Unſchuld Schirm zu ſeyn;
Der Wahrheit Gegner zu bedräun;
Des Laſters Aufruhr früh zu dämpfen.

  Den Staat, der ins Verderben ſank,
Mit Rieſenſtärk' empor zu heben;
Den Fleiß, der mit dem Tode rang,
Mit Schöpfergeiſte zu beleben;
Durch weiſer Staatsgeſetze Kraft
Mit Tugend, Kunst, und Wiſſenſchaft
Noch ſpäte Nachwelt zu berathen;
Das iſt der Friedenshelden Ruhm;
Und das iſt auch Dein Eigenthum,
Und das die Krone Deiner Thaten.

So weihe denn noch lange Zeit,
Erhabner Fürst, die hohen Kräfte, —
GOTT selbst hat sie dazu geweiht, —
Dem hohen göttlichen Geschäfte.
Zwar lohnet dies allein sich schon:
Doch Dein ist noch ein grosser Lohn
In eines edlen Volkes Liebe.
Kriegshelden, die ihr mehr begehrt,
Ist euer Lorbeer so viel werth,
Als eines edlen Volkes Liebe?

  O schau, wie sie schon jetzt entzückt
In Schaaren Dir entgegen wallet,
Aus jedem Auge flammend blickt,
Aus jedem Munde jauchzend schallet.
Held Menschenfreund, wann klang zuvor
Ein Siegsgeschrey je deinem Ohr
So süß, wie dieses Lustgetümmel?
Und welch Te Deum stieg so rein
Von Wehklag', und so allgemein,
Als unser Lobgesang, zum Himmel?

  Auf, Bürger! laßt uns Dank und Preis
Dem himmlischen ERHALTER singen.
Laßt unsern festgeschlungnen Kreis
Ihn, den ER uns erhielt, umringen.
Und dann, — die Liebe macht uns kühn, —
Beschwören wir mit Thränen Ihn,
Nie wiederum uns zu verlassen.
Und froh, daß, wenn Er dies uns schwört,
Ich selbst noch diesen Schwur gehört,
Werd' ich dann ruhiger erblassen.

No. XII.

No. XII.

1.

Korrespondenz. Schreiben aus Lausanne, den 17. Februar.

Ich sende Ihnen hier die Antwort der Schweizer-Kantone auf die Note des bevollmächtigten Ministers Sr. Brittischen Majestät. Sie ist nicht so unbedeutend, wie sie beym ersten Ueberblick scheinen mögte; denn sie verräth einen ziemlich festen Entschluß (und der auch wirklich vorhanden ist), sich auf keine Weise, zu irgend einer Nachgiebigkeit oder Schwachheit, gegen Frankreich verleiten zu lassen, und sich bereit zu halten, jeder Agreßion nachdrücklich zu begegnen, sie mag directe von außen, oder indirecte von innen, durch Aufwiegelungen, veranlaßt werden, woran die Neufranken noch immer, sonderlich im Pays de Vaud, arbeiten.

Genua's Neutralität ist weit partheyischer in Ansehung der Neufranken. Der Pöbel ist dort gegen die Engländer, wegen der durch sie verursachten Handelssperre, aufgebracht. Das Feuern vom Molo auf den englischen Kutter, der am 22. Jänner

zwey

zwey Genuesische Getraideschiffe anhielt, war schon eine Art von Feindseligkeit, und hat einen sehr ernsthaften Briefwechsel zwischen dem brittischen Consul und dem Senat nach sich gezogen. Das Volk hat sich dabey bis zu Beschimpfungen einiger Engländer vergessen. Es ist zu fürchten, daß sich die Carmagnolen die Aufnahme in Genua, und dadurch einen leichtern Einmarsch in Piemont verschaffen werden. Der Kaiser allein könnte das verhindern, wenn er ihnen mit seiner Armee, die er in der Lombardey hat, zuvorkäme.

Es ist gewiß, daß Pethion in der Schweiz war; er arbeitete sogar zu Bern, bey einem Lichtgießer, wo er von einem Franzosen erkannt wurde. Er bekam sogleich das Consilium abeundi. Sie haben ganz Recht, wenn Sie sagen, daß die Schweiz, das Vaterland der durch ihn am 10. August ermordeten edlen Bürger, nicht das Asyl eines solchen Bösewichts seyn dürfe.

Zu Genf wird es täglich schlimmer. Die Clubisten gängeln dort nach ihrem Belieben die schwachen Ausschüsse, und setzen durch harte und tyrannische Begegnungen die Gegenparthey in Schrecken. Die Ausschüsse haben neulich die Grimasse gemacht, als ob sie eine Untersuchung wegen des Mords anstellen wollten, der am 23. Jänner, zu Chênes, an einem Faßbinder, von der Genfer Revolutionsarmee, auf ihrem Kreuzzuge gegen das Schloß

des

des Ex-Syndicus Micheli, begangen wurde. Von diesem Kreuzzuge und seinen Folgen werde ich Ihnen nächstens eine umständliche Erzählung einschicken, sobald ich von Genf aus die data erhalten habe. Man hat den Körper des Faßbinders ausgegraben, und ihn von neun Flintenschüssen und drey Bajonetstichen durchbohrt gefunden. Niemand von der Revolutions-Armee will aber gegen seine Kameraden zeugen, und die sogenannten Leute vom Berge (denn in Genf äfft man Alles den Parisern nach) haben im Club erklärt, sie würden nicht zugeben, daß wegen einer so löblichen Revolutions-Maasregel, die geringste Untersuchung vorgenommen würde. Die Constitution ist im Conseil général, das man mit Leuten von jeder Gattung zu dem Behuf anfüllte, durch die Majorität acceptirt geworden. Allein gleich den folgenden Tag hat dieses Pot pourri sich sehr wesentliche Eingriffe gefallen lassen müssen, und welche zugleich beweisen, daß man fortfahren will, Genf ferner revolutionär zu regieren. Auch herrscht nun die vollständigste Anarchie. Die Leute vom Berg, denen es verdroß, daß im Conseil général der Antrag, wegen Verbrennung aller Bürgerbriefe und Titel, mit einer Mehrheit von 2000 Stimmen gegen 1300, verworfen worden war, griffen sogleich, auf den Wink ihrer Häupter, zu den Waffen, und zwangen am 7. Februar, mit dem Säbel in der

Fauſt die Ausſchüſſe, eine Bekanntmachung zu publiciren, die ganz als das Gegentheil von dem lauter, was der Souverain eben decretirt hatte; so nennt man jetzt das Conſeil général, wo nun jedermann Zutritt hat. Der Druck der Clubiſten iſt jetzt ſo groß, daß wenn einige Bürger ſich anderswo als im Club verſammeln, oder anderswo als im Club, Unterſtützungen und Almoſen für die zahlreiche Klaſſe der Dürftigen verabreden und colligiren, man ſie ſogleich arretirt und in Kerker wirft. Das Einzige, wo die Enragés der Clubiſten noch nicht haben durchdringen können, iſt die Religion. 2800 Stimmen gegen 320, haben beſchloſſen, daß die proteſtantiſche Religion, als eine weſentliche Bedingung, beybehalten werden ſoll, um Bürger zu werden.

Der Kanton Bern iſt ſo wenig geneigt, das jetzige uſurpirte Gouvernement zu Genf anzuerkennen, daß verſchiedene Mitglieder deſſelben, die man als Propagandiſten ihrer ſaubern Lehre kannte, und die ſich einfallen ließen, das Berner Gebiet zu betreten, ſogleich Befehl erhielten, es zu verlaſſen.

In dem Augenblick, da ich dieſen Brief ſchlieſſen will, theilt mir ein Freund folgendes Schreiben aus Genua mit, das wenige Tage nach dem Vorfall mit dem Cutter geſchrieben iſt.

„Der Senat hat die Schuldigen beym Kopf „nehmen laſſen: er fängt an, mehr Feſtigkeit und „Ent-

„Entschlossenheit zu zeigen. Die entzweyten Ge=
„müther nähern sich einander wieder, und die recht=
„lichste Parthey bekommt die Oberhand. Der Pö=
„bel, der durch die Franzosen aufgehetzt wurde,
„merkt, daß man Anstalten gegen ihn trifft, und
„wird gelaßner und sanftmüthiger. Der Kaiser
„wird einen Minister hierher senden, und hat uns
„ihn in einer Note angekündigt, die mit dem größ=
„ten Nachdruck abgefaßt ist, und das Gepräge der
„Vernunft und Staatsklugheit führt. Er ladet
„die Republik ein, sich zu bewaffnen, und jede Be=
„einträchtigung ihres Territoriums zu verhindern,
„wo nicht, so mache er sie für jede Folge einer
„unabgehaltenen Invasion verantwortlich, die ihn
„dann zwingen würde, nur auf das Interesse sei=
„ner benachbarten Staaten Rücksicht zu nehmen.
„Er giebt zu verstehen, daß er im Nothfall die Re=
„publik unterstützen wolle." — Vierzigtausend
„Mann, die nach und nach, und täglich in der
„Lombardey anlangen, sind ein sehr kräftiges Argu=
„ment zu dem Allen. Man versichert auch, daß
„der Kaiser das Stück des Mayländischen Gebiets
„von Sardinien zurückerhalten werde, das er im
„Aachner Frieden verlohr."

2.
Freyheit zu Genua.

Genua ist jetzt die Heldin der französischen Republik, deren sie in allen ihren öffentlichen Blättern und Verhandlungen auf das ehrenvollste erwähnen läßt. Kein Wunder! denn Genua steht alleweile ganz unter dem Einfluß des Pariser Comité, und Willecard, französischer Legationssecretär, verfertigte die Antwort auf die Note des brittischen Gesandten. Dagegen wurde ein anderes Pamphlet confiscirt, das nicht den Absichten der französischen Faktion entsprach, und den Titel führte: Gedanken eines wahren Genuesers, eines Freundes der Religion und des Vaterlandes.

Gorani, in seinen Mémoires, macht eine drollige Beschreibung von der Freyheit zu Genua. „Gleich nach meiner Ankunft zu Genua, (sagt er) eilte ich in einen Gasthof, um ein sehr dringendes Bedürfniß zu befriedigen, und einige Erfrischungen zu genießen. Es war aber ein Fasttag, und schon spat, und ich konnte es nicht dahin bringen, daß man mir Fleischspeisen gab ꝛc. Unterdessen bat ich dringend, mir wenigstens, sobald als möglich, zu essen zu geben. Die Anstalten währten nicht lange, und einige Augenblicke darauf, meldete man mir,

daß

daß aufgetragen sey. Ich näherte mich dem Tische mit der Heißgier eines halbverhungerten Reisenden, und fand ein Brod, das nur halb durchgebacken war, abscheulichen Wein, und Speisen, die man mit stinkendem und verdorbenen Oel zugerichtet hatte. Das machte mich übler Laune; ich ließ den Wirth kommen, beschwerte mich, und fragte ihn, ob ich für mein baares Geld verurtheilt seyn sollte, entweder Hungers zu sterben, oder Speisen zu schlucken, vor welchen einem ein Grauen anwandele? Der Mann gab mir ganz kalt zur Antwort, es thue ihm leid, mich nicht besser bewirthen zu können, aber er sey genöthigt, sein Brod aus dem National-Backofen zu nehmen, seinen Wein in den National-Weinschenken zu holen, und sein Oel gleichfalls aus den National-Magazinen zu kaufen. Diese Dinge, fuhr er fort, werden in großen Barken verwahrt, die den ganzen Sommer durch in der Sonne liegen, was freylich ein untrügliches Mittel ist, ihre Qualität zu verschlimmern. — Ich weiß, erwiederte ich, daß nicht alle Ländereyen der Republik gleich fruchtbar sind, aber ich weiß auch, daß das wenige, was an Oel und Wein da gebaut wird, ganz vortreflich ist, und daß ihre Speicher beständig mit Getreide angefüllt sind, welches von allen handelnden Nationen importirt wird. Wie kömmt es also, daß sie für sich und die Fremden, nur den Auswurf, den Schund von

diesen Lebensbedürfnissen brauchen? — Der Wirth zuckte die Achseln, und versicherte mich, statt weiterer Erörterung, daß ich in Privathäusern die Speisen und Getränke so finden würde, wie ich sie verlangte, doch auch nirgends anders als da."
„Nach Tische durchstrich ich die Gassen und öffentlichen Plätze, und überall las ich das Wort libertas. Es stand sogar über den Gefängnissen und über den Klöstern. Dieser Ausdruck, den ich so oft und so vielfältig wiederholt fand, daß er das Feldgeschrey der ganzen Stadt zu seyn schien, ließ mich Betrachtungen über den Widerspruch anstellen, in welchen selbst die aufgeklärtesten Regierungen verfallen, ohne es zu wissen. Freyheit! über der Thüre des Gefängnisses der Inquisition, des unerträglichsten und tyrannischesten aller menschlichen Institute, ob sie gleich zu Genua minder grausam ist, als anderswo! Freyheit! über der Thüre der Nonnenklöster, deren Schwelle nur einmal von den interessanten Kläusnerinnen betreten wird, die darinn eingesperrt sind! Freyheit! in einer Stadt, wo ein Fremder nicht ein Huhn, nicht ein Stück des alltäglichsten Fleisches bekommen kann, weil es Fasttag ist! — Noch hatte ich mich von meiner Verwunderung nicht erholt, als mein Lohnbedienter mir zwey Kerle von sehr übler Miene zeigte, um deren Auslieferung, als Meuchelmörder, die Mayländische Regierung vergebens nachsuche. Wie? rief

rief ich aus, die Republik treibt die Liebe zur Freyheit so weit, wissentlich das Asyl von Bösewichtern zu werden, und ich Fremder, ich Reisender, kann an einem Orte, wo die Gastfreyheit für baare Bezahlung ausgeübt wird, nicht eine Nahrung bekommen, die für mein Temperament taugt? Man zwingt mich, verpestete Speisen zu genießen? O Menschen! Menschen!"

„Nachdem ich lange umhergelaufen war, gieng ich in ein Kaffeehaus, um zu versuchen, ob ich nicht durch den Parfüm dieses Getränkes, den Nachgeschmack von der häßlichen Kost tödten könnte, womit ich meinen Hunger hatte stillen müssen. Aber wie stieg mein Erstaunen, als ich diesen Trank an meine Lippen brachte, und nicht im Stande war, mehr als einen Tropfen davon hinunterzubringen. Ich dachte bey mir selbst: der unsterbliche Dichter und Naturforscher Rodt, muß wohl nur zu Genua Kaffee getrunken haben; sonst würde ihm gewiß nicht der Ausdruck entwischt seyn: „Lieber wollt' „ich Gift, als eine Tasse von dem bittern und „schädlichen Getränke trinken, das man Kaffee „nennt!" — Aufgebracht über diese Reihe von Täuschungen, forderte ich Citronengefrornes: eben der häßliche Geschmack, eben der Ekel, und folglich Vermehrung meiner bösen Laune. Neben mir saßen einige Personen, bey welchen ich mich nach der Ursache dieses unbegreiflichen Faktums erkundi gen zu dürfen glaubte. „Sie werden es nirgends „besser bekommen, gaben sie mir zur Antwort, „auch hat ihnen das Ohngefähr wohl gewollt, in„dem es sie just hierher führte; denn es ist das beste „Kaffeehaus in der Stadt." — Aber, warum ist alles hier so abscheulich? warum das Gefrorne nicht genießbar?.... — „Weil Kaffee, Chocolate und „Gefrornes mit unter der Zahl der Dinge begriffen „sind, welche der Staat verpachtet hat." — Der Staat treibt also ein Monopol mit allen Lebensmitteln? — „Ja, und nur in Privathäusern sind „die Erfrischungen vortreflich." „Wenige Tage darauf hatte ich Gelegenheit, durch eigene Erfahrung diese sonderbare Versicherung bestätigt zu finden. Ich wurde in verschiedene Häuser gebeten, an welche ich Empfehlungsbriefe mitgebracht hatte, und fand da lauter ausgesuchte Speisen, köstliche Weine, und die herrlichsten Früchte."

„Ich gestehe, was mir begegnet war, hatte mich wider die Genuesische Regierung eingenommen: ich konnte es nicht mit der Liebe dieses Volks zur Freyheit, zusammenreimen, und war sehr geneigt, meinen Aufenthalt nicht in einer Stadt zu verlängern, die mich durch unaufhörliche Widersprüche kränkte. Hätte ich das gethan, so würde ich bey meinem Irrthume beharret seyn, und wahrscheinlich ihn weiter fortgepflanzt haben. So aber gelang es, glücklicherweise, einer Dame von großen

Per-

Verdiensten, und welche die körperliche Grazie mit der Grazie des Geistes vereinigt, mich davon abzurathen. Ich widerstand also meiner Abneigung, und befand mich wohl dabey. Man belehrte mich, daß es möglich sey, sich gesunde und wohlschmeckende Nahrungsmittel zu verschaffen. Ich erhöhte meinen Aufwand um das doppelte, und wurde nun recht gut bewirthet. Unterdessen wäre zu wünschen, daß die Republik ernstlich an Abstellung dieses Mißbrauchs denken möchte. Denn es wäre besser, sie legte eine directe Abgabe auf die ersten Consumtions-Bedürfnisse, als daß sie die Kleinhändler und Wirthe zwingt, sich aus ihren Magazinen zu versehen, und Ausschuß nehmen zu müssen."

3.

Thatsachen!

zur Beantwortung der Gedanken des alten Sternsehers Kästner über das Unvermögen der Schriftsteller, Empörungen zu bewirken, — nicht unter den Sternen, die er kennt — sondern unter den Menschen, die er nicht zu kennen scheint. *)

In

*) Ueber Brüssel eingeschickt.

In einer Vorrede des la Metherie, vor dem zu Paris erscheinenden Journal des Rozier von 1790, liest man folgende Stelle: „Alles verkündigt eine große Revolution in den religiösen Meynungen..... Ein Stral dieses „lebhaften Lichts, das jetzt die Welt erleuch„tet, ist bis in die Tiefe des Allerheiligsten ge„drungen. Die Augen haben sich geöffnet, und die „Menschen sind ganz verwundert gewesen, da nur „Thorheit zu finden, was so lange der Gegen„stand der Verehrung ihrer Vorfahren „gewesen war. Schon commentirt jeder, nach „seiner Weise zu sehn, darüber.... Ger„manien verschließt in seinem Schoose eine an„sehnliche Secte, die noch nur unter dem „Namen Illuminaten bekannt ist; man „zählt sogar schon, sagt man, einige Prinzen unter „der Zahl der Anhänger dieser neuen Lehren. „Alle diese Dogmen pflanzen sich im Stillen „fort, wie das immer der Gang bey neuen Mey„nungen war, und man verbindet damit „andre Nebenbegriffe." — — Es erhellt aus dieser Stelle, daß seit dem Schluß von 1789, zwischen den deutschen Illuminaten, und den Aufklärern zu Paris, eine Conjunction statt fand, welche der Astronom Kästner von seiner Sternwarte, so wenig als die darauf folgenden Bewegungen, bemerken konnte, bey welchen

chen jene letzten Aufklärer, um die Anwendung der neuen Lehren und der damit verbundenen Nebenbegriffe zu unterstützen, ihren Jüngern unaufhörlich die Assistenz der deutschen Illuminaten versprachen, die sie auch in der That aus aller ihrer Macht unterstützten, wie das jedermann bekannt ist, einige Sternseher vielleicht ausgenommen.

Eine kurze Zeit darauf erschien in Frankreich ein Werk von Mercier, (des Verfassers des Gemäldes von Paris,) unter dem Titel: "J. J. Rousseau, erster Urheber der "französischen Revolution:" was er sehr gut darinn erwies. Ein Pariser Journalist machte unterdessen bey der Anzeige dieses Buchs, die Bemerkung: "Herr Mercier sey gar zu bescheiden, weil sein Werk, das Jahr 2240, das vor Rousseau seinem erschienen, schon zur Revolution, d. h. zu Empörungen aufgerufen habe, die man eine auf die andere häufte. Denn so, wie man zur Besserung der Mißbräuche einer gesetzmäßigen Macht beytragen kann, indem man sie mit einer edlen Freymüthigkeit aufdeckt, so kann man hingegen den Umsturz dieser Macht selbst, nicht anders, als durch Aufhetzung zu Empörungen, bewirken. Uebrigens, wie es auch mit der Gründlichkeit der Ansprüche dieser beyden Gelehrten, auf den Ruhm des ersten Anstifters der

fran=

französischen Revolution, beschaffen gewesen seyn mag, so hat der National-Convent, der darüber ganz anders als der Astronom Kästner dachte, diesen Ruhm dem J. J. Rousseau zuerkannt. Und dieß ist also eine Entscheidung von Kunstverständigen in Revolutionen, welche den Einfluß der Meynungen auf die Handlungen der Menschen studirt haben, indessen unser Astronom nur den Einfluß der Perturbationen auf den Lauf der Gestirne studirte.

Als man im Jahr 1789 die ächte französische Constitution, die eben wiederhergestellt worden war, die Constitution der allgemeinen, vom Könige zusammenberufenen, Stände, stürzen wollte; fieng eine gewisse Parthey an, sich die Preßfreyheit zuzueignen. An der Spitze dieser Parthey standen Gelehrte, welche freyes Feld haben wollten, um auf das Gemüth des Volks zu wirken. Da flogen ganze Schwärme von Journalen und Broschüren aus Paris aus, um unter dem Anschein des Aufklärens die Dinge zu verfinstern, die Meynungen des blinden, gemeinen Mannes umzuwandeln, die gesunde Vernunft zu ersticken, welche die Cahiers, oder die Vorschriften der Committenten an ihre Deputirte eingegeben hatte, und durch Verläumdung und Spott den Pöbel gegen verständige Leute auf-

aufzuhetzen, welche diese Schliche und Ränke enthüllten. Dies war das Mittel, durch welches die drey Ordnungen der Land-Stände plötzlich in eine vorgebliche National-Versammlung verwandelt wurden, wo die Demagogen sich beständig durch das wilde Geschrey eines blinden und frechen Pöbels unterstützt sahen. Unter den Schriften der Gelehrten dieser Epoche, welche alles Unglück über Frankreich gebracht hat, muß man dem Journal des Gorsas, und sonderlich dem Courier de Provence, den ersten Platz anweisen, der unter der Leitung des, mit Deutschland so genau bekannten, Mirabeaus, geschrieben wurde. So wurde auf Anregung einer Klasse von Gelehrten, die wahre und wohlthätige Constitution Frankreichs, welche durch gesetzmäßige legale Gewalten, nämlich durch die Parlamenter und den König, wieder hergestellt worden war, in eine monarchische Schimäre verwandelt, die, durch eben diese Mittel, den Umsturz jeder vorhandenen Einrichtung, bereitete.

So wie sich nun die öffentliche Verfassung immer mehr und mehr Speculationen Preiß gegeben sah, geizten Gelehrte aus eben der Klasse nach höhern Rollen. Diese Gelehrte gehörten zu der Brüderschaft der Propaganda, die schon allen Völkern die Nachahmung der Franzosen

zosen predigte. Die Häupter, welche damals in Frankreich, wenigstens dem Aeußern nach, herrschten, waren Brissot, Condorcet, Claviere, Payne, und überhaupt die, welche man in der Folge, unter dem Namen der Girondisten, begriffen hat. Ihre Schriften, die gegen alle vorhandene, religiöse, politische, und bürgerliche Institute gerichtet waren, hatten überdieß zum Zweck, das französische Volk durch die Hoffnung zu entflammen, daß wenn es bewaffnet seine Nachbaren überzöge, es sie von ihren verjährten Verfassungen befreyen, und seine Freyheit und sein Vernunftreich immer weiter und weiter gründen werde. Sie selbst stützen ihre Hoffnung in diesem Stück auf den Umstand, daß eine Menge Gelehrte in andern Ländern anfiengen, denselben Weg einzuschlagen, den sie in Frankreich mit so gutem Erfolg betreten hatten, und dessen Wirkungen sie kannten. Aufgeblasen von diesen Successen der Propaganda, hatten sie die Kühnheit, den vornehmsten Mächten Europens den Krieg zu erklären, und mit ihren Revolutions-Heeren unverzüglich in verschiedene benachbarte Länder einzufallen, um daselbst ihren litterarischen Mitarbeitern hülfreiche Hand zu leisten, die auch nicht ermangelten, sich überall, wo diese Armeen Fuß faßten, in Clubs zu formiren.

Nach-

(249)

Nachdem sie sich die Religion, die Monarchie und ihren König vom Halse geschafft, ließ der Eifer der Girondisten, für diesen allgemeinen Weltplan, der gleichen Schritts mit dem ihrigen fortrücken sollte, allmählig nach: sie wünschten auf ihren Lorbeern auszuruhen, und sich darauf einzuschränken, den andern Gelehrten mit ihrem Beyspiel vorzuleuchten. Sie predigten also den Franzosen vor, es sey nun Zeit, sich wieder zur Ruhe zu begeben, und nunmehr das Eigenthum und die persönliche Sicherheit zu respectiren: weil die Revolution geendigt sey, so müsse man minder schreckende Maasregeln ergreifen, um die neue Republik, ihre philanthropische Erziehungs-Anstalten, und ihren Codex der Moral, zu gründen: es verstand sich, daß dabey weder von Religion, noch irgend einer andern schon vorhandenen Einrichtung, die Rede war, sondern daß Alles nach ihrer Philosophie gemodelt werden sollte, womit sie einen Versuch an fünf und zwanzig Millionen Seelen machen wollten, sicut experimentum in anima vili.

(Der Schluß in No. XIII.)

4.

Unkenrufe dieser Zeit!

Als die Nachricht von dem Entsatz von Landau und dem Verlust der Weißenburger Linien einlief, verbreitete sich sogleich von .... aus, durch halb Deutschland, die Lüge, der Kaiser sey tod!

Als man die Nachricht, von dem Siege der guten Sache im englischen Parlamente, und unter dem brittischen Volke, erhielt: tönte flugs, die Freude zu dämpfen, von ... aus, durch mehrere deutsche Länder, die Unglücksschwangere Sage: der Kaiser habe nicht Halsweh, sondern einen heftigen Blutsturz gehabt, und sey wahrscheinlich tod. Das verhielt sich aber, zu Deutschlands Glück, eben so, wie das Gerücht, das ein paar Wochen vorher von Paris und von .... in alle Welt posaunt worden war: Pitt sey bey der Eröffnung des Parlaments ermordet, der König und die Königin auf der Flucht, Edimburg in Rauch aufgegangen, und die Hannöverische Armee eilig nach England eingeschifft.

In eben dieses Fach gehört eine andere, neuere Zeitung aus einem dritten ...., der Marquis .... werde nächstens nach Paris reisen, um einen Separatfrieden mit den Jakobinern zu schließen: und eine große Macht bestehe auf die Anwartschaft, auf die Bisthümer B. und W.

Alle diese Phänomene und Gerüchte, die bald in Osten, bald in Westen, bald in Süden, bald in Norden sich sehen und hören lassen, gehen von einerley Mittelpunkt aus, vereinigen sich in einerley Mittelpunkt, und haben einerley Zweck — — nämlich, deutschen Muth und Gemeingeist, zu schrecken, zu schwächen und irre zu machen!

5.
Miszellaneen.

Nun muß selbst Barrere auftreten, und die Auferstehung der Royalisten von den Todten bekräftigen, und daß die Republikaner dorten Schläge von ihnen bekommen, und einen General verlohren haben. Groß ist Wahrheit! spat oder früh schafft sie sich Luft.

In der Sitzung vom 18ten Pluviose, hat der Convent, die Fabricirung von fünfhundert und achtzehn Millionen neue Assignaten decretirt; auch sollen die Directoren der Assignatenfabrik, auf Forme und Papier zu Assignaten, von 5 Liv., 500 Liv., 1000 Liv. und 2000 Liv. sich gefaßt machen. Ein Zeichen, daß man noch mehrere fabriciren will. Der Verf. der Rede in No. VI.

dieser F. B. hatte wohl Recht, wenn er sagte, man möchte sich nicht durch die Vorspiegelung der großen, baaren Schätze der Neu-Franken, blenden lassen; man möchte immer überlegen, daß ihre Staatsausgaben, und der Unterschleif ihrer Agenten, ungeheuer sind, und jene in einem Huy erschöpfen.

———

In eben der Sitzung beklagt sich **Couthon** bitterlich, über ein Proclama, daß ein andrer Volks-Repräsentant, **Javoques,** der Convents-Commissair in der Ville affranchie war, zu Montbrisé, am 13ten hatte affischiren lassen. Dieses Proclama, schilderte den **Couthon** als einen Erzschurken, was dieser denn, wie man leicht denken kann, dem **Javoques** zehnfältig in seiner Vertheidigung zurückgab. Obgleich es nur ein individueller Zwist zwischen zwey Collegen war, so machte doch **Couthon** eine **Angelegenheit der ganzen Republik** daraus. „Man muß nicht vergessen, sagte der Sophiste, daß wenn ein Patriot, der seine Probe ausgehalten hat, verfolgt und beleidigt wird, dieses der Republik selbst in seiner Person wiederfährt. Denn zwischen der Republik und denen Patrioten herrscht eine vollkommene Identität, die man zu beyder Heil erhalten muß. Die Republik ist der Leib, und die Patrioten sind die Seele." —

Cou-

Couthon als Mitglied des allmächtigen Heils-Ausschusses, und als Robespierre's treuer Spießgeselle, trug über Javoques den vollkommensten Sieg davon; der abwesend und ungehört, zur Zurückberufung und Absetzung, verurtheilt wurde. O Gleichheit! und Gerechtigkeit!

———

Um das französische Volk, von den Betrachtungen abzulenken, welche die Einbußen in beyden Indien, und die traurigen Aussichten in die Zukunft, erwecken könnten, welche so viele 100000 in den Seestädten, sich durch den Abbruch dieses Verkehrs, eröfnet sehn, nahmen die Chefs der Faktion ihre Zuflucht zu dem gewöhnlichen Kunstgriff eines auffallenden Schauspiels. Sie ließen einen Neger zu Paris, unter dem Namen, eines eben angekommenen Deputirten der freyen Schwarzen zu St. Domingo, am 4ten Februar auf die Tribune des Convents treten, und eine lange Rede von nonsensicalischen Phrasen halten, auf welche die lärmende Freysprechung aller Negersclaven erfolgte. In dieser Rede ließen sie den Neger, die Kolonie St. Domingo, die sich schon mit ihren Städten und Häfen in englischen und spanischen Besitz befindet, für unverlohren ausgeben, und versichern, daß die Klage der Kolonisten: "welche die Städte in Aufruhr, euren Handel ruinirt, euren

Schatz

Schatz verarmt, und euren öffentlichen Einfluß im Verfall schildern," ganz ungegründet sey. Sie ließen ihn von 600000 Negersclaven schwatzen, (ohngeachtet es deren nie über 200000 auf St. Domingo, selbst zur Zeit seines größten Flor, gab) die mit Felsenstücken und Pfeilen, in Ermanglung andrer Waffen, die Freyheit rächen, und ihr den Sieg erkämpfen würden; und die sich nie eines Meuchelmords schuldig gemacht hätten: (Anspielung auf Marats Tod; denn dieser *frisch angekommene Negersclave*, ist in seiner Rede ganz au fait der Pariser Ereignisse). Weil aber diese letztere Behauptung mit den bekannten Grausamkeiten der aufrührischen Negersclaven auf St. Domingo, 1791 und 1792, den gespießten Kindern, gebratenen Kolonisten, aufgeschnittenen Weibern und dergl. ein wenig zu grell contrastirte; so setzte der Redner die schöne Entschuldigung hinzu: „Sollten die Schwarzen einige Vorwürfe der Indisciplin verschuldet haben, so verzeiht sie, Bürger; es sind *ein paar Bewegungen der Gährung; es ist die Anstrengung eines noch neuen Volks, das seine Ketten zerbrach, und dieß nicht ohne Geräusch thun konnte, so schwer waren diese Ketten.*"

In Wahrheit, die Kunst der Wortkrämerey hat noch niemand höher gebracht, als Robespierre und Consorten.

Die

Die Revolutions-Armee hat 40 Lieues um Paris, alles rein, mit Gewalt, aufgeräumt, weil der große Zweck des Comité war, Paris und die Armeen zu versorgen. Nun stellt sich überall der Hunger ein; nun sind die armen Landleute, um nicht zu verhungern, gezwungen, selbst Eyer und Brod aus Paris zu holen, statt daß sie solches sonst hineinbrachten. Das wird ihnen nun durch Wachen und Patrullen verwehrt; Hunger ist aber mächtiger als Befehl, und so kommt es zu Aufläufen, wo ganz kürzlich, Trotz der dreyfarbigen Tracht, die Magistratspersonen von den Metzgern, die auf 20,000 M. in Paris ausmachen, sehr mißhandelt wurden: deswegen schalt sie auch das Comité, in seiner Adresse, hommes insensibles, nommés bouchers! „unempfindliche Menschen, Metzger genannt!" — So hungrig, Menschenleer und Verzweiflungsvoll sieht es im glücklichen Frankreich aus; deswegen schwatzen die J. J. auch vom Frieden! — Man lese in Girtanners vortreflichen Annalen den 3ten diesjährigen Heft, sonderlich S. 227, und S. 231 bis 244. nach, wo man Beweise finden wird.

Im Februar waren in Paris, NB. in den öffentlichen Gefängnissen, worunter die Sektions=Gefängniſſe nicht mitgerechnet ſind, 5569 Gefangene. Alle umliegende Schlöſſer waren ebenfalls voll Gefangener, z. B. allein zu Chantilly ſaßen 1,500. Man mache nun den Ueberſchlag auf ganz Frankreich.

Unter der alten Regierung waren in der Baſtille, als man ſie einnahm, ſieben Gefangene, worunter drey Wahnwitzige. Das war aber auch zur Zeit der himmelſchreyenden Königs=Tyranney.

Die Tänzerin Guimard hat ihre Bürgerkarte wieder zurückgeben müſſen. Man erinnerte ſich, daß ſie von dem Prinzen Soubiſe unterhalten worden ſey: oder, beſſer und wahrer, man erinnerte ſich, daß ſie reich ſey, und daß ſie, ohne Bürgerkarte, leichter zu plündern ſeyn würde.

Anm. Mit dieser Nummer, werden zu Jänner, und Februar, zwey neue, geschmackvollere Umschläge, den Intereſſenten geliefert.

No. XIII.

No. XIII.

I.

Korrespondenz. Auszug eines Briefes aus London, vom 14. Febr. 1794.

— — Das Gefühl eines Britten, der hört, daß die Franzosen die Constitution seines Vaterlandes kritisiren, läßt sich schwerlich beschreiben. Es ist nicht leicht zu sagen, ob darinn das Mitleiden, oder die Empfindung, die etwas Lächerliches erregt, oder Verachtung die Oberhand habe. Bisher haben die Ausländer unsre Verfassung für das größte Meisterstück menschlicher Weisheit gehalten, die Erfahrung eines Jahrhunderts hat sie dafür bestätigt, und jeder wohlmeynende Engländer hat gefühlt, daß sie es sey. Selbst die Opposition, die auch ihr Gutes hat, und welcher daher unsre glückliche Constitution ihren Platz anwies, hat nur hie und da Fehler zu finden gesucht, die aber jeder Oppositionsmann bald über dem vielen Guten vergißt, sobald er die Oppositionshörner abstößt. Jetzt wollen die **unglücklichen Franzosen uns glücklichen Britten beweisen, wir seyen nicht so glücklich, wie sie — es zu werden hoffen!**

S   Sonst

Sonst waren selbst französische Gelehrte wegen ihrer Unwissenheit in allen ausländischen Dingen berühmt; wir haben wohl eher über ihre Unwissenheit in der Geographie gelacht, die ganz erstaunlich weit geht, und die doch wohl das erste Fundament von Politik und Staatswissenschaft ist. Jetzt sollen wir aber sogar von französischen Lumpengesindel (Blackguards) *) erfahren und lernen, daß unsre Verfassung nichts tauge!

Woher kam den guten Leuten auf einmal die Weisheit? Sie wollen schon lehren, da sie noch nicht ausgelernt haben. Noch wissen sie den Ausgang ihres schrecklichen Experiments nicht, und sie möchten schon, daß man es nachahme? Wir sind wenig neugierig zu hören, was uns die armen Menschen sagen wollen, und es mag auch genug unsinniges Zeug seyn, welches die Meister vom Stuhl (Chairmen) selbst wohl fühlen müssen, da sie

ver-

*) Unsre deutschen Schriftsteller und Zeitungsschreiber, die — mit Erlaubniß — kein französisch verstehn, übersetzen das Wort Sansculotte wörtlich, und daher wissen viele Leser gar nicht, wovon die Rede sey, und denken sich bey dem Ohnehosen eine Art Bergschotten, da doch der Sinn des Worts nichts anders will, als Lumpengesindel. Eine eben so feine Kenntniß der Englischen Sprache geben Gelehrte und Zeitungsschreiber, die z. B. immer Sir Hamilton statt Sir William Hamilton u. s. w. schreiben.

Anm. des Brief-Empfängers.

verbieten, über diesen Gegenstand nichts ohne Censur zu publiciren.

Im Vertrauen, die ganze Idee ist nichts anders als eine Auslassung des übeln Willens gegen uns, dafür, daß wir ihnen einen bösen und gefährlichen Krieg machen, den ihre Schwachheit unsrer glücklichen Insel durch nichts anders zu erwiedern weiß, als durch Papierdrachen (paper kites), worauf sie, wie die Kinder, fürchterliche Fratzengesichter malen.

Mit innerlichen Unruhen in England, worauf die Franzosen und die Democraten aller Länder so viel Hoffnung setzten, hat es nichts zu sagen; der bessere Theil (pars sanior) der Nation ist keineswegs zu so etwas geneigt, und die Wachsamkeit und Energie der Regierung hat die Keime, die da waren, früh zu ersticken gewußt. Ihre Illuminaten, von denen mir wenig bekannt war, außer was Herr Burke davon schon längst in seinen Reflexions on the French revolution beyläufig gesagt hat, sind gewiß, nach dem was man mir davon im Vertrauen mittheilet, Leute, welche die höchste Aufmerksamkeit verdienen, und ich wünschte, daß auch unser Publikum davon näher unterrichtet würde. Sie scheinen sich so wie unsre Levellers allerdings an die französische Revolution anzuschließen, aber sie werden weit schwerer zu unterdrücken seyn wie diese, weil Deutschland so viele herrisch ist, weil die Verbindung so weit um sich gegriffen hat, und weil so viele ihrer vorzüglichsten Schriftsteller, und zumal einige Professoren auf Universitäten und einige Journalisten, Mitglieder seyn sollen. Es ist denn doch zu hoffen, daß am Ende alle Leute dieser Art froh seyn werden, sich in ihr Schneckenhäuschen zurückzuziehn und verbergen zu können. Allein für jetzt ist es äußerst rathsam, sie überall an das Licht zu ziehn, das sie so sehr scheuen; Licht allein wird auf sie wirken, wie die Kälte auf die Murmelthiere.

2.

Schreiben des Corporals Ritter, des Hannöverischen 10ten Infanterie-Regiments, an seine Frau zu Völksen, aus Confried den 20. Jan. 1794.

Meine liebe Frau, ich muß dir zu wissen thun, daß ich seit dem 8ten Sept. bin gefangen gewesen. Vor Hunschooten da haben wir 3 Tage im Feuer gestanden, da haben wir viele Leute verlohren, da haben meine guten Cammeraden Rechts und Links gefallen, und der liebe Gott hat mir meine Gesundheit erhalten, davor ich dem lieben Gott danke. Zuletzt

Zuletzt am Ende da wurde noch mein Adjudant schwer bleßirt, welcher mich so herzlich bat, ihn nicht zu verlassen, daß ich ihm nun auch jetzt noch diene in seiner Verwundung. Da haben sie mich erwischt, da haben sie uns gefangen geführet von einer Stadt zur andern in Frankreich. Zuletzt sind wir hierges kommen nicht weit von der Stadt Paris an einen Ort, welcher Confried mit Nahmen heißt, auf das Schloß Printz Luin, darauf liegen von allen Gefangenen beynahe 600. Mann. Da haben wir die schönste Freyheit zu spatzieren und wir kriegen unser richtiges Tractement was uns zukommt, und es giebt hier gute Leute wie es überall bey uns auch giebt 2c.

3.

Miszellaneen aus Deutschland und D.

Der Herr Superintendent Ewald in Detmold, legt seinen Lesern in dem fünften Stück seiner in Hannover im Jahre 1793 gedruckten Urania, ein Gedicht des Herrn von *** in Oldenburg, an Kopf und Herz. Es ist betitelt: Die bessern Zeiten, ein Gedicht nach Jesajas. — Der Oldenburgische Jesajas sah: 1) daß der letzte der Tyrannen sank; 2) daß nun keine Bastille mehr ist; 3) daß dieser Tyrann nur

Freyheitsfeuer geheuchelt hat; 4) daß dieser Tyrann mordete, wer nicht Sclavenketten trug; 5) daß sein Leichnam unbegraben verwesete; 6) daß er und sein Geschlecht in Ewigkeit nie wieder genannt ward; 7) daß Sumpf seine Reste deckte; 8) daß nun die Erde frey ist. Und, Hallelujah! 9) daß fernerhin auf derselben niemand herrschen wird, als Jakobiner und J * * * * * *

———

Ein H.... Kaufmann schrieb im October 1792 an einen dänischen General: „Wir sind in „H...g bereit, den Franzosen Thüren „und Thore zu öffnen!"

———

Die Clubisten und Journalisten stimmen anjetzt den ganzen....schen Hof, und schreiben demselben und den Ministern Gesetze vor, mehr, als man glauben sollte, wenn man auch weiß, daß die 20,000 Flinten (Fl. Bl. S. 63.) aus dem königlichen Arsenal in..... nach Havre de Grace geliefert sind.

———

Die große Menge französischer Bürger, welche in Petersburg und in dem ganzen Rußischen Reiche die französischen Grundsätze nicht haben abschwören wollen, befinden sich jetzt größtentheils in L... und in H..., und klären da auf, was da noch Aufklärung bedarf.

Schade für Graf Sch... in .. Er hat Talente und festen Sinn, aber große Unruhe im Herzen, und den .... zum Genius! *)

4.
Thatsachen ꝛc.
(Beschluß. S. No. XII.)

Doch dieser Plan entsprach nicht den Absichten der für die Propaganda eifriggesinnten Gelehrten: das Feuer würde in Frankreich, durch die Rückkehr zu einer Art von Ruhe, und welche Zeit zum Nachdenken gelassen hätte, wieder erloschen seyn. Daher begannen andere Gelehrte und

*) Der Red. bittet den Herrn Verfasser um Verzeihung wegen der Lücken, deren Ursache Er sich erklären wird.

Clubisten immer von derselben Classe, nur noch sprudelnder, sich in Frankreich auszuzeichnen, indem sie sich gegen die Girondisten, mit den allerabgeschmackteſten Beschuldigungen, erhoben; denn sie hüteten sich wohl, sie in ihrer wahren Gestalt, als Mitanstifter der Empörungen anzugreifen, die jene jetzt zu dämpfen wünschten. Nun standen neue Journale gegen ihre Journale auf: der Sansculotismus erhob sein vielköpfiges Haupt, und weihete endlich die Gemäßigten dem National-Messer; so daß Brissot und die andern Gelehrten seiner Faktion, nun keinen Ausweg mehr zwischen den beyden Folgen dieses neuen Federkriegs erblickten: es blieb ihnen nichts übrig, als durch ihre Feder unverzüglich die Guillotine auf das Haupt derer herabfallen zu lassen, welche sie Anarchisten betitelten, wenn nicht die Federn dieser, sie aufs Schavot bringen sollten. Diese Crise ereignete sich im May 1793, und den 22ſten endigte Brissot den Druck einer Adresse an seine Constituenten, und an die Frankreicher überhaupt, in welcher er die Anarchisten ihrer Rache weihete; allein den 31ſten wurde er mit den andern Girondiſten verhaftet, seine Schrift weggenommen, und seine Druckerpressen zertrümmert. Jedermann weiß, welches Schicksal diese Schriftsteller gehabt haben; aber wichtig iſt's, zu sehn, was Brissot selbſt in diesem Augenblick

von

von den Schriftstellern und ihren Clubs ur‑
theilte, welche der Astronom Kästner für eben
so wenig gefährlich für unsre Erde hält, als die
Nebelsterne des Himmels.

Der Hauptzweck dieser Briſſotſchen Schrift
war, den Franzoſen durch Thatsachen, die ihnen
vor Augen lagen, zu beweisen: daß der Jakobi‑
ner‑Club durch seine mordbrennerische Schrift‑
steller, durch seine Correspondenzen, durch
seine Deputationen in allen Departements,
sich der öffentlichen Gewalt völlig bemeistert
habe; daß er den National‑Convent unterjoche,
und sogar erniedrige; daß er nach seinem Gefallen
die Minister ein‑ und absetze; daß er alle Ver‑
brecher beschütze, sobald sie ihm dienlich sind, und
hingegen diejenigen zu Verbrechern stempele
und hinrichten lasse, welche es versuchten, sich sei‑
ner Macht über die Volksmeynung zu wider‑
setzen; indem er allein zugleich Ankläger und
Richter bey dem Revolutions‑Tribunale
ist. Hier sind einige Züge von dem Gemälde, wel‑
ches Briſſot von dem Einfluß dieser, in einem
Club verbrüderter, Schriftsteller, entwirft.

„Ein zwanzig Menschen, (sagt er) sind
„hinreichend gewesen, um die Majorität der Glie‑
„der des Nat. Conv. zu lähmen und herabzu‑
„würdigen: die Augen der Republikaner müssen
„blutige Thränen weinen.... Um das Volk zum
„mor‑

„morden aufzuhetzen, vergiften sie seine Mo-
„ral, predigen ihm die Nothwendigkeit, alle Wohl-
„habenheit und alle Stände niederzutrüm-
„mern, und mit der Sichel der Gleichheit
„überall zu mähen. Hier entspringen jene Schrif-
„ten ohne Zahl, die dahin abzwecken, einerley
„Grundsätze, einerley Erbitterung, einerley
„Aufwiegeley, in allen Departements auszu-
„säen. Von hier wandern die Emissarien aus,
„welche den Krieg der Sansculotten mit den
„Eigenthümern predigen. Jeder Tag, jede
„Nacht, bietet einen neuen Beweis von diesen
„scheußlichen Uebelthaten dar. Durch ihre Vor-
„spiegelungen verführt, legen sich jede Nacht Men-
„schen, mit der Wuth im Herzen, und mit dem Schwur
„zu Bette, die Feinde der Jakobiner zu
„vertilgen. Einfältige und leichtgläubige Handwer-
„ker, wenn sie in ihre Häuser, zu ihren Familien,
„ihren Werkstätten zurückkehren, stecken alles, was
„um ihnen ist, mit der Seuche an, die sie selbst
„verpestet hat.... Und so vergiftet man
„stufenweise, den Gemeingeist, und die Auf-
„wiegler feuern sich selbst einander täglich mehr
„durch neue Verläumdungen an..... Ich decla-
„rire hiermit, nach meiner innigen Ueberzeu-
„gung, so lange keine Macht im Stande seyn
„wird, diesen Verbrechen der Jakobiner-Häu-
„pter zu steuern, so lange wird es auch, weder
„Con-

„Conſtitution noch Regierung geben, weil
„alle Gewalten ſich nothwendig in dieſem Club
„vereinigen; hier iſt das geſetzgebende Cor-
„pus, oder vielmehr das Corpus, das über alle
„Geſetze erhaben iſt .... Geſchreckt von die-
„ſer Macht der Jakobiner, von ihrem Eifer
„im Denuntiiren, und von der Leichtigkeit,
„mit welcher das Volk und der Convent ihre
„Denuntiationen annimmt, treten die Miniſter
„gar bald auf die Seite derer, welche den Dolch
„der Verleumdung, nie ohne Erfolg, gebrau-
„chen."

Man ſagt im Sprüchwort: niemand iſt
ſo alt, daß er nicht noch etwas lernen
könnte; wollte alſo der Aſtronom Käſtner,
ſtatt der Patſchhändchens-Weibergeſchichtchen, in
ſeinen alten Tagen noch lernen, welchen Einfluß
Gelehrte haben können, um Empörungen zu
bewirken, (wenn man ihnen nicht beyzeiten vor-
beugt) ſo brauchte er blos dieſe Schrift eines Mannes in die Hand zu nehmen, der endlich gegen ſich
und ſeine Faktion jene fürchterliche Waffe gekehrt
ſah, die ſie ſelbſt gebrauchte, um alle etablirte Autoritäten zu ſtürzen, das heißt, die heilſamen
Bande zu zerretzen, welche den Menſchen civi-
liſirt hatten. Dieſe Waffe, und er beweiſet
es, war keine andere, als die, ſtufenweiſe immer
zügelloſer gewordene, Feder. Will aber unſer

Aſtro-

Aſtronom dabey beharren, die wahre Geſchichte der Thatſachen unſrer Tage, nur als das Patſchhändchens-Weibergeſchwätz ſeiner Jugend zu betrachten, ſo enthalte er ſich wenigſtens, in ſo kritiſchen Zeiten, nie dieſe ſeine Meinungen ins Publikum zu bringen, und ſo auch die Regierungen einzuſchläfern: jetzt, wo ihre Pflicht gegen Gott und gegen die Völker, ſo wie ihr unmittelbares Intereſſe, ihnen zuruft, daß es für ſie Verbrechen, und die unbegreiflichſte Unbeſonnenheit ſeyn würde, wenn ſie am Rande des ſchrecklichen Abgrundes einſchlummern wollten, den eine Claſſe von Gelehrten, längſt ſchon, ſtufenweiſe grub.

5.

Miszellaneen aus Frankreich.

Ein gewiſſer Bezard, machte im Convent eine Motion zum Beſten der bekannten Familie Calas, nämlich, daß, ſtatt ihrem Andenken ein eiteles Monument zu Toulouſe zu ſetzen, die Nation ihr lieber zu leben geben, und ihre Schulden bezahlen ſollte. Der Convent verordnete aber blos den Druck, und das ajournement: denn ein Monument pralt ja beſſer.

In der Sitzung vom 19. Pluviôse, gab Robespierre im Jakobiner-Club, einen neuen Beweis seiner Allmacht. Ein Jakobiner-Bruder, Brichet, ließ sich nämlich gelüsten, nach Anhörung einer neuen Schimpfrede gegen England, zu äußern: "es würde, statt aller der Reden, weit "zuträglicher für die Republik seyn, wenn hundert "Feuerschlünde die Freyheit am Gestade der Themse "gründeten, und man sich befleißigte, den Berg "von den Kröten zu reinigen, die aus den Süm- "pfen hinaufgekrochen wären ꝛc." — Aber Robespierre fuhr ihn hart an, nannte ihn nicht anders, als Monsieur Brichet, und beschuldigte ihn der Verrätherey am Vaterlande. Er trug darauf an, daß Brichet von der Gesellschaft ausgeschlossen werden sollte. Brichet, stimmte nun ein Peccavi! nach dem andern an; protestirte, daß seine Ergebenheit für den Convent und die Republik, ohne Gränzen sey u. s. w. Robespierre blieb unerbittlich. Nun nahm sich Sainter in glimpflichem Ton noch seiner an. Wir wollen seine Motion und Robespierre Sophism wörtlich hersetzen:

"Sainter. Ich verlange, daß die Gesell-
"schaft, bevor sie den Brichet ausschließt,
"über seine Aufführung nähere Erkundigun-
"gen einziehe. Uebrigens werde ich gewahr,
"daß sich die Gesellschaft seit einiger Zeit
"durch

"durch einen Despotismus der Meynung be-
"herrschen läßt, da doch Grundsätze allein
"die Richtschnur ihrer Berathschlagungen seyn
"sollten."

Robespierre. "Ich erkläre, daß ich den
"Saintex für einen Ränkeschmied halte.
"Ich habe bemerkt, daß alle Feinde der Frey-
"heit gegen den Despotismus der Meynung
"gesprochen haben, weil sie den Despotismus
"der Stärke vorziehn." —

Und nun wurden nicht allein Brichet, sondern auch, Saintex, von der Gesellschaft ausgeschlossen. So viel Freyheit herrscht jetzt
bey den Jakobinern selbst.

———

Auf das Decret des Convents, wegen Schonung
schöner Denkmäler der Künste, wird so wenig ge-
achtet, daß seine Commissarien erst kürzlich zu Marseille das berühmte Rathhaus haben nieder-
reißen lassen, das für eines der ersten Meisterstücke der Baukunst in ganz Europa galt:
habent sua fata saxi!

———

Unter

Unter der ganz unschicklichen Rubrik: **geheime Staatspapiere, im königlichen Palast der Thuillerien gefunden**, (451 S. kl. 8.) hat man zu Hamburg ein französisches Werk übersetzt, das zu Paris erschienen ist, und den Titel führt: Politique de tous les cabinets de l'Europe pendant les regnes de Louis XV. & *de Louis XVI.* Aber Louis XVI. regierte damals noch gar nicht; denn diese **geheimen Staatspapiere** sind weiter nichts, als eine Uebersicht des politischen Systems der verschiedenen Europäischen Staaten, das der Graf Broglio, unter seiner Leitung, durch einen gewissen Hrn. Favier, ein Jahr vor Ludwigs XV. Tode, zu dieses Königs Privatgebrauche aufsetzen ließ. Das Publikum weiß also nunmehr, was es in dem Buche zu suchen hat, das ganz ohne Beziehung auf Ludwig XVI. und auf die jetzigen Zeitläufte ist.

Vincent und Ronsin, zwey Erzpatrioten, und Erzwürger wehrloser Bürger und Weiber, (letzterer z. B. ist der Erfinder der expediten Hinrichtung durch Kartätschen, die er zuerst zu Lyon versuchte) wurden wegen ihrer Grausamkeiten angeklagt, und verhaftet, aber bald darauf wieder losgelassen, nach dem Sprüchworte: **eine Krähe hackt der andern nie die Augen aus.**

Unterdessen scheinen beyde mit Robespierre etwas gespannt, und dieses die Ursache gewesen zu seyn, warum Vincents Zulassung bey den Jakobinern, Schwierigkeit fand. Darüber ereiferten sich Monmoro und Hebert, in der letztern Sitzung der Cordeliers, (die bekanntlich eine Ehre sich daraus machen, die größten Enragés zu seyn, und von welchen Vincent Mitglied ist.) Hebert schimpfte auf den Ausdruck, Ultra-Revolutionisten, den Robespierre sehr gern gebraucht, und wodurch er Leute wie Anacharsis, Cloots und die Cordeliers, bezeichnet, mit denen es in Revolutionssachen überschnappt. Monmoro behauptete, die, welche sich solcher Ausdrücke bedienen, wären des hommes usés en republiques, oder wie er sich noch naiver äußert, des jambes caffées en revolution. Dergleichen feine Gedanken, wie Lessing der Einzige in seinem Freygeist sagt, können nur französisch ausgedruckt werden. Unterdessen erhellt aus diesem Allen so viel, daß Robespierre, trotz seiner Dictatur, noch öffentliche Gegner findet, die ihm leicht den Rang ablaufen können.

No. XIV.

No. XIV.

1.

Korrespondenz. Schreiben eines Reisenden. Coblenz den 4. März 1794.

Die Theurung die ich in diesen Gegenden, von Maynz und Bingen an, gefunden habe, ist in Vergleich mit dem Preiße, welcher die Lebens-mittel und Comestibles vor 6 Jahren hatten, u n g e h e u e r. Zwey Kartoffeln werden an manchen Orten mit 1 Kreuzer bezahlt. Das Malter Hafer kostet 9 Thaler, der Scheffel Erbsen 15 Thaler u. s. w. Wir zwey Personen mußten für ein Mittagsessen in Wißbaden, 5 Gulden bezahlen, und für eine halbe Bouteille Wein, 48 Kreuzer.

Man ist in dieser ganzen Gegend gar nicht gut auf die ** zu sprechen, mit welchem Grund? hält für einen Privatmann schwer zu entscheiden.

Wir begegneten bey Coblenz einem Transport Invaliden, von den ungarischen Regimentern, die von der Armee des Prinzen Coburg in ihr Vaterland zurückkehrten. Ihr kriegerisch-schönes, martialisches Aussehn, erfüllte mich mit Bewunderung und Ehr-

Ehrfurcht, so wie ihre, größtentheils durch Kanonenkugeln verstimmelten, Glieder, mit herzlichem Mitleiden und Achtung für ihre Tapferkeit.

In ** sah ich einen Trupp bewaffneter Bauren; sie zogen muthig und fröhlich an die Gränze; einige übten sich, während des Marsches, nach dem Knopf des Kirchthurms zu schießen, ohne daß es ihre Anführer zu verbieten wagten.

Zu Neuwied sahn wir Röntgens Meisterstücke nicht; denn Alles war, zum Flüchten bereit, in Kisten und Kasten eingepackt. Die meisten Bewohner dieser Gegend haben diese Vorsicht mit ihren Haabseligkeiten gebraucht; denn Sie glauben nicht, welch panisches Schrecken sich Groß und Klein noch vor wenigen Wochen bemeistert hatte: noch ist es nicht geschwunden.

Der Anblick der armen ausgewanderten Zweybrücker, Pfälzer, Leininger, u. s. w. von welchen alles wimmelt, und ihr trauriges Schicksal, durch die Bosheit und den Frevel einer zahlreichen Räuber- und Mörderbande, von ihrem väterlichen Heerd gescheucht, in der Fremde umherirren zu müssen, ohne was verbrochen zu haben — erpreßt Thränen. Leute, die 10 und mehr 1000 Gulden in Vermögen hatten, betteln jetzt vor den Thüren, oder liegen des Nachts unter Schoppen auf Stroh. — Fluch! dem deutschen Krieger, der ihr Elend sieht, und es nicht an jenen Räubern blutig zu rächen sucht!

2.

2.

Korrespondenz. Eisenach, den 9. März 1794.

Heute Abend kamen in einer Postchaise, unter Begleitung von drey Gothaischen Husaren, zwey Gefangene an, die sogleich, durch hiesige Husaren, auf gleiche Art nach der nächsten Poststation transportirt wurden, und den Weg nach Frankfurt nahmen. Es waren Franzosen, der eine aus Laudau, der andre aus St. Germain en Laye, vorgeblich gebürtig; sie kamen, der Sage nach, von Warschau, und waren von Land zu Land, und von Stadt zu Stadt, durch einheimische Truppen, auf obige Weise, die ganze Reise durch escortirt geworden. Das Gerüchte gab sie für Emissarien der Jakobiner aus, die man auf die französische Gränze, in ihr Vaterland, exilire.

3.

Merkwürdiges Gefecht des englischen Packetbootes, Antelope.

Die deutschen Zeitungen haben dieses Gefechts nur obenhin gedacht; unterdessen verdient es eine umständliche Erzählung. Denn es gereicht zur Ehre der Tapferkeit von Alt-England.

Das Packetboot, die Antelope, von 6 Kanonen und 21 Mann, lief den 27. Novembr. 1793 von Jamaika aus, um nach England zu segeln. Am 1sten December wurde es, in der Nähe des Forts Cumberland, an der Küste der Insel Cuba, zwey Schiffe gewahr, die ihren Lauf gerade nach ihm zu nahmen, und spanische Flagge aufsteckten. Der Kapitain Curtis vom Packetboot, argwöhnte, daß es Kaper seyn mögten, legte sein Schiff um, und segelte nach Portroyal zurück, aber eines dieser Schiffe, die Atalante, welches einen schnellern Lauf als sein Gefährte hatte, setzte die Jagd bis 4 Uhr fort. Da der Wind sich legte, so bediente er sich der Ruder, um sich dem Packetsboot zu nähern, entfernte sich aber wieder, nachdem es einige Kugeln gewechselt hatte. Dieser Kaper führte 8 Kanonen und 65 Mann, theils Franzosen, theils Irländer und Amerikaner, und war zu Charlestown in Süd-Carolina ausgerüstet. Den andern Morgen um 5 Uhr erneuerte der Kaper den Angriff, fiel die Antelope von der Steuerbordsseite an, und that sein möglichstes, um sie zu entern, was aber durch die Tapferkeit des Schiffsvolks und der Passagirer vereitelt wurde, die eine große Niederlage am Bord des Kapers anrichteten.

Unglücklicherweise verlohr der Kapitain Curtis gleich zu Anfange des Gefechts das Leben, so wie der zweyte Kapitain, ingleichen ein Pflanzer aus

St.

St. Domingo, Herr le Roi de la Grange, welcher Paſſagier war. Der Equipagenmeiſter bekam einen Schuß in den Leib, der durch und durch gieng; der Hochlootsmann war an eben dem Tage an einer Krankheit geſtorben, ſo daß das Kommando des Schiffs auf den Unterlootsmann fiel, der dann, mit Hülfe der tapfern Mannſchaft, ſo lebhaften Widerſtand that, daß der Kaper endlich ſich nach der Flucht umſah. Allein der brave Unterlootsmann wollte ihn nicht ſo leicht entwiſchen laſſen; er kletterte ſelbſt die Wand des Fockmaſtes hinauf und band, vermittelſt der Taue, die Atalante mit ihren Raan an die Antelope feſt. Hierauf ſtieg er wieder auf das Verdeck, und nachdem er mit ſeinen Leuten, der Mannſchaft des Kapers einige tüchtige Salven aus dem kleinen Gewehr gegeben hatte, mußte letztere um Quartier bitten, ohngeachtet ſie vorher die Flagge des Kampfes auf Leben und Tod ausgeſteckt hatte. Die Antelope brachte den folgenden Mittag ihre Priſe nach Jamaika. Der Kaper verlohr in dem Gefechte 33 Todte und 14 Bleßirte; die Antelope hatte nur 3 Todte und 4 Bleßirte. Ein gewiſſer Robin, der am Steuerruder des Packetboots ſaß, bewieß ſich ſonderlich ſehr tapfer. Er hatte ſich mit einer Flinte und Sponton bewafnet, und ſo oft er einen Feind erreichen konnte, fiel er ihn an, und kehrte dann wieder zum Steuerruder zurück.

Auf den Antrag des Gouverneurs von Jamaika, bewilligte die Colonie-Versammlung ein Geschenk von 500 Guineen der tapfern Mannschaft, wovon die Familie des Herrn Curtis 200 erhalten hat. Die westindische Kaufmannschaft zu London hat ebenfalls eine sehr ansehnliche Einsammlung für diese braven Vertheidiger veranstaltet.

4.

Der Feldprediger.

In Flandern wurde der Feldprediger eines deutschen, protestantischen Regiments gefangen. Sein General, der ihn sehr schätzte, hielt bey dem Anführer der Carmagnolen um seine Auswechselung, gegen eine Anzahl gefangener Franzosen, an. Der Jakobiner antwortete: „an solchen feigen Mämmen, „die sich hätten fangen laßen, sey ihm nichts gele= „gen; aber er brauche zwey Stückpferde, und wolle „ihm der General die schicken, so sollte er seinen Feld= „prediger wieder haben." Der deutsche General that es, und der Feldprediger wurde gegen zwey gesunde, starke Gaule, richtig ausgelöset.

5.
Prophezeihung.

Gedruckt in Wien im Jänner 1791 *).

Man höre eine Prophezeihung! Sehr vermuthlich kommen die Zeiten bald, wo unsere Fürsten und Regierungen in Europa gezwungen seyn werden, alle Milde zu vergessen, und mit dem eisernen Scepter der höchsten Strenge über ihre Völker zu herrschen. Das wollen und veranstalten unsere dummen Aufklärer, und unsere durch Opium begeisterten Freyheitshelden. So lange werden diese Menschen ihre abgedroschenen Gemeinplätze von Despotismus der Fürsten, von Menschenrechten, von allgemeiner Naturfreyheit, von politischer Sklaverey gegen den Mond hinaufbellen, bis die Regierungen alle, dieses Zetergeschreyes müde, nach dem Beyspiel der hochfreyen Republik Venedig, jeden vorschnellen Staatsplauderer beym Kopf nehmen, über die Gränze fördern, oder zu einer politischen Correction ins Zuchthaus werden setzen lassen. Alle französische Freyheitsepidemie, und alle unter dem

---

*) Aus einer kleinen, sehr merkwürdigen, im Jänner 1791 in Wien auf 61 Seiten gedruckten Schrift: patriotische Bemerkungen über die gegenwärtige Theurung in Wien. S. 23 — 25.

dem Mantel der Freyheitsphilosophie in alle europäische Reiche ausgesendeten Freyheitsapostel, werden das nicht hindern können; sie werden es befördern. Man wird dieser politischen Wespen und Hommeln nicht anders los werden können, als durch unerbittlichen Despotismus in Züchtigung ihrer Thorheit und ihrer elenden Aufhetzung. Es hat das volle Ansehn, als wolle man keiner Aufklärung und keiner Milde auf den Thronen und bey den Höfen. Die edelsten Menschengefühle, die liebenswürdigste Popularität, das rastloseste Arbeiten für das Wohl der Nationen vergilt man durch kühne Kritik und dummen Tadel. Einst, da die meisten Fürsten nichts thaten, als ihrer Majestät in unthätigem Wohlbehagen genießen; da der Zutritt zu ihnen der Eroberung einer Vestung glich; da sie mit Niemand sprechen mochten, als mit ihren Ministern, Höflingen und Maitressen: da zitterte jeder politische Geck in der Stille seines Herzens vor dem Galgen, und kein Wort wagte er über die Angelegenheiten des Staats zu verlieren. Jetzt in den Tagen der Aufklärung, jetzt, da unsere Regenten Freunde der Philosophie und der Menschheit sind, da sie den alten Stolz und das abschreckende Gepräge der Majestät von sich entfernt haben — jetzt fodert man, daß sie höchstens noch das seyn sollen, was Abraham in seiner Patriarchenhütte war, und daß sie ihr Land um zwanzigmal besser regieren sollen,

sollen, als Gott seine Sterne, seine Planeten und seine ganze Welt.

6.
Philanthropin des Bleriot.

Zu Boulogne-sur-Mer, hat ein gewisser Bleriot ein Philanthropin oder Erziehungsinstitut errichtet; das er am 21. Februar, dem dasigen Jakobiner-Club, in einer öffentlichen Sitzung, zur Prüfung darstellte. Nach einem langen Geschwätz über Menschenrechte, und dergleichen Lieblingsformeln, fragte der Präsident den einen Knaben: — „Was verdient ein Mensch, der sich über seines Gleichen erheben will?" — Knabe. Die Guillotine! — Präs. Ist diese Strafe nicht zu republikanisch, und würdest du nicht eine andere Rüge vorziehen? — Knabe. Ja, den Dolch! — Präs. Was ist ein König? — Knabe. Ein reißendes Thier. — Präs. Schwöre, es zu verabscheuen. — Knabe. Ich schwöre! — Der entzückte Präsident gab nun allen Eleven den Bruderkuß, unter lautem Beyfallsgeklätsche.

Welch' ein Blick in die Zukunft, wenn man sich die, solchen jungen Gemüthern eingeprägte, Grundsätze denkt.

7.
Revolutionsschriften.

Es ist von Leipzig aus, in den gewöhnlichen Bücher-Paketen, den meisten Buchhandlungen eine kleine Druckschrift von einem Bogen zugesendet geworden, vor welcher man alle deutsche Obrigkeiten und alle deutsche Vaterlandsfreunde, nicht früh genug warnen kann, indem sie unter einer lieblichen Schaale, die giftigsten Vorspiegelungen, und einen Plan vorliest, in Deutschland einen Ausbruch von Widerwillen gegen die jetzigen Kriegsanstalten seiner Fürsten, und gegen ihre, nothgedrungene Selbstvertheidigung, zu erwecken, und Recensent schon Nachricht hat, daß sie sogar gratis unter dem Volke in einigen Gegenden ausgetheilt worden ist. Diese Schrift führt den Titel: Die deutsche Nation an Ihre Könige und Fürsten; nach dem zweyten unglücklichen Feldzuge gegen die Westfranken. Jänner, 1794. Unglücklich? — schon das verräth die Werkstätte, wo dieses Jakobinerprodukt den Tag erblickte. Die Jakobiner-Minorität in den beyden Häusern des Englischen Parlaments, führte eben diese Sprache, und verstummte, als man ihr die Lage der Dinge vom Februar 1793 und vom Februar 1794, vor Augen hielt. Da die Abhandlungen von den Menschen- und Souverainitäts-Rechten, in so vielen Journalen

len, und anderer propagandifchen Pamphlete und
Predigten, bey dem biedern deutfchen Volke nicht
die gehoffte Wirkung thun wollen, und da feine
Fürftenliebe und Treue unerfchütterlich, wie Felfen
ftehn bleiben, fo hütet fich der Verf. (oder die Verf.)
forgfältig vor jeder dahin zweckenden Aeußerung;
er fpricht vielmehr aufs ehrerbietigfte von nichts
als der Milde der deutfchen Fürften, dem Glücke
ihrer Völker, der Treue und Liebe, mit denen ihre
Unterthanen ihnen zugethan find; und damit die
Stellen fein in die Augen fallen, und blenden
mögen, fo find fie mit gröberer Schrift gedruckt.
Aber, trotz des fchönen, galonirten Rockes, guckt
doch der Pferdefuß des Verführers vor. Mit einer
Frechheit fonder Gleichen, verdreht er die fonnen-
klarften Thatfachen und Gefchichtereigniffe, und
fchreibt alles, was je Böfes und Abfcheuliches die
Revolution der Franzofen brandmarkt, allein den
Prinzen und ihrer Auswanderung, felbft die Greuel
vom 10. Auguft und 2. September, Ludwigs Mord,
feinem Eidbruche (?) zu. Nach ihm ift die
erfte Konftitution ehrwürdig, und Weisheit und
Sorgfalt für das Wohl des Volks, leuchten aus
jedem Artikel hervor: nach ihm, kann niemand
der franzöfifchen Nation das Recht ftreitig machen,
ihren König abzufetzen; nach ihm herrfchten unter
der vorigen Regierung, unerfchwingliche Abgaben,
und ausgeübte Greuel eines himmelfchreyenden

Defpo-

Despotismus; (o Bourdeaux, Lyon, Toulon, Marseille und so viele andere Städte! o ihr unzähligen Gräber, die Guillotinirten, Ermordeten, Ersäuften, redet! thut euch auf! wie sehnlich seufzt ihr nach der güldenen Zeit jenes Despotismus!) nach ihm ist der Krieg, den unsre Fürsten mit Frankreich führen, nicht der Krieg der Selbstvertheidigung, der Krieg der Erhaltung der Kultur, der Religion und Staaten-Existenz, sondern, der Krieg für **Conde und Artois**, für welche sie ihr Volk und ihre Millionen aufopfern. „Fürs Vaterland sterben, (ruft der Verf. fein und schlau, wie Loyola oder S***) wer wollte das nicht? Aber für Artois und Conde sterben, ein Volk unterjochen, das zu Abschüttelung eines, auf das gräulichste, von seinem Monarchen verübten, despotischen Tyrannismus, gezwungen wurde — das, erhabenste Fürsten, werdet Ihr, wir sind es von eurer Vaterliebe überzeugt — weder uns, noch unsern Kindern zumuthen." Die Fürsten sollen also **Friede machen**, der König sey ja tod, die Gemahlin tod, der Dauphin ein schwächliches Kind. „Erkennt sie (die Franzöischer) für frey! ec." Ihre Heere werden dann Deutschlands Gränze bald verlassen, und die brüderliche Hand zum Abschied reichen!" — Hört ihr, Deutsche, wie Robespierre aus ihm spricht, der den Frieden, mit seiner Faktion, wünscht und sucht, weil es ihnen an Menschen, Brod, Pulver,

ver, Pferden und Geld gebricht? Eine brüderliche Hand? von dem Blute unsrer Brüder triefend? von dem Raube unsrer Wohnungen strozend? — Zurück mit dieser brüderlichen Hand! Das Schwerd auf den Nacken des Mörders und Räubers! Das war der Abschied unsrer tapfern Alten; das sey auch unser Abschied, so lange noch deutsches Blut, nicht Jakobiner=Rausch, unsere Adern schwellen! dulce et decorum pro patria!

8.

Miszellaneen.

Rede des Barrere, am 30. Pluviose, im Namen des Heils=Ausschusses gehalten. „Bürger! als ich vor acht Tagen hier noch von der Vendee sprach, waren unsre Ahndungen gegründet; man wollte versuchen, diese Wunde der Republik aufzureißen; man wollte gegen Feldherren kabaliren, die entschlossen sind, sie von Grund aus zu heilen; man wollte andre Krieger lobpreisen; man wollte die Schwachen schrecken; die Feigen accapariren, unsre Aufmerksamkeit von den Unternehmungen des Auslandes ablenken; der Kabale Luft machen, ein Aktienspiel zum Besten der brittischen Regierung treiben, und eine Diversion auf den Gränzen machen, um uns im Innern zu foltern."

Aber

„Aber die beyden Volksvertreter, die ihr ohnlängst nach der Vendee absendetet, haben eben die Ränke erblickt, die wir denuntiirt hatten, haben eben die Fehler bemerkt, die wir verbesserten; und kündigen uns neue Erfolge gegen diese nicht zu bessernde Räuber an. Man kehrt mit Kanonen den Boden der Vendee; man reinigt ihn durch Feuer; man liest seine Volksmenge *); man feget seine Grundsätze; man ackert den Gemeingeist um, der bisher nur Geist des Fanatismus, der Empörung und des Royalismus war. Die Anführer sterben, die schlechtgerüsteten Haufen verschwinden, und unser Ausschuß bereitet eine revolutionäre Verwaltung, um kräftiglich bey diesem rebellischen Lande angewendet zu werden."

„Wenn der Ausschuß dieses Schaamtheils der Republik jetzt gegen euch erwähnt, so geschiehts, um seiner nie wieder in dem bevorstehenden Feldzuge **) zu gedenken. In dem Augenblick, wo vierzehn Armeen Republikaner im Begriff sind, sich auf die feindlichen Königreiche zu stürzen ***), muß das Königreich Vendee, nebst seinen lieben und getreuen Unterthanen, von der Erde †) verschwun-

---

*) wie man Salat und Erbsen liest.

**) Möchte doch wohl geschehen müssen.

***) die sie zu empfangen wissen werden.

†) Und wenn es nicht verschwindet? Die neuen Commissarien sagen ja selbst, es könne noch lange dauern.

schwunden seyn. Wir wollen uns zu einem kühnen und starken Feldzuge bereit machen; wir wollen unsre Kräfte vereinen. Nie stand die Macht eines Volks auf einem so hohen Grad der Energie und Größe."

„Bürger! ihr erhieltet bey eurer Ehren- und Mühevollen Sendung, den Auftrag von einer monarchisirten, und durch achtzehn Jahrhunderte, der Gewohnheit, des Vorurtheils und der Tyranney, verderbeten, Nation."

„Ihr warft kühn diese schöne Nation in den Revolutions-Schmelztiegel. Alle Kohlen sind angeblasen; ihr habt euch anheischig gemacht, sie in eine Republik zu gießen, und für die Jahrhunderte zu bauen."

„Was muß man thun, um das zu bewirken? Keinen Stillstand mit Verräthern; keine schwachen oder ungnügende Mittel; keine Vertheidigungs-Maasregeln. Angegriffen! Offensiv gehandelt! Das Innere in Zaum gehalten! und sonderlich keine Vendee mehr!"

Wir haben uns die Mühe gegeben, diesen Schnickschnack, treu nach dem Original und Wort für Worte zu übersetzen, um jedem Leser, der Sinn dafür hat, zu beweisen, welcher Nonsens, in diesem Jahrhunderte des Umsturzes aller Begriffe, für Beredtsamkeit und Ueberzeugung gilt.

Ein gewisser Laplanche, der in den Schoos des National-Convents von Caën zurückkehrte, wohin er als Commissair verschickt worden war, rühmte unter seinen patriotischen Thaten, daß er einige alte Kloster-Kunegunden, die zum Skandal noch in Gesellschaft beysammen gelebt hätten, auseinander gestöbert, und ihre Schleyer, Agnus Dei und Gitter, zum Triumph der Aufklärung habe öffentlich verbrennen lassen. Die patriotischen Thaten solcher Commissaire scheinen gewöhnlich so etwas Karakteristisches von Tollheit und der edlen Ausübung des Menschenrechts des Stärkern zu haben, daß man sie nur ganz schlicht weg, ohne weitern Zusatz, zu erzählen braucht, um das fühlen zu machen.

No. XV.

No. XV.

1.

Korrespondenz. Schreiben eines Reisenden. Frankfurt a. M. den 19. März 1794.

Ich bin wieder auf ein paar Tage hier, indem ich meine Tour nach ... nicht über ..., sondern über ... und ... nehmen werde. Die französischen Commissarien sind noch in dieser Stadt, und das Ohngefähr will, daß ich Sie wieder von Ihnen unterhalten soll. Einige hielten sie schon lange in Verdacht, daß sie, neben ihrem Auswechselungsgeschäfte, mit welchem es überhaupt sehr lahm geht, nebenher so etwas treiben mögten, was ein ehrlicher Mann nie, zumal in der Lage, thut, in der diese Commissarien sind, was aber für Jakobiner sich recht gut paßt. Folgende Anekdote, die sich kürzlich zugetragen haben soll, und die wenigstens ich schon an mehr als einem Orte erzählen hörte, wäre wohl der untrüglichste Beweis davon, vorausgesetzt, daß sie gegründet ist.

In dem Briefpaket nach Wesel, befand sich unter mehrern Briefen dieser Herren Commissarien, die man ihnen zu schicken gestattete, auch einer, mit dreyfachem Umschlag, wovon der eine, auf Amsterdam, der folgende auf eine andre Stadt, und der dritte und letzte, an den französischen Kommandanten zu Bitsch, mit dem Auftrag lautete, Inlage unverzüglich an den Pariser Wohlfahrts-Ausschuß zu befördern. Diese Inlage war ein Memoire, über den innern Zustand und die Verfassung Deutschlands; über die Verhältnisse des Wiener- und Berliner Hofs; über die Ansprüche des letztern an die Reichs-Krayse, wegen der Verpflegung; über die Sensation, welche dieses erregt, und über mehr dergleichen Dinge. Der Officier, der diese Entdeckung bey der Inspektion des Briefpakets gemacht haben soll, soll der preußische General-Adjutant von *** gewesen seyn. — Des Abends führte man die Commissarien — Sie glauben doch nicht unter die Guillotine? — Nein, in die Zauberflöte!

2.

Korrespondenz. Wien, den 25. Febr. 1794.

.... Den vortreflichen und allgemein geschätzten Obristen von Mack sah alles, was ächt patriotisch ist, (wovon man aber die ganze, aufgeklärte, der sich so nennende, Classe ausnimmt), mit Freuden

den und mit schönen Erwartungen, aber nicht ohne große Besorgniß, abreisen. Nicht so sehr ist man in Sorgen wegen seiner schwachen Gesundheit, oder wegen der feindlichen Kugeln, als wegen der Nachstellungen, die man von den Grundsätzen der jetzigen Franzosen, und ihrer Verbündeten und Glaubensgenossen überall umher, und auch bey den Armeen, zu fürchten hat. Man kennt die geheimen Wissenschaften, zu denen sie ihre Zuflucht nehmen, und hat davon, ohne allen Zweifel, schon große Beyspiele erlebt. Die Vorsehung möge es fügen, daß die Versuche, die gegen diesen für die gute Sache so wichtigen Mann nicht unterbleiben werden, mißlingen.

3.

Korrespondenz. Zug in der Schweiz, im März 1794.

Bey unserm friedfertigen System, war nichts schwerer, als auf die Fitzgeraldsche Note zu antworten, die uns Wahrheiten vor Augen legt, deren Stärke und Gewicht niemand besser fühlen kann, als wir selbst. Glauben Sie, daß die Schweizer erst dieser Note bedurften, um lebhaft alle die Beleidigung der Carmagnolen zu empfinden, die Mylord uns ins Gedächtniß ruft? Können Sie uns

für

für so geblendet bey den jetzigen Liebkosungen der Sansculottrischen Parthey halten, um nicht gewahr zu werden, daß unsre republikanische und ächtfraye Verfassungen, und unsre väterliche Regierungen selbst, die bitterste Satyre auf die gräßliche Tyranney sind, welche der öffentliche Heils-Ausschuß ausübt? Gelänge es letzterm, Europens Bemühungen zu besiegen, so würde der erste Gebrauch, den er von seiner Allmacht machte, gewiß der seyn, unsre väterliche Wohnungen mit Verwüstung und Knechtschaft zu überziehen. Wenn wir also unterdrücken, was Ehre, gerechte Empfindlichkeit und wahrer Nationalstolz uns gebieten; wenn wir Genf französiren, und Pruntrut besetzen ließen; wenn wir nicht gemeine Sache mit den benachbarten Mächten machen, so ist nicht Mangel an Stimmung und an Lust, nicht Gebrechen am Gefühl der Convenienz, und selbst der Nothwendigkeit, daran Schuld, sondern weil bey so vielen, ganz andere Dinge, als Vaterland, vorgelten. Da las ich eben in der Geschichte, zum Gegenstück, das Betragen unsrer Väter, als sie bey dem Einfall der Spanier im Veltlin, so herzlich mit Ludwig XIII. gemeine Sache machten, und ihm mit so guter Art, Truppen, und den Durchzug durch ihr Land anboten, um sie zu vertreiben . . . . .

4. As-

4.
Asmus neueste Schrift.

Je mehr sich die Ideen von der Nothwendigkeit einer allgemeinen politischen Weltreformation ausbreiten, je augenscheinlicher sie von einem sehr grossen Theile der Gelehrten aus der schreibenden Classe begünstigt und gepflegt, und je nachdrücklicher sie von einer bekannten, sehr mächtigen und ausgebreiteten, geheimen Verbindung, unterstützt werden: desto erwünschter sind solche Schriften, die auf eine angenehme, eindrückliche und populäre Art, das Unrichtige und Gefährliche in den Vorstellungen dieser Dinge zeigen. Niemand hat, so viel ich weiß, in einem so kleinen Umfange so viel zu diesem Zwecke geleistet, als der würdige Asmus in seinem so eben auf 67 Seiten erschienenen: Beytrag über die neue Politik. Mit der edelsten Einfalt, der angenehmsten Naivetät und mit dem wärmsten Wohlwollen, in seiner so reizenden Gleichniß- und Bildersprache, giebt er seine, auf Erfahrung und wahrlich gesunde Vernunft und praktische Philosophie gegründete, Betrachtungen über das alte und neue System des Menschenregiments, auf so wenigen Seiten, daß es uns verzeihlich wäre, sie nicht zu lesen, und daß ihnen kaum jemand, als etwan ein Enragé, widerstehen kann.

Sehr ehrlich vergleicht er dieses Alte und Neue System, jenes, wo in einem großen Hause goldene, silberne und irdene Gefäße, etliche zu Ehren, etliche zu Unehren, dieses, wo alle Gefäße gleich sind an Materie und Form. Er gesteht den großen Mißbrauch ein, dem das Alte unterworfen ist, und wenn das Neue allgemeine reine Vernunfts-Regiment allem dem abhelfen könne, und wirklich prakticabel wäre, so sey es wohl edel und Ehrenwerth. Aber es muß nicht blos scheinen, sondern auch leisten. "Es ist hier nicht "genug, daß der Regenbogen in der Luft mit schönen "Farben spiele, sondern er muß auch auf die Erde "können niedergebeugt werden, ohne seine Farben zu "verlieren." Denn man darf doch nur wünschen und wollen, was wahrhaft gut und ersprießlich ist, nicht was nur gleißet und scheint; sonderlich wo das Experiment so voller Gefahr ist. Es zeigt sich denn aber bald, daß das Neue System nicht nur gar viele der Fehler des Alten an sich habe, sondern auch eine große Menge, und zwar sehr schlimme neue, mit sich bringe. Aber die Aufklärung! die Aufklärung! die wird da alles thun. Wenn die heutige Aufklärung lauter Irrthum zu unterdrücken sucht, und nichts als Wahrheiten (o! der Arroganz kleiner kurzsichtiger Männerchen!) wieder an die Stelle setzt: so ist Aufklärung an sich nicht zu verachten; doch auch

als-

alsdann kann sie hier nicht alles ausrichten. Es ist wohl gut, richtige Begriffe zu geben, den Menschen zu sagen, dieses ist so, und nicht so. Das kann sein Wissen ändern; aber auch sein Wollen? Wer mit dem Medusenkopf der Aufklärung, die Neigungen und Leidenschaften der Menschen zu versteinern denkt, der ist unrecht berichtet. Das Rad des Wissens und das Rad des Willens, ob sie wohl nicht ohne Verbindung sind, fassen nicht in einander, und werden von verschiedenen Elementen umgetrieben.

Die berühmten Menschenrechte, dieser Popanz, auch der deutschen Revolutionaire, sind eigentlich gar nicht wahre Menschenrechte, sondern meistens Bürgerrechte, und bey genauer Erwägung wird immer eins durch das andre wieder aufgehoben. Sie sind wächserne Heilige; eine materia prima, die noch zu Bäumen, und Metall, zu Tauben und Tiger werden kann. Sie sind hier eingerückt und Bemerkungen darüber gemacht. Genau betrachtet, war ihre Abfassung unter dem Werth und der Würde der Stellvertreter einer großen Nation, die nicht gesandt seyn konnten, um zu philosophiren, sondern zu regieren, nicht streitige Theses anzuschlagen, sondern zu helfen. Wer bestellt ist, das dürre Land zu wässern und den Strom des Seegens darüber auszubreiten, der thut zu wenig, wenn er dem Volke die hydraulischen Gesetze, (ob sie gleich ausgemachter sind als die Menschenrechte) nur erkläret, und Plane und Nivellir- Maschinen vorzeiget — an Thaten, nicht an Worten war es gelegen.

Wenn nun gar das neue System schon älter wäre als das alte? Wenn nun gar dieses Neue System für das Alte wäre verlassen worden?

Asmus mag mir erlauben, einen Gedanken einzuschieben. Die Verfasser des Neuen Systems brauchen, unredlicher Weise, das einzeln ausgeübte Unrecht zum Grunde, das alte oder monarchische System zu verwerfen, und das Kind mit dem Bade auszuschütten. Wer wird läugnen, daß Räthe und Beamten, Richter und Minister, zuweilen aus ehrlichen Irrthum Unrecht thun, zuweilen wissentlich, weil sie schlechte Leute sind; aber da ist doch sehr häufig Recht zu bekommen, eben deswegen, weil Einer ist, der hoch über sie alle steht; da ist auch erlaubt, und muß erlaubt seyn, sich öffentlich zu beklagen. Aber macht einmal alles Gleich, dann hängt bald die ganze Regentenschaft zusammen, und eine Krähe hackt der andern die Augen nicht aus. Da kriegt man nicht etwan einen Gerichtshof, oder ein Paar unwürdige Minister auf den Hals, gegen die noch zuweilen Hülfe ist, weil sie einen Oberherrn haben, sondern hundert kleine Regenten, die Nie-

mand

manden über sich haben, und die euch zu Tode quä-
len. Es liegt etwas Sublimes in dem Gedanken einer Monarchie, den alle dunkel fühlen,
der deswegen auch allgemein Eingang fand, den
aber die Aufklärer und J. J. Zunft jetzt mit
vielen andern Dingen unter die Vorurtheile setzt.
Nämlich dieser: da Gott nicht unmittelbar regiert,
an seiner Statt einen Menschen so hoch zu stellen,
so unabhängig von vielen Dingen zu machen, die
gewöhnlich den Menschen niederdrücken, daß er in
mancher Hinsicht göttlich handeln könnte, und
also auch oft handeln wird. — Das Serenissimus
deutet auf diese Idee hin.

Säuberlich und sanft verfährt in dieser Schrift
der gute Asmus mit dem Aufklärer-Volke,
das wirklich diese Gelindigkeit denen nicht wieder-
giebt, die ihre Edikte nicht gelten lassen wollen,
wie davon die Journale und gelehrten Zeitungen
von Beweisen wimmeln. Aber Asmus gesteht
auch, daß er Andern etwas Eifer nicht verüble,
denn die Sache sey des Eifers werth; und die Lö-
win wedle nicht mit dem Schwanze, wenn sie ihre
Jungen vertheidigt. Ohne Rührung kann man
den Mann nicht über Religion sprechen hören.
Doch genug, um rechtschaffene Leser auf die Schrift
aufmerksam zu machen.

5.

Ein paar Trostgründe gegen die Uebertreibungen fremder und einheimischer Jakobinerfreunde *).

Man lieset in allen öffentlichen Blättern, und hört in allen Gesellschaften von nichts, als von der ungeheuren Heeres-Macht, mit welcher die Sans-Culotten, im künftigen Feldzuge, die angränzenden Länder überschemmen wollen. Wenn Barrere auf der Tribune von 1,600,000 Streitern schwatzt, wenn die deutschen Zeitungen, die Lügen der französischen Söldner-Blätter, treulich und gutherzig, nachschreiben; wenn im Ausland, jeder Democrat, jeder Revolutionsfreund sein Möglichstes thut, um das Alles noch zu vergrößern, und, die panische Furcht, die so in Deutschland à l'ordre du jour zu seyn scheint, nach allen seinen Kräften zu nähren, und zu steigern — — so ist es ja wohl Pflicht für einen deutschen Patrioten — im edlen Sinn des Worts genommen — dem Publikum, das noch Augen zu sehen, und Ohren zu hören hat, aus einer sehr sichern Quelle, ein paar Trostgründe zur Beherzigung vorzulegen.

Es

---

*) Von hoher Hand aus Lüttich eingeschickt.

Es war von jeher Sitte der Generale und Feldherrn, ihre Macht zu vergrößern: aber nie hat man es ihnen so treuherzig auf ihr Wort geglaubt, als im gegenwärtigen Franzosen-Krieg: und doch hat man noch das ganze frische Exempel von Cüstine vor Augen, der bey seinem Einfall, 80, bis 100,000 Mann stark ausgeschrieen wurde, und nur 19,000, sage neunzehntausend wirklich stark war. Ich dächte, die Leichtgläubigen, die sich damals die 80,000 M. so gutmüthig aufheften ließen, könnten nie einen Blick auf diese Stelle seines gerichtlichen Verhörs werfen, ohne roth, und für ein andermal bekehrt zu werden.

Die allgemeine Meynung ist, daß die Stärke der Sans-Culotten-Armeen, von Dünkirchen bis Basel, 300,000 M. seyn mögten: allein nach meiner Meynung, und nach meinen Datis, glaube ich nicht, daß sie sich höher als 180,000 M. belaufen werde. Mein Beweiß ist, daß man eine Lücke in den Rhein- und Mosel-Armeen zu machen gezwungen war, um Pichegrüs Armee zu verstärken, und daß man diese Lücke nicht anders zu füllen wußte, als daß man die Var-Armee von Nizza, mit der Post, am Rhein kommen ließ. Nach meinem genauen, in Händen habenden, Etat dieser Var-Armee, war sie im Februar 1794, nicht stärker als 19,600 M. Von diesen muß man abrechnen, was zur nothwendigsten Besatzung zurückblieb, und was durch den

über-

übereilten und forcirten Marsch, und den schnellen Umtausch zweyer so verschiedenen Klimas, unterwegens fiel und erkrankte; so daß, was bey der Rheinarmee angelangt ist, ohnmöglich sehr beträchtlich seyn kann. Ferner wird man sich erinnern, daß nach der Einnahme von Toulon — die über 14,000 Todte und Verwundete kostete — im N. C. von nichts weniger die Rede war, als die Spanier in ihr Land zurückzudrängen, während eine andre Armee von Hunderttausenden, Italien überströme. Allein die Spanier rücken vor, ohngeachtet die Tousloner Armee bey Perpignan steht, und die hunderttausend italienische Sans-Culottes halten ihren Kreuzzug nur noch auf dem Papier einiger deutschen Zeitungen. Aus allem diesen, und sonderlich aus dem forcirten Hin- und Hertransportiren ganzer Armeen, zur Stopfung großer Lücken, erhellt klar wie der Tag, daß großer Mangel an tauglicher, wehrbarer Mannschaft in Frankreich ist, daß die erste, d. i. die junge Requisition, und also die brauchbarste, vor dem Feind und in Spitälen zusammengeschmolzen, und daß sich das Alles noch besser aufklären wird, wenn unsre deutschen Heere den Franzosen keine Zeit mehr lassen, in großen Haufen wo durchzubrechen, sondern ihnen selbst auf den Leib gehn.

6.

6.

Schreiben eines alten Officiers, über das Pamphlet: Essai sur l'armée hollandoise, par un colonel des troupes légères.

Ja, ich habe den Essai sur l'armée hollandoise gelesen, der, wie Sie mir sagen, eine so große Sensation in Holland gemacht haben soll, wo er die einen kitzelte, die andern betrübte, und die meisten von Ihrem Militair, ich denke es wenigstens, indignirt haben wird. Und, wie sollte ich ihn nicht gelesen haben, ich, der ich mich sorgfältig von allem unterrichte, was Neues über ein Metier erscheint, das mein Alter und meine Kränklichkeit mir nicht mehr zu treiben erlaubt, von dem ich mich aber gern unterhalte; ich, der ich Alles was einigen Bezug auf den Krieg und die Armeen hat, mit eben so vielem Antheil lese, als ein Biedermann, der tausend Meilen von seinem geliebten Vaterland entfernt ist, Nachrichten von daher lesen würde. Ihnen ist bekannt, daß ich die Ehre habe, mit verschiedenen holländischen Officieren, Leuten von Verdienst und Talenten, in Verbindung zu stehen; ich habe sogar das Vergnügen, unter ihren Truppen, die den jetzigen Krieg mitmachen, einen sehr gut unterrichteten und thätigen Korrespondenten zu besitzen, der die Güte gehabt hat, mich von den Ereignissen ihres Feldzugs auf eine so umständliche Art zu belehren, daß ich im Nothfall, aus seinen Briefen, über diesen Feldzug, Memoiren vom größten Detail schreiben könnte. Urtheilen Sie also selbst, l. F., ob mich diese Herren nicht mit einer Broschüre bekannt gemacht haben werden, die, wenn man auch darinn nicht eine überdachte Absicht erkennen will, ihr Militair herabzuwürdigen, uns keinen hohen Begriff von der Urtheilskraft ihres Verfassers beybringt, was für einen Bewegungsgrund er auch gehabt haben mag, sie aufzusetzen. In der That, was konnte er wohl unwahreres vorbringen, wie ich es gleich beweisen will, als jene beleidigende, von einer unglücksschwangern Weissagung begleitete, Versicherung: „daß die holländische Armee „zum Krieg völlig untauglich, und ihr „gänzlicher Ruin unvermeidlich sey, „wenn man nicht eile, den Gebrechen „ihrer Organisirung abzuhelfen." — Diese Gebrechen rechnet er die Länge nach her, und spricht davon sehr hitzig, als ob es vor ihm niemand gegeben habe, der sie gezeigt hätte, oder zu zeigen im Stande gewesen wäre, da es doch keinen Officier im Dienst der Republik giebt, der sie nicht besser als er kennt, der sich nicht mit Mäßigung darüber beklagt, wenn sich eine Gelegenheit dazu findet, und der nicht wünscht, sie gehoben zu sehn, ohne jedoch deswegen weder sich, noch die Armee zu wel-

welcher er gehört, als ganz unnütze Wesen zu betrachten. Und wirklich wird diese Unnützlichkeit auch so wenig durch die Argumente unsers Verfassers erwiesen, daß diese vielmehr nur dazu dienen, seine Dialektik wenigstens von einer eben so gebrechlichen Seite zu zeigen, als, nach seiner Meynung, die holländische Armee ist. Wie? weil eine Maschine einige Mängel hat, so glaubt er daraus folgern zu dürfen, daß sie dem Zwecke, zu welchem sie gemacht worden, ganz unfehlbar in nichts entsprechen werde? Wenn dergleichen Prämissen zu solchen Consequenzen berechtigten, wie viele Dinge würde man nicht darthun können, die uns wenigstens zweifelhaft vorkommen müssen. Z. B. ich würde beweisen, daß eine Person, die unvermuthet angegriffen würde, unrecht thäte, sich im mindesten ihres Degens zur Vertheidigung ihres Lebens zu bedienen, wenn, von ohngefehr, seine Spitze ein wenig abgestumpft seyn sollte; ich würde beweisen, daß die Pistole, ein Gewehr ist, das man abschaffen muß, weil die Kugel einer Pistole, die in der Ferne eines Flintenschusses abgefeuert wird, nie das Ziel trifft; ich würde dem Nationalkonvent und seinem Heils-Ausschusse, darthun, daß sie Macht haben, ihre Carmagnolen in Krieg zu schicken, weil sie weder so gut disciplinirt, noch so gut bewaffnet, noch so gut exercirt, noch so gut gekleidet, noch so gut bezahlt sind, (die Erlaubniß, zu stehlen, die sie haben, abgerechnet)

als

als die holländischen Truppen. Quis nimium probat, nil probat! Das ist der Fall bey unserm Autor, den Obristen. Aber, werden Sie vielleicht sagen, welchen Bewegungsgrund kann er gehabt haben, um zu viel in Rücksicht der holländischen Armee beweisen zu wollen? Wenn Sie das noch nicht errathen haben, so bitte ich Sie, l. F., noch einmal mit Aufmerksamkeit zu lesen, was er in der Einleitung zu seinem Pamphlet (S. 21. und 22. der zweyten Auflage) sagt, und sie werden den Schlüssel des Räthsels finden. Doch, um Ihnen die Mühe zu sparen, das Exemplar zur Hand nehmen zu müssen, will ich lieber gleich die Stelle hersetzen. „Man wird mir vielleicht beweisen, daß ich, bey Aufdeckung der Mängel der Armee, vernachläßigte, die pünktliche (pünktliche!) Art und Weise aus einander zu setzen, wie ihnen abzuhelfen sey. (Nein, Herr Obrister, fürchten Sie keinen Vorwurf in diesem Stücke, man ist noch nicht so tief gefallen, ihres Raths zu bedürfen). Allein, sobald man das Uebel kennt, ist es leicht die Kur zu verordnen. (Nicht immer, Herr Obrister, es würde überdieß geschickte Leute geben, welche die Kur nicht billigen, die Sie verschreiben würden.) Uebrigens würde ich bey einer Regierungsform, wo die Bewegung der Maschine von so vielen unmerklichen und complicirten Triebfedern abhängt, von welchen einige sich so leicht den Prüfungen eines Ausländers entziehn können,

können, gefürchtet haben, eine zu eingebildete Zuversichtlichkeit zu verrathen, (diese Furcht scheint hier sehr am unrechten Ort, da sie schon so viele Beweise von dieser Zuversicht, in ihrem Buche gaben,) wenn ich, ohne die genauesten Data zu erhalten, Hülfsmittel verordnen wollte, die, wenn sie anschlagen sollen, nothwendig dem Temperament des gesellschaftlichen Körpers angemessen seyn müssen, dem man sie giebt. Ich habe mich, außerdem, überredet, daß es in der Republik Männer gäbe, die im Stande waren, diese Laufbahn zu betreten, und die, um sich in die Schranken zu stürzen, nur erwarten, dazu aufgemuntert zu werden. (Da haben Sie wohl daran gethan, sich das zu überreden, Herr Obrister; es giebt wirklich in der Republik solche Männer, die, wenn sie die Schranken offen gefunden hätten, ihre Aufmunterung nicht abgewartet haben würden, um darinn zu erscheinen. Sobald sich die Schranken für sie öffnen, werden sie sich nicht hineinstürzen, sondern sie werden bedächtlich und ohne Geräusch eintreten, so wie sie jetzt ruhig außen vor dem Eingang halten, ohne ein so großes Geschrey wie Sie, zu erheben). Sollte wider mein Erwarten (merken Sie das wohl!) die Liebe fürs gemeine Beste, mir keine Mitwerber um die Glorie erwecken, mein Unternehmen zu vollenden, so würde ich es allein zu vollbringen suchen, vorausgesetzt, daß es mir gelänge, mir die Kenntniß

niß der Details zu verschaffen, die zur Entwickelung eines militairischen Plans unentbehrlich sind, und die, wenn er Eindruck machen soll, nicht auf Näherungs-Calcülen, sondern auf unwandelbaren und festen Stützen gegründet seyn müssen. ꝛc."

Nun gut, l. F., finden Sie die letzten Worte deutlich genug, oder glauben Sie, daß sie eines Commentars bedürfen, um ihren Sinn zu deuten? Nein, gewiß nicht, Sie begreifen, ohne Zweifel, so gut als ich, daß unser Obrister das Incognito nur affectirt, und daß es leicht halten würde, ihn zu entdecken, wenn es dem Prinzen von Oranien beliebte, sich der Hülfsmittel dieses geschickten Mannes zu bedienen, um die Armee der Republik zu restauriren; Hülfsmittel, die er, wahrscheinlich, mit einer starken Dosis leichter Truppen, versetzen würde. Aber ich fürchte sehr, daß die nicht scharfsinnige Art, mit der er sich benommen hat, um dem Prinzen diese Lust beyzubringen, zum unübersteiglichen Hinderniß dawider geworden sey. Denn welches Zutrauen würde ein Arzt einflößen, der, um einen nur leichtunpäßlichen Patienten zu bewegen, ihn zu consultiren, auf Gassen und Straßen ausschrie, der Patient sey todtsterbens krank, und könne nicht anders als durch den Gebrauch der schleunigsten und wirksamsten Mittel gerettet werden, die er, der Arzt, sich in Stand fühle anzugeben.

(Die Fortsetzung folgt.)

7. Mist

7.
Miszellaneen.

In der Sitzung der Jakobiner zu Paris vom 30 Pluviose, wurde Ferrieres ausgeschlossen weil er einigen Verhafteten zu ihrer Loslassung durch seine Fürsprache behülflich gewesen war. Vergebens bewieß er, es wären Kinder von Engländern, die noch nicht einmal 12 Jahr alt, und selbst dem Gesetz nach frey wären, und was die beyden Komödiantinnen anbeträfe, wovon die jüngste 16 Jahr alt sey, so hätte die eine einst den Marat gerettet, und die andre ihren Vater quipirt, um als Soldat auf der Gränze gegen die Feinde zu streiten. Es half nichts, er blieb ausgeschlossen, und wurde sogar noch dem Sicherheits-Ausschusse benuntiirt. Ein Mitglied warf ihm vor: „Er sey immer von femmes à Falbalas, von Damen in Falbalas, umringt." In eben der Sitzung hingegen, kam Delcleche, der eines förmlichen Falsums überwiesen war, nämlich, daß er im Namen eines Comité einen Rapport abgestattet, ohne daß dieses Comité ein Wort davon gewußt, oder ihm den Auftrag gegeben, nur mit einem Verweis davon; denn ein Mitglied des gebietenden Heils-Ausschusses, der Komödiant Collot d'Herbois, war sein Vertheidiger. — So despotisch und partheyisch verfahren diese Freyen.

Ein gewisser Ducher, Speichellecker des Robespierre, dessen Miethlingsfeder, stets bereit ist, auf jenes Wink, dem Publikum Frankreich ein Gallmathias über diesen oder jenen Punkt aufzutischen, über welchen es geblendet und getäuscht werden soll, wozu es denn freylich jetzt wenig bedarf, hat im Moniteurstücke No. 153. ein solches Pot=pourri, unter dem Titel: Pitt und Georg im Tower, eingerückt; denn Pitt und Coburg, England und Oesterreich, bleiben die Geisseln, und folglich auch das Ziel der giftigsten Schmähungen der Tyrannen Frankreichs. Er schließt mit den Worten, wenn Georg und Pitt, für ihr Verbrechen des, beleidigten englischen Volks, (daß sie nämlich den Kabalen der Jakobiner zum Possen, siegreich in allen ihren Maasregeln bleiben) nicht bald gestraft würden, so sey das Beweis, daß der brittische Leopard nur ein Maulthier vom Hannöverischen Gestüte sey. Wie fein und witzig!

―――――

Als das Comité du salut public, das Maximum erfand, da geschah seine Decretirung unter den prunkhaftesten Ausdrücken. Jetzt, da die Erfahrung, — die Unbestochene, die Nicht=zu= Schreckende, Nicht=zu=Guillotinirende, — das Comité Lügen straft, und die immer mehr stei-

gen=

genbe Hungersnoth sie zwingt, sich selbst zu
widersprechen... da soll dieß gepriesene Maxi=
mum, ein Geschenk von London, eine
Falle gewesen seyn, die Pitt legte. Der
arme Pitt! am Ende wird er auch daran Schuld
seyn müssen, wenn die französischen Keller, nicht
die 250 Millionen Pfund Salpeter liefern, die
decretirt sind, die sie aber wahrscheinlich nicht lie=
fern werden, weil die Natur sich nicht durch revo=
lutionäre Mittel zwingen läßt.

Nichts ist lustiger zu lesen, als wie sich Barrere
durch Widersprüche ohne Ende in seiner Rede vom
3ten Ventose, windet, um die politische Fasten
anzukündigen, wozu sich Frankreich, aus Mangel
am Fleisch, nothgedrungen sieht. Erst versichert
er, der Nationalkonvent werde nicht wie politi=
sche Capuciner, ein Fasten ausschreiben, und in
die Fußstapfen von Moses und den Päbsten treten;
sondern sie werde der Natur treuer bleiben, und
nur freywillige, nothwendige Entbehr=
nisse und erträgliche Aufopferungen ver=
ordnen. Das heißt, die Frankreicher sollen
zwar fasten, aber es soll nicht fasten genannt
werden. Zuletzt läßt er auch etwas von Ver=
achtung des Reichthums, wie Regnard
Spie=

Spieler, einfließen. Da Frankreichs Handel gänzlich zu Grunde gerichtet ist, und so viele Bürger und Städte dadurch mit ruinirt sind, so versilbert Barrere diese Pille der Wahrheit folgendergestalt: „Wir hatten einen monarchischen Handel, „der nur nach Reichthum strebte; er hatte kein Va„terland: Monarchien haben keine Tugenden nöthig. „Wir müssen einen republikanischen Handel haben, „das heißt, einen Handel, der sein Vaterland mehr „liebt, als das Vaterland andrer; einen Handel „mit mäßigem Gewinn und mit Tugenden; Re„publiken haben keine andere, feste Grund„stützen." — Worte ohne Sinn! Aber wie verächtlich wird einem ein Volk, das sich durch solche einlullen läßt! — Da es überhaupt in diesen Extremen der Noth darauf abgezweckt ist, den großen Haufen der Nichtshaber, auf Kosten der Wohlhabenden und Reichen zu sättigen, und für den Augenblick, abzuhalten, über ihre Herrn selbst herzufallen: so schiebt Barrere, in eben der Rede, alle Schuld des Mangels blos auf die Reichen, und rühmt, daß von nun an das Volk alles aus der ersten Hand haben soll, oder besser, er macht ihm weiß, daß es in Zukunft Braten haben soll, ohne daß ein Garkoch sie erst in seinen Ofen schiebt. Die Stelle ist ganz original. „Wir haben die Banquiers verjagt, welche sich „zwischen den Menschen und der Gottheit etablirt hat-
„ten

„ten (die Priester); den Banquier der sich zwischen die
„Verwalter und die Verwalteten stellte; den Ban=
„quier, der sich zwischen den Staatsgläubiger, und die
„Schuldnerin, die Republik, schlich; wir wollen
„nun auch die Zahl der Banquiers verringern, die
„sich in den Handel gemischt haben, und die, indem
„sie die Zwischenleiter zwischen dem Volke, das kauft,
„und dem Erzeuger, der verkauft, verlängerten,
„das öffentliche Elend verhundertfältigten." — —
Ist nicht eine solche Aeußerung so gut, als eine
Achtserklärung gegen alle Erwerber und Industrie?
Und, nach einem solchen Gemälde, wo Mangel und
Elend überall vorgucken, hat Barrere noch die
Schaamlosigkeit auszurufen: „Es war der französi=
„schen Republik würdig, allen Nationen zu bewei=
„sen, daß das Volk glücklich ist, daß alle Bürger
„wohlhabend sind, und daß die republikanische Ver=
„waltung, treu und bieder, ohne Aristocratie,
„ohne Scharlatanerey, ohne Rücksicht auf die Cal=
„cüle und Kabalen des persönlichen Intresse, ge=
„gründet sey." — Ich mögte wohl wissen, was
also für eine Definition Barrere von Bieder=
heit und Scharlatanerey giebt?

---

8. Kor=

8.

Korrespondenz. Cölln, den 16. März.

Ich erhalte in dem Augenblick Briefe aus Paris, nach deren Versicherung dort Alles in der größten Gährung ist. Die Prissarden sollen sogar Robespierre's Kopf verlangt, und öffentlich gerufen haben: Einen König und Brod! Auf der andern Seite sind die Jakobiner und Cordeliers im Begriff, einander bey den Köpfen zu kriegen. Dictator Robespierre hat bey dem mißvergnügten und hungernden Volke seinen Kredit verlohren, und träumt wahrscheinlich schon von Brissots und Pethions Loos. Seine Krankheit ist Schulkrankheit; denn er ist die feigste Memme in der Gefahr, und einige behaupten sogar, er sey gar nicht mehr in Paris, was ich aber sehr bezweifle. Auf alle Fälle haben wir in Kurzem von Paris die wichtigsten und ungeahndetesten Neuigkeiten zu erwarten; denn das Pariser Volk scheinet einen coup de vigueur zu brüten, um sich vom Guillotinen- und Hungerstod zu retten. Es wäre nicht das erstemal, daß Hunger und Mangel eine Contre-Revolution bewerkstelligten.

No. XVI.

No. XVI.

1.

Schreiben des regierenden Herrn Herzogs von Braunschweig an S. M. den König von Preußen. Oppenheim, den 6. Jänner, 1794. *)

Die Bewegungsgründe, Sire, welche mich um meine Zurückberufung von der Armee nachsuchen lassen, gründen sich auf die unglückliche, gemachte Erfahrung, daß der Mangel am Ensemble, daß Mißtrauen, Egoismus und Geist der Kabale, zwey Feldzüge hinter einander, alle getroffene Maasregeln vereitelt, und die verabredeten Plane der kombinirten Heere scheitern gemacht haben. Ich bin
so

―――――――――――――――――
*) Dieses Schreiben ist dem Red. mit folgender Note zugeschickt worden: „Es circuliren am Rhein und Mayn Abschriften von inliegendem, in französischer Sprache geschriebenen, Brief. Für seine Aechtheit kann niemand bürgen; allein eine öffentliche Bekanntmachung wäre wohl in jeder Rücksicht verdienstlich, weil sie das einzige Mittel ist, entweder seine Aechtheit zu verificiren, oder jener Circulirung, wolbrigenfalls, ein Ende zu machen." ―― Wozu der Redacteur jeden auffordert, des eines von beyden zu thun im Stande ist.

Y

Fliegende Blätter, März 1794.

so unglücklich, durch Andrer Fehler in die verdrießliche Lage versetzt zu seyn, worinnen ich mich befinde, und fühle es jetzt lebhaft, daß die Welt den Feldherrn immer nur nach seinen Successen beurtheilt, ohne auf den Grund derselben zu gehen. Die Aufhebung der Belagerung von Landau, wird in der Geschichte dieses unglücklichen Kriegs Epoche machen, und leider! bin ich mit darein verflochten. Der Tadel wird auf mich fallen, und der Unschuldige wird mit dem Schuldigen leiden müssen. Alle diese Widerwärtigkeiten und Hindernisse zwingen mich, Ew. Maj. meinen Wunsch zu Füßen zu legen, eine Laufbahn zu verlassen, welche die vornehmste Beschäftigung meiner Tage war. Aber wenn man seine Mühe, seine Arbeit, seine Anstrengungen vergeblich sieht, wenn die Früchte eines ganzen Feldzugs verlohren gehn, und keine Hoffnung da ist, daß die Resultate eines dritten vortheilhafter seyn werden, sobald alles im alten Gleise fortschleicht; sobald bleibt dem Manne, dessen Anhänglichkeit an Ew. Maj. und an die allgemeine Sache so warm ist, nichts übrig, als von der Bühne abzutreten. Er glaubt zu ahnden, daß eben die Dinge, welche die coalisirten Mächte zeither (divisés) entzweyt haben, sie auch ferner entzweyen werden; die Bewegungen der Armeen werden darunter leiden, wie sie darunter gelitten haben; ihre Fortschritte werden dadurch aufgehalten und entravirt werden; und

das

das, politisch-nothwendige, Verzögern der Herstellung der preußischen Armee, kann vielleicht die Veranlassung zu einer Reihe von Unfällen für die bevorstehende Campagne werden, deren Folgen sich nicht berechnen lassen. Nicht den Krieg scheue ich, oder suche ihn zu vermeiden, sondern ich scheue eine Lage, wo ich Andrer Fehler tragen muß, und weder nach meinen eigenen Grundsätzen, noch nach meinen eigenen Plänen handeln kann. Vielleicht erinnern sich Ew. Maj., was ich die Ehre gehabt habe, Ihnen am Tage Ihrer Abreise von Eschweiler vorzustellen. Ich habe die Verlegenheiten, Unannehmlichkeiten und Unfälle vorhergesehen, in welchen ich mich befinden würde; ich habe alle Kräfte aufgeboten, um ihnen vorzubeugen: allein unglücklicherweise hat der Ausgang bewiesen, daß es nicht in meinem Vermögen war. In der innern Ueberzeugung von der Unmöglichkeit also, in der ich mich sehe, Gutes zu wirken, entschließe ich mich zu dem Schritt, Ew. Maj. zu bitten, mir je eher je lieber einen Nachfolger zu ernennen. Dieser Schritt, der mich unendlich viel kostet, ist die Folge der traurigen Betrachtungen, die ich über meine Lage angestellt habe. Klugheit verlangt meinen Abgang, und Ehre räth ihn!

Wenn eine so große Nation, wie die französische, durch die Furcht vor Hinrichtungen und Strafen, und durch den Enthusiasmus gegängelt wird, so müssen **Ein Wille, Einerley Grundsätze** bey den Unternehmungen der coalisirten Mächte den Vorsitz führen. Wenn aber jede Armee für sich allein, ohne bestimmten Plan, ohne Einheit des Ganzen agirt, so sind die Resultate dieselben, welche wir im vorigen Kriege, von Dünkirchen an bis zur Zerstörung von Toulon und Aufhebung der Landauer Blokade, erlebt haben. Der Himmel wende von Ew. Maj. und Ihren Armeen größere Unfälle ab: allein alles steht zu fürchten, sobald Zutrauen, Harmonie, Eintracht der Gesinnungen, der Plane und Handlungen, nicht die Stelle des Gegentheils einnehmen, was seit zwey Jahren die Quelle aller Unglücksfälle war.

Meine Wünsche begleiten Ew. Maj. unaufhörlich, und Ihr Ruhm wird stets mein Glück seyn.

2.

Korrespondenz. Von der französischen Seegränze, den 28. Februar 1794.

Die Royalisten sind wirklich auferstanden. La Roche Jacquelin — ist nicht tod, so wenig wie Prinz Talmont! — Der tapfere Schweizer Stoflet mit seiner Legion, die aus ehemaligen Schweizer-Soldaten und aus Deserteuren von den deutschen Kriegsgefangenen besteht, die man ins Innere von Frankreich geschleppt hatte, und d'Autichamp, haben sich mit Charette vereinigt, Beaupreau, S. Fulgent, Marrault und Cholet genommen, und die Republikaner sind geflohen. Ihr General Moulin, ein junger Geck, der von der Schulbank zu Nantes, wo er noch vor kurzem den Cornelius Nepos exponirte, plötzlich selbst den Themistocles spielen wollte, hat sich, mit der letzten Pistole, eigenhändig erschossen, um nicht das Schicksal seines Vorgängers Menou zu erfahren, den la Roche Jacquelin todprügeln ließ. So sehr man in Paris die Siege der Royalisten zu verheimlichen sucht, so blicken sie doch selbst durch die Widersprüche in den officiellen Berichten durch. Z. B. der Repräsentant Carrier versichert dem Convent, die Armee der Vendée sey keine 4000 M. stark, und 12 Tage darauf berichtet ein General, er habe von diesen viertausend Mann, sechstausend getödtet; Barrere schilt auf die Uebelgesinnten, die aussprengten, daß Cholet von den Royalisten eingenommen sey, nennt es eine Lüge, vergißt aber die Lüge vier Tage darauf selbst, und spricht von der Wiedereinnahme von Cholet, weil die Royalisten es freywillig verließen.

Zu Paris dauern die Verhaftnehmungen fort; der Duc de Luynes; seine dicke und erzdemocratische Gemahlin; Madam Mathieu de

Montmorency; ihre Tochter; der reiche Präsident Pichart von Bordeaux; die beyden Tossin, Bankiers; die berühmte und beliebte Schauspielerin Mamsell Comtat, die Sie selbst als Süszon im Figaro bewunderten; Mamsell Lange, eine Deutsche, und große Solotänzerin; die Generale Letanduere und Dortomann, 27 Officiere des 47sten Regiments; und eine Menge andrer Unglückliche, sind seit drey oder vier Tagen in den Gouffres des 2. Septembers eingesperrt worden, und die Zahl der Gefangenen beläuft sich schon über 6000, und das allein zu Paris, und in den öffentlichen Gefängnissen ....

3.
Revolutionsschriften.

a.

Die Tochter des berühmten Necker, Frau von Stael, Gemahlin des gewesenen schwedischen Gesandten am französischen Hofe, hat im August 1793 auf 37 Octavseiten: Réflexions sur le procès de la Reine; par une femme: drucken lassen. Wir wollen einige der schönsten Stellen ausziehn. S. 7. „Verläumdung ließ es sich angelegen seyn, die Königin, selbst vor jener Epoche, zu verfolgen, wo der Partheygeist die Wahrheit noch nicht von der Erde verscheucht

scheucht hatte. Eine traurige und einfache Ursache liegt dabey zum Grunde; Maria Antoinette war die glücklichſte der Weiber; das war ihr Loos, und ſo beklagenswürdig iſt das Schickſal der Menſchen, daß der Anblick einer glänzenden Glückſeligkeit, auf aller Herzen wie eine Bürde laſtet. Wie oft habe ich nicht die Ankunft der Tochter Marien Thereſiens in Frankreich erzählen hören! Jung und ſchön, Grazie mit Würde paarend, hold und Reſpekteinprägend, kurz ſo, wie man ſich zu jenen Zeiten eine Königin von Frankreich gedacht haben würde! Sie konnte ſich alles erlauben, was ihre Güte ihr eingab, ohne der Majeſtät jenes Rangs etwas zu vergeben, den man damals von ihr zu reſpektiren foderte. Das Entzücken der Franzoſen, als ſie ſolche erblickten, war unausſprechlich; das Volk nahm ſie nicht allein als eine angebetete Königin auf, ſondern es ſchien ihr auch es Dank zu wiſſen, ſo liebenswürdig zu ſeyn, und ihre bezaubernde Reize wirkten auf die Pöbelmenge, wie auf den Hof, der ſie umgab. Es ſind noch keine fünf Jahre, daß ich Paris, ſich entzückt um ſie herdrängen, und eben die Gaſſen, die man ſie jetzt, von Martern zu Martern durchwandern läßt, auf ihrem Wege mit Blumen beſtreuen ſah: die Königin muß noch dieſelben Geſichter wieder erkennen, die ſie ſo freudig bewillkommten, dieſelben Stimmen, die ſich für ſie gen Himmel erhoben, und ſeinen Seegen für ſie er-

erflehten." ꝛc. — Frau von St. beweiset, daß vor Abdankung Calonne's, und vor der Ernennung des Erzbischofs von Sens zum Minister, sich die Königin gar nicht in Staatsangelegenheiten gemischt habe. Nur jene Abdankung und jene Ernennung waren ihr Werk. Die Verfasserin beruft sich, wegen dieses Faktums, auf jeden, der mit dem Gang der Dinge am Hofe vertraut war. „Dies Ministerium des Erzbischofs von Sens, fährt sie fort, als die unmittelbare Veranlassung der Revolution, kann zwar von den Anhängern des aristokratischen Systems getadelt werden: allein sicherlich müssen es die Demokraten billigen, weil durch dieses Ministerium der Keim aller ihrer Grundsätze entwickelt worden ist; der Minister setzte selbst die Gemeinen, dem Parlament dem Adel und der Klerisey entgegen; der König erklärte, daß ihm das Recht der Auflagen nicht zukomme; die Zusammenberufung der Landstände wurde versprochen; alle Franzosen wurden aufgefordert, ihre Meynung über diese Art der Zusammenberufung zu sagen; und kurz, Leute von gutem Beobachtungsgeist in jener Zeit, glaubten schon damals zu ahnden, daß der Erzbischof von Sens mit einer Revolution in Frankreich umgehe; und das hat er seitdem durch seine Reden und sein Betragen selbst öffentlich an Tag gelegt. Mir ist uns bekannt, in wie weit die Königin um sein Geheimniß wußte, aber wenn der einzige Minister, den sie

ernen=

nen ließ, sich als einen Demokraten zeigte; wenn die einzige Epoche, wo sie einigen Theil an den Staatsangelegenheiten nahm, die Epoche ist, wo die heutigen Grundsätze anfiengen, Eingang zu finden, wie kann man sie beschuldigen, Feindin der Freyheit zu seyn? Wie kann man ihr Verbrechen andichten? — Verbrechen! welch' ein Ausdruck, wenn man von Ihr spricht!.... Aber was that man, um die Franzosen von diesem liebenswürdigen Gegenstand abzuziehn, der Alles, Alles besaß, was ihnen gefallen mußte? Man sagte ihnen, Marie Antoinette hasse Frankreich, sie sey eine Oesterreicherin: und mit diesem Namen haben ihre Feinde in ihrer Wuth sie immer belegt, weil sie versichert waren, so auf den Geist des Volks zu wirken, das ein Wort irre führt, das ein Wort in Faktionen rottirt, und das sich nie anders als für Ideen passionirt, die ein einzigs Wort bezeichnet!"— Wie wahr! Frau von St. führt hierauf an, daß die Allianz von Frankreich mit Oesterreich, 1756, d. i. geschlossen wurde, ehe Marie Antoinette geboren war. Edel ist die Art, wie die Verfasserin zeigt, daß man die Königin keiner einzigen von den Verfolgungen oder Drückungen zeihen könne, deren sich z. B. selbst die Buhlschaften der Ludwige XIV. und XV. schuldig machten. "Sagt ihr, die ihr sie anklagt, sagt, wo ist das Blut, wo sind die Thränen, die um ihrentwillen fließen? Habt ihr in jenen alten Kerkern, die ihr öffnetet, ein einziges Opfer von Marien Antoinetten gefunden? Noch keine Königin sah sich zur Zeit ihrer Allgewalt so öffentlich verläumdet, als sie, und je gewisser man war, daß sie nicht strafen wollte, je mehr häufte man die Beleidigungen: ich erblicke sie als den Gegenstand unzähliger Angriffe der Undankbarkeit, unzähliger Libelle und empörender Prozesse, und forsche umsonst nach einer einzigen rächenden Handlung. So ist es also wahr, daß die, welche jetzt unerhörte Leiden duldet, nie jemanden unglücklich gemacht hat!" — In den Revolutions-Jahren nahm die Königin keinen Theil an der Verwaltung. „Die beständigen Aenderungen des Systems, das erwiesene Schwankende und Unstäte, das man in diesen letzten Jahren den Agenten des Königs vorwerfen kann, ist ein klarer Beweis, daß jene nicht unter dem Einfluß der Königin standen: es ist sicheres Faktum, daß die meisten von ihnen sich kaum rühmen können, sie gesehn zu haben; und in ihren Rathschlägen wird gewiß niemand die unerschrockene Festigkeit der Tochter von Maria Theresa erkennen." — S. 20. steht eine noch unbekannte, rührende Anekdote von der Königin. Am schrecklichen, 20. Junius, wo das Volk den ersten Versuch auf die Thuillerien machte, war der Dauphin durch das Gedränge von ihr weggedrückt geworden. Sogleich verließ die Mutter all' ihr Muth; aber ein Grenadier der Nationalgarde brachte ihren Sohn ihr auf den Armen wieder, hielt ihn hoch über die Menge empor, und zeigte ihn ihr schon von weitem. In der Fülle ihrer Freude, fiel die Königin vor diesem Grenadier auf ihre Knie nieder. „Erhabene Dankbarkeit! ruft Fr. v. St. aus, ein rührenderes und imponirenderes Schauspiel, als der Thron, von dem sie gestiegen war!" — Ungern übergehn wir noch viele andere Stellen, die man nicht ohne Theilnahme, und ohne innigen, mit Unwillen vermischten, Kammer, über das beklagenswürdige Loos der ermordeten Fürstin lesen wird. — — Gedenkt Ihrer, wackere Krieger Oesterreichs, gedenkt Ihrer, tapfere Ungarn! Euer Feldgeschrey in der ersten Schlacht sey Maria Antoinette! wie es Maria Theresia! bey Ersteigung von Weißenburgs Linien war, und so räche euer Schwerd das Andenken der großen Kayserin, und den Tod ihrer edlen Tochter, in dem Blute ihrer besiegten Mörder!

---

b. Schrei=

b.

Schreiben eines Dänischen Bürgers an den Kronprinzen, (an dessen Geburtstage) 1793.

(Gedruckt zu Schleswig bey Boie.)

Man erkennt diesen Dänischen Bürger gar leicht, aber das ist gleichgültig; man wird sehn, ob die Schrift einer Erwähnung in diesen Blättern verdiene. Zuerst ein tiefes Compliment an das Dänische Ministerium, weil es jedem denkenden Manne erlaubt, seine Meynung ungehindert durch den Druck bekannt zu machen. Das wäre freylich alles recht gut, wenn jeder denkende Mann auch ein wohldenkender Mann wäre. Aber da man bemerkt hat, daß es Verfasser, z. B. Schafsköpfe ɔc. zumal aber Journalisten giebt, die erschrecklichen Unfug machen, wenn sie dürfen, theils um gewisse geheime Zwecke einer berüchtigten Verbrüderung zu befördern, theils aber um ihre Schrift dadurch merkwürdig und verkäuflich zu machen, und also aus Finanz-Speculation Aufruhr predigen: so möchten wir doch an der absoluten Weisheit der dänischen Preßfreyheit zweifeln, absonderlich da in einem aus vielen kleinen Staaten bestehenden Reiche, wie Deutschland, viele unangenehme Folgen

gen daraus entstehn. Eine Stelle müssen wir her setzen, um des Verf. Denkart und System mit einem Wurfe zu charakterisiren. S. 6. heißt es: "Sie (der Kronprinz) ließen, in dem jetzt so kriti= "schen Zeitpunkte, sich nicht von eitler Fürsten= "Ehre blenden, und traten nicht der Verschwö= "rung der Könige gegen die Menschheit "bey." *) Aus Eitelkeit führt wahrlich kein Fürst gegen Frankreich Krieg, sondern nothgedrun= gen. Die ganze Stelle ist so, wie schon vor Aus= bruch des Kriegs alle Jakobiner, alle Propa= gandisten und alle Illuminaten, in Ber= lin, in Braunschweig, in Bremen, und überall schrieen, und wie sie nun, nicht ohne alle Wirkung, wieder in Berlin aus andern scheinbarern Gründen geschrieen haben.

Der Verf. wiederholt Schmettows, jetzt auf mancherley Weise widerlegte, Vorwürfe, gegen den zu großen dänischen Kriegsstaat, und rühmt die unwahre Darstellung desselben so ungemein, daß man wohl sieht, sie gehöre zu einem Bunde. Ueber das Lotto mag einiges wahr, einiges gewiß auch übertrieben seyn; aber von augenscheinlich böser Absicht ist es gewiß, was hier über die Zu= rücksetzung der Normänner gesagt wird. Wir ken=
nen

---

*) Diese merkwürdige Stelle ist ein guter Beleg zu dem im IX. Stück befindlichen vortreflichen Schreiben an einen Kaiserl. Kön. Minister.
         Anm. d. Verf.

nen denn doch selbst in Hollstein Normänner in ansehnlichen Bedienungen, in eben so einträglichen, wie die, worinn der undankbare (vermuthliche) Verfasser unverdienter Weise steht. Nach sehr hämischen Sticheleyen auf die Dänische Nation, droht der Verf. (der doch kein Normann ist) sogar mit **einer Rebellion in Norwegen**, und bemüht sich zu zeigen, daß die Lage und Beschaffenheit des Landes, und die Unabhängigkeit der Einwohner von fremden Bedürfnissen, dergleichen sehr erleichtern würde.

Artige Sächelchen sagt die **Schleswig-Hollsteinische Preßfreyheit** ihrem Regenten am Geburtstage!

(Aus Preß den 1. März 1794. eingeschickt.)

4.
Erste Fortsetzung des Schreibens eines alten Officiers. (S. No. XV.)

Uebrigens, wer kann besser, als der Prinz von Oranien selbst, mit der Kenntniß der Mängel der Armee der Republik, auch die Kenntniß der schicklichsten Hülfsmittel dagegen, verbinden? Sind, überdies, die Prinzen, seine Söhne, nicht schon vor dem Kriege im Stande gewesen, die Verfassung und Organisirung einer der besten Armeen Europens

zu

zu studiren; und hat nicht, um zur genauesten Kenntniß dieser Dinge zu gelangen, der jüngste dieser Prinzen, zwey Jahre lang in dem preußischen Reuter-Regiment des Herzogs von Weimar, und von unten auf, gedient? Angenommen auch, daß diese Prinzen ihren eigenen Einsichten, bey Tilgung der Mängel, Abschaffung der Mißbräuche, Einführung der neuen Einrichtungen, bey dieser Armee, nicht trauen wollten; so wäre es ihnen doch so was leichtes, über alle diese Gegenstände die geschicktesten Männer, und die erfahrensten Generale, aus allen europäischen Kriegsdiensten, um Rath zu fragen? Und gewiß, wenn sie sich einmal in dem Fall befinden sollten, Rath nöthig zu haben, so würden sie ihn aus diesen letzten Quellen schöpfen; denn, in unsern gegenwärtigen Zeiten, wo tausend und abermal tausend Federn, unaufhörlich Papier beschmieren, um Neuerungen und Reformen aller Arten zu veranlassen, oder vorzuschlagen; wo man, so zu sagen, nur mit dem Strom forttreibt, wenn man über Gesetzgebung, Politik, Regierung, militairische und bürgerliche Verfassungen u. s. w. die leeresten und abgeschmacktesten Ideen, gehüllt in schöne Phrasen und Rednerblumen, auskramt, hinter welchen sich das Nichts ihrer Verfasser verbirgt; in diesen Zeiten setzt man, und nicht ohne Grund, ein Mißtrauen in alle solche Systeme- Plane- und Projekten-Schmiede.

Doch

Doch, wir wollen voraussetzen, l. F. daß wir uns in Ansehung des Bewegungsgrundes irren, welcher uns dünkt, den Verf. getrieben zu haben, von der holländischen Armee das widrige und schwarze Gemälde aufzustellen. Wir wollen annehmen, daß die Bekümmerniß über die Gefahren, denen, nach seiner Einbildung, diese Armee, bey den gerügten Fehlern, blosgestellt war, ihm so gegründet und heilsam dünkte, daß er gleiche Bekümmerniß und Furcht bey denen zu erzeugen suchen wollte, welche vermögend und willig wären, nach seinen Rathschlägen, durch Minderung der Mängel, zugleich auch diese Gefahren zu mindern; was würde das Resultat dieser Voraussetzung seyn? Ohne Zweifel dieß, uns seine Wahrheitsliebe, so wie seine militärische Talente und Kenntnisse problematisch zu machen, da er, ohne der Successe mit einem Wort zu gedenken, welche die holländischen Truppen in diesem Feldzuge gehabt haben, nur ihrer erlittenen Nachtheile erwähnt, und diese letztern Ursachen zuschreibt, die höchstens nur als Nebenursachen dabey gewirkt haben. Erlauben Sie, l. F., daß ich gerechter, als er, in diesem Stücke sey, und indem ich sie sowohl von ihren guten als bösen Successen unterhalte, ihnen zugleich die wahren Quellen der letzteren aufdecke.

(Die Fortsetzung folgt.)

No. XVII.

www.ingramcontent.com/pod-product-compliance
Lightning Source LLC
Chambersburg PA
CBHW030318240426

43673CB00040B/1204